Gustav Noske
Von Kiel bis Kapp

Verlag
der
Wissenschaften

Gustav Noske

Von Kiel bis Kapp

ISBN/EAN: 9783957006103

Auflage: 1

Erscheinungsjahr: 2015

Erscheinungsort: Norderstedt, Deutschland

© Verlag der Wissenschaften in Vero Verlag GmbH & Co. KG. Alle Rechte beim Verlag und bei den jeweiligen Lizenzgebern.

Webseite: http://www.vdw-verlag.de

Von Kiel bis Kapp

Von Kiel bis Kapp

Zur Geschichte der deutschen Revolution

Von

Gustav Noske

1920

Verlag für Politik und Wirtschaft / Berlin W 35

Vorwort

Eine Geschichte der deutschen Revolution zu schreiben, kann mir nicht in den Sinn kommen. Aber seit den ersten Novembertagen des Jahres 1918 habe ich an hervorragender Stelle in Deutschland gestanden und auf manche Vorgänge stark eingewirkt, so daß es mir nicht unangebracht erscheint, einiges aus meiner Erinnerung festzuhalten. Ein Tagebuch habe ich nicht führen können. Selbst knappe Notizen konnte ich an vielen Tagen nicht machen. Die Ereignisse jagten sich dermaßen, daß manche Einzelheit nicht im Gedächtnis haften geblieben ist.

Die große Bedeutung der Revolution für den Fortschritt wird später scharf hervortreten, wenn von den Schlacken und üblen Begleiterscheinungen nichts mehr zu sehen, vor allem aber zu fühlen ist. Meine Schilderung hebt vielfach das Kleinlich-Menschliche, das von allen großen Zeiten und Vorkommnissen nicht zu trennen ist, und unter dem ich viel zu leiden hatte, hervor. Da der große Revolutionierungsprozeß unserer politischen und wirtschaftlichen Verhältnisse noch lange nicht abgeschlossen ist, mag daraus nach Möglichkeit gelernt werden. Der Gewaltigkeit der Ereignisse wird durch das Hervorheben von Mängeln und Fehlern kein Abbruch getan.

Berlin, April 1920

Noske

I
Vom Vorspiel zur Revolution

Der Krieg war für Deutschland restlos verloren. Das stand Ende Oktober 1918 für jedermann fest, der sich den bescheidensten Rest von Urteilsfähigkeit bewahrt hatte. Es galt nur noch, den Versuch zu machen, nach dem militärischen Zusammenbruch das Reich einigermaßen unversehrt zu erhalten. In unheilvoller Verblendung hatten die alten Machthaber bis zum letzten Augenblick sich gesträubt, alle politischen Kräfte des Volkes mobil zu machen, um eine Katastrophe zu verhüten. Erst als das Spiel Ludendorffs verloren war, nahm man Sozialdemokraten mit in die Regierung auf und stellte große politische Reformen in Aussicht. Die Demokratisierung kam mindestens vier Jahre zu spät.

Die Ansicht, daß der Kaiser abzutreten habe, setzte sich auch außerhalb der Sozialdemokratie durch. Erkennbar war nicht, daß die deutschen Fürstenthrone schon so morsch waren, um vom ersten Stoß sämtlich umgeworfen zu werden. Am unwahrscheinlichsten war, daß Bayern die erste deutsche Republik werden würde. Eine großzügige Demokratisierung Deutschlands konnte Ende Oktober als unaufhaltbar angesehen werden. Sie wäre auch ohne Revolution gekommen. Die Art der Umgestaltung wäre dann weniger plötzlich vor sich gegangen. Was überlebt war und mit den Bedürfnissen des Volkes nicht mehr in Einklang stand, wäre jedoch fortgeräumt worden. Die nächsten Wahlen mußten der sozialdemokratischen Partei einen großen Erfolg und damit die Macht bringen, um auskehren zu können.

Am Sonntag, dem 3. November, sprach ich in einer großen Versammlung in Braunschweig für weitgehende Reformen, aber gegen eine gewaltsame Revolution, die dem deutschen Volke zu dem schon erlittenen Unglück noch weiteres Unheil bringen würde. Eine gewaltsame Revolution hatte die deutsche Sozialdemokratie stets abgelehnt. Der Sozialdemokrat nannte sich mit Stolz einen Revolutionär, und die Versammlungen schloß man mit einem Hoch auf die völkerbefreiende, revolutionäre Sozialdemokratie. Doch wurde der Gedanke an Gewaltanwendung zurückgewiesen und nur die Revolutionierung der Köpfe erstrebt, um politische und wirtschaftliche Fortschritte zu erzielen.

Während ich in einem Saale sprach, versammelten sich auf einem freien Platze die unabhängigen Sozialdemokraten Braunschweigs, um in kräftigerer Tonart politische Forderungen zu erheben. Beide Versammlungen verliefen ohne Zwischenfall in aller Ruhe.

Die erste Salve

Fast um dieselbe Stunde krachte in Kiel eine Gewehrsalve, mit der die gewaltsame Revolution ihren Anfang nahm. Im Bürgerkrieg floß Blut, fielen die ersten Opfer. Tausende sind ihnen in wahnwitzigem Wüten seitdem gefolgt.

Am Montag, dem 4. November, am Vormittag, etwa gegen 11 Uhr rief mich Philipp Scheidemann, der kürzlich im Kabinett des Prinzen Max von Baden Staatssekretär ohne Portefeuille geworden war, im Reichsgebäude an, wo ich in der letzten Zeit mit meinem Freunde Fritz Ebert, dem damaligen Vorsitzenden der sozialdemokratischen Reichstagsfraktion, täglich weilte, um zu den sich überstürzenden politischen Ereignissen Stellung nehmen zu können. Scheidemann deutete kurz an, in Kiel seien bedenkliche Dinge vorgekommen. Es müsse sofort jemand dorthin fahren. Ebert habe auf meine Anwesenheit in Berlin aufmerksam gemacht. Sofort möchte ich zu weiterer Rücksprache in die Reichskanzlei kommen.

Im Kanzlerhaus in der Wilhelmstraße herrschte ziemliche Aufregung. Scheidemann und der Staatssekretär des Reichsmarineamtes informierten mich flüchtig. Es sei mit Mannschaften der Marine etwas vorgekommen. Auf Demonstranten sei geschossen worden. Der sozialdemokratische Parteisekretär für Schleswig-Holstein, Kürbis, sei von Kiel in großer Sorge gekommen. Es könnte zu einem Streit auf den Werften oder zu anderen Verwickelungen kommen. Die Regierung sende den Staatssekretär Hausmann nach Kiel, während ich als Vertreter der sozialdemokratischen Partei fahren solle. Länger als einen Tag würde ich kaum wegbleiben müssen. Weitere Mitteilungen werde Kürbis im Zuge machen, der mit nach Kiel zurückkehre. Die Regierung hatte zu der Stunde, wie sich zeigte, von den Kieler Vorkommnissen eine ganz unklare, unzutreffende Vorstellung.

Bis zum Abgang des Zuges blieb mir gerade so viel Zeit, um in meine Wohnung eilen und für einen Tag ein paar Sachen zusammenraffen zu können. Hausmann war von seinem Sohn begleitet, Kürbis fand sich im Zuge ein und erzählte, was er von den Kieler Vorkommnissen wußte. Mannschaften des III. Geschwaders sind der Ansicht gewesen, die auslaufende Flotte solle in einer letzten Seeschlacht geopfert werden. Absolute Gewißheit habe ich nie erhalten können, ob diese Absicht bei der Flottenleitung bestanden hat. Es ist in Abrede gestellt worden. Daß von Offizieren der Hochseeflotte, die nur in der Schlacht am Skagerak eingesetzt worden war, davon gesprochen wurde, wie unerträglich der Gedanke sei, ruhmlos aus dem langen Kriege hervorzugehen, ist begreiflich. Schon 1914 hatte Tirpitz sich mir gegenüber darüber in scharfen Worten geäußert, daß die Flotte nicht an den Feind gelassen werde, oder, um mit seinen Worten zu sprechen, an die Kette gelegt sei. Nun endete der Krieg mit einer zerschmetternden Niederlage, die der rücksichtslose U-Bootkrieg nicht hatte aufhalten können. Manchem Seeoffizier mag es danach verlangt haben, mit seinem Schiff beim letzten Schlag nach dem Gegner in den Fluten unterzugehen.

Für eine solche heroische Geste, die am Ausgange des Krieges nichts mehr ändern konnte, war die Mannschaft nicht zu haben. Antimilitaristische Agitation in beträchtlichem Umfange war schon im Jahre 1917 auf den Großkampfschiffen betrieben worden. Zwei Mann büßten für den Plan einer Erhebung mit dem Leben, andere mit schweren Zuchthausstrafen. Den Schiffsbesatzungen wurde der öde Dienst etwas erleichtert und das Essen verbessert. Auf den Geist der Truppe verstand man aber nicht richtig einzuwirken. Nach beendetem Dienst ging der Offizier in seine Räume, der Unteroffizier in sein Abteil, in drangvoller Enge saßen die durch vierjährigen Dienst mißmutig gemachten Leute ohne Aufsicht beieinander. Die Agitation war leicht und fand einen günstigen Nährboden. Für eine verlorene Sache zu sterben, in dem Augenblick, wo die Entlassung zur Familie dicht bevorstand, waren die vielen verheirateten Leute nicht gewillt. Als am 28. Oktober die Flotte in See gehen sollte, rissen Heizer die Feuer heraus und verhinderten dadurch die Ausfahrt. Eine größere Anzahl der Meuterer wurde verhaftet. In Kiel fand am 1. November eine große Versammlung von Marinesoldaten statt, in der die Freilassung der Inhaftierten gefordert wurde. Deputationen wurden von den Kommandanten abgewiesen. Eine zweite Versammlung am Sonnabend den 2. November wurde durch Truppenaufgebot verhindert. Jedoch kamen schon Gehorsamsverweigerungen vor. Mannschaften versammelten sich auf einem Exerzierplatz; es wurde lebhaft diskutiert, wobei sich Mitglieder der unabhängigen Sozialdemokratie beteiligten. Verabredet wurde eine neue Versammlung für Sonntag nachmittag

5½ Uhr auf dem großen Exerzierplatze. Durch Handzettel wurde dazu eingeladen. Nachmittags 2 Uhr ließ das Stationskommando Alarm schlagen; Patrouillen forderten alle Soldaten auf, sich sofort zu ihren Truppenteilen zu begeben. Der Befehl wurde nicht befolgt. In der Versammlung wurde zur Befreiung der Gefangenen aufgefordert. Ein großer Demonstrationszug setzte sich in Bewegung. Patrouillen und einzelne Offiziere wurden entwaffnet. Schließlich feuerte eine starke Patrouille auf die Meuterer. Es gab eine Anzahl Tote und Verwundete. Die Aufregung in der Stadt war groß.

Während wir Betrachtungen darüber anstellten, welche Situation wir in Kiel wohl vorfinden würden, entrüstete sich der Schaffner arg darüber, daß Kürbis, der eine Fahrkarte 3. Klasse hatte, bei Hausmann und mir im Abteil 1. Klasse saß. Der Mann war nicht zu beruhigen und wollte den Sünder in Kiel bestraft sehen.

Beim Aufenthalt in Lübeck wurde uns gesagt, von Kiel sei angefragt worden, ob wir im Zuge seien. Mitteilungen, was sich ereignet hatte, wurden uns nicht gemacht. Nicht weit vor Kiel sah ich auf offenen Wagen feldgraue Soldaten, die auf dem Wege nach der Hafenstadt waren. Daraus konnte nur geschlossen werden, daß die Lage sich gefährlich gestaltet hatte. Von arger Kopflosigkeit zeugte es aber, daß man Truppentransporte in den Kieler Bahnhof hineinfahren ließ, wo sie von Matrosen mit Hallo empfangen und sofort entwaffnet wurden.

Die Kieler Revolte

Als wir in Kiel den Wagen verließen, stand heftig auf mich einredend ein Bahnbeamter vor mir. Ich nahm an, er komme wegen der Fahrkarte des Herrn Kürbis. Statt dessen wollte er mir klar machen, es sei in der Stadt gar nicht so schlimm. Auch ein waffenloser Offizier redete auf mich ein, es werde nicht so arg werden, berichtete aber nicht, was vorgefallen sei. Die Abgeordneten Struwe und Hoff begrüßten uns, fanden aber auch nicht die Worte zu knapper Information.

In der Kieler Bahnhofshalle hat es stets ein Gewimmel von Blaujacken gegeben. Als ich die Bahnsperre passierte, stutzte ich doch beim Anblick der vielen Soldaten mit einem Gewehr in der Hand. In dem Augenblick rief jemand meinen Namen. Da erdröhnte die Halle von brausendem Hurra und hundert Hände streckten sich mir entgegen. Eine Schar der Bewaffneten drängte meine Begleiter von mir ab und schob mich nach dem Ausgang zu. Die Leute hatten von meinem Kommen gehört. Dem Namen nach war ich vielen aus meiner Parlamentstätigkeit bekannt. Ohne Überlegung, was ich von ihrem Verhalten denken könnte, nahmen sie mich als ihren Wortführer in Beschlag.

Auf dem Platz vor dem Bahnhof wimmelte es wie in der Halle von bewaffneten Matrosen. Im nächsten Moment saß ich in einem Automobile, fünf oder sechs Mann kletterten dazu. Aufrechtstehend schwang ein Mann eine rote Fahne und schrie immer wieder mit schon heiserer Stimme: „Es lebe die Freiheit!" Neben mir hatte ein Soldat namens Artelt Platz genommen, der mir kurz berichtete, im Laufe des Tages hätten sich Tausende von Marinemannschaften bewaffnet, die Offiziere seien absolut machtlos. Ein Zurück gebe es nicht mehr. Nach dem Wilhelmsplatz sei für 8 Uhr abends eine Versammlung einberufen worden, in der ich reden sollte. Danach würde ich in einer Sitzung im Volkshause erwartet und später fände mit dem Gouverneur und seinem Stab eine Besprechung im Stationsgebäude statt.

Die Kieler Hauptstraßen waren noch belebter als es sonst zu dieser Abendstunde der Fall war. Den Eindruck, daß eine große Revolution begonnen habe, bekam man jedoch nicht. Männer und Frauen lachten, wenn mein fahnenschwingender Begleiter seinen Freiheitsruf ertönen ließ. Unbewaffnete Blaujacken flanierten wie sonst mit ihren Mädchen. Rote Abzeichen waren häufig zu sehen.

Der Wilhelmsplatz war schlecht beleuchtet. Es herrschte ein riesiges Gewühl von Soldaten, Arbeitern, Mädchen. Auf dem Kandelaber in der Mitte hockten mehrere Matrosen, darunter ein riesiger schwarzköpfiger Mann, mit einer breiten roten Schärpe um den Leib, der einen erbeuteten Offizierssäbel schwang. Später habe ich ihn als einen ganz verständigen Mann kennen gelernt, der eifrig bemüht war, Ordnung zu schaffen. Als der Wagen hielt, drückte mir jemand einen entblößten Offizierssäbel in die Hand. Als ich dankend ablehnte, fand die Waffe sofort einen anderen Liebhaber.

Ein ganz klares Bild von der Lage in Kiel konnte ich naturgemäß noch nicht haben. In meiner kurzen Ansprache beschränkte ich mich deshalb auf allgemeine Betrachtungen, die der politischen Lage entsprachen und schloß mit der nachdrücklichen, mit großem Beifall aufgenommenen Aufforderung, Ordnung zu bewahren. Tausende Soldaten hatten ein Gewehr in der Hand. Als das Auto langsam durch die Menge fuhr, fiel ein Schuß. So ernst die Situation auch war, wirkte es doch furchtbar komisch, mit welcher Schnelligkeit die Menschenmasse auseinanderstob. Die allgemeine Flucht wurde zum Davonrasen, als an den verschiedensten Stellen geschossen wurde. Selbst Soldaten rannten mit krummem Rücken, das Gewehr in der Hand, dicht an die Häuser gedrückt, davon. Ein Gegner, der bekämpft werden konnte, war nicht vorhanden. Man schoß wie toll in die Nacht hinein. Offenbar nur nach oben, denn ich habe nicht gehört, daß es Tote oder Verwundete gegeben hat. Nach Sekunden war der Platz leer. Schüsse knatterten weiter. Die Situation war recht ungemütlich. Ich fuhr meine Begleiter an, was das für eine Schweinerei sei, und ließ dann schnelles Tempo nehmen nach dem Gewerkschaftshause zu.

In einem Sitzungszimmer saßen etwa ein Dutzend Arbeiter und ebenso viele Soldaten. Es wurde viel durcheinander geredet. Niemand wußte ein klares Ziel. Ein Soldatenrat sollte gebildet worden sein. Etwas ausführlicher als bisher wurde mir erzählt, was im Laufe des Tages vor sich gegangen war.

Morgens gegen 8 Uhr hatten sich Mannschaften einer Kompanie der 1. Matrosendivision bewaffnet, um gefangene Kameraden gewaltsam zu befreien. Sie ließen sich von einem anderen Truppenteil festnehmen. In einer anderen Kaserne rissen Leute der Werftdivision Waffen an sich. Mannschaften der 1. Werftdivision, die gegen die 1. Torpedodivision vorgehen sollten, machten mit den Meuterern gemeinsame Sache. Dienst wurde in keiner Kaserne getan. Ein Divisionskommandeur, der auf die angetretenen Leute einwirken und sie zum Gehorsam zurückführen wollte, wurde durch Rufe und Pfeifen unterbrochen. Als er mit einer Abordnung sprach, wurden zum ersten Male politische Forderungen vorgetragen: Abdankung der Hohenzollern, Einführung des gleichen Wahlrechts für beide Geschlechter, Freilassung politischer Gefangener sowie der Gefangenen vom III. Geschwader und der verurteilten Meuterer vom Jahre 1917. Die Kompanien wählten Soldatenräte.

Gouverneur von Kiel war seit wenigen Tagen Vizeadmiral Souchon, gleich zu Anfang des Krieges berühmt geworden als Kommandeur des Mittelmeergeschwaders, das er nach Konstantinopel führte. Er ist von der Matrosenrevolte vollständig überrascht worden und hat sich von den Ereignissen treiben lassen. Ob schärfste Gegenmaßregeln möglich gewesen wären, ist fraglich, noch zweifelhafter, daß sie zum Erfolg geführt und die Ausbreitung der Revolution über ganz Deutschland verhindert hätten. Wäre das alte System nicht völlig zermürbt gewesen, hätte der Zusammenbruch kaum ein so überraschend schneller und vollständiger sein können.

Souchon ließ im Laufe des Tages Vertreter der Soldaten ins Stationsgebäude kommen. Es wurde von ihm angeblich zugesagt, keine Truppen von auswärts heranzuziehen. Gefangene, die nicht entehrende Taten begangen hatten, sollten freigelassen werden. Ein großer Demonstrationszug meist bewaffneter Soldaten mit Musik, rote Fahnen führend, holte die Gefangenen aus der Arrestanstalt in der Feldstraße ab. Im Laufe des Tages sollen sich gegen 20 000 Mann bewaffnet haben. Nachdruck wurde ihren Forderungen durch die Drohung verliehen, die Schiffe des III. Geschwaders würden die Stadt beschießen, wenn Gewalt angewendet werden würde. Deckoffiziere haben mir später versichert, daß sie alle Geschütze unbrauchbar gemacht hatten, so daß entsetzliches Unheil nicht angerichtet werden konnte.

Debatte

Die stundenlange Erörterung, die um 9 Uhr im Saale des Stationsgebäudes begann, entbehrte nicht eines dramatischen Charakters. Neben Souchon, seinem Stabschef Admiral Küsel und einer Anzahl weiterer Offiziere saßen die Wortführer der revoltierenden Soldaten. Mehrere Vertreter der beiden sozialdemokratischen Parteien, Hausmann und ich nahmen an der Besprechung teil. Die Soldaten waren in außerordentlich aufgeregter Stimmung. Sie befürchteten das Anrücken von Truppen, eine Sorge, die noch tagelang nicht zu bannen war. Eine leidlich ruhige Aussprache war daher erst möglich, nachdem ich ausdrücklich hatte feststellen lassen, daß kein Anmarsch stattfände. Eine Lübecker Infanteriekompanie, die im Hause war, wurde abtransportiert.

Es wurde viel deklamiert und theoretisiert, fast durchweg über politische Fragen. Souchon und seine Offiziere saßen ziemlich hilflos dabei. Das von ihnen bis vor wenigen Stunden befehligte gewaltige kriegerische Instrument war völlig ihrer Hand entglitten. Mochte noch so großer Ingrimm sie erfüllen, sie saßen den Meuterern ohnmächtig gegenüber, die mit großem Freimut, aber in korrekter Form nun ihrerseits als ein großer Machtfaktor Forderungen stellten.

Etwas radikaler waren die Kieler als die Berliner. In der Hauptstadt hielten viele Leute nur den Rücktritt Wilhelms II. für erforderlich. Erster Kieler Punkt war die Abdankung der Hohenzollern. An die übrigen Dynastien dachte man erst in den nächsten Tagen. Da hatte Kurt Eisner aber in München schon mit den Wittelsbachern Schluß gemacht.

Die Erfüllung der Forderungen hing nicht vom Willen der Offiziere ab, sondern sie konnten nur nach Berlin der Regierung übermittelt werden. Das viele Reden war deshalb zwecklos. Aber die deutsche Revolution ist ohne unendlich lange Sitzungen und zahllose Reden nicht denkbar.

Es wurde von Hausmann und mir zugesagt, daß schleunigst die Verbindung mit Berlin aufgenommen werde.

Von den Soldaten, die an dieser Sitzung teilgenommen haben, hat nur Artelt noch monatelang als Mitglied und späterer Vorsitzender des sogenannten Großen Soldatenrates für Kiel eine Rolle gespielt. Die anderen tauchten einer nach dem anderen schon in den nächsten Wochen unter; sie gingen mit den Entlassungspapieren nach Hause.

Unruhige Nacht

Lange nach Mitternacht fuhren Hausmann und ich nach dem Hotel. Auf der Straße knallten Flintenschüsse; in der Ferne spielte jemand mit einem Maschinengewehr. Meist haben die Leute sich nur die Angst vertreiben wollen, indem sie schossen. Nirgends hat es in den Kieler Revolutionstagen einen Widerstand gegen die revoltierenden Soldaten gegeben.

Vor Hunger, Durst und Müdigkeit kam ich fast um. In der Nacht vom Sonntag auf Montag hatte ich nicht geschlafen, sondern auf Bahnhöfen herumgesessen. Zum Essen waren wir während des Tages nicht gekommen. Dafür hatte ich viel reden müssen. Nun wollten wir auf Hausmanns Zimmer Depeschen abfassen. Wer nicht ißt und trinkt, kann nichts leisten. Im Hotel Continental in Kiel ist dafür gesorgt worden, daß ich trotz übermenschlicher Anstrengung in den nächsten Wochen bei Kräften blieb. Jetzt hatte ich kaum ein Glas geleert und den ersten Bissen im Munde, als ganz in der Nähe eine tolle Schießerei begann. Herumziehende Matrosen vermuteten in dem großen Hansahotel am Bahnhof Offiziere. Während jener Tage wurde von jedem Offizier angenommen, daß er aus dem Hinterhalt schieße. Diesmal sollten sie aus den Fenstern gefeuert haben. Das war bloße Einbildung, hinderte aber nicht, daß das Haus aus Maschinengewehren beschossen wurde. Das Knallen bewirkte, daß auch in anderen Stadtteilen aufgeregte Kerle schossen. Andere warfen Handgranaten. Schließlich wurden auf einem der kleineren Schiffe im Hafen auch noch ein paar Kanonenschüsse abgegeben. Es war ein Höllenspektakel. Eine Weile sah ich vom Balkon nach dem Lärm aus, zur lebhaften Beunruhigung des Staatssekretärs. Schließlich störte uns die Schießerei beim Diktieren der Depeschen nicht mehr viel. Lange haben wir uns über den Wortlaut den Kopf nicht zerbrochen. Es wurde verabredet, daß Hausmann nach Berlin zurückkehre, um zu berichten, während ich in Kiel zurückbliebe. Als ich im Bett lag, begann eine neue Schießerei, so daß an Schlaf nicht viel zu denken war.

Kopfloses Durcheinander

Dienstag der 5. November fing im Hotel mit etwas Lärm an. Bis an die Zähne bewaffnete Soldaten nahmen mehreren Offizieren, die keine Miene machten, Widerstand zu leisten, die Säbel weg. Auf den Straßen herrschte lebhaftes Treiben. Die Matrosen waren noch oder schon wieder auf den Beinen. In allen Betrieben und auf den Werften ruhte die Arbeit vollständig. Zu 8 Uhr war eine Sitzung der Vertrauensleute der Arbeiterschaft nach den Reichshallen berufen worden. Dorthin ging ich. Ein Lastauto, von dem aus zwei Dutzend Matrosen mit den Gewehren nach harmlosen Bürgern an den Fenstern drohten, hielt ich an und machte den Leuten Vorhaltungen. Sie folgten, als sie meinen Namen hörten.

Gegen tausend Vertrauensmänner hörten in den Reichshallen dem Bericht eines jungen Mannes zu, der mit großer Zungenfertigkeit schilderte, was alles in der verflossenen Nacht geleistet worden sei. Ein Soldatenrat amtiere, der Gouverneur und sein Stab seien festgesetzt, Prinz Heinrich sei im Schloß interniert, allerlei sonstige Anordnungen seien getroffen, jeder Zugang zur Stadt stehe unter Kontrolle und die Hauptsache: die ganze Flotte sei im Aufruhr. Tatsächlich hatte ich auf den meisten Kriegsschiffen im Hafen die rote Flagge wehen sehen. Der Bericht klang so klar und präzis, alle Anordnungen schienen so vorsorglich getroffen, daß ich beinahe etwas wie Respekt fühlte und mich für überflüssig hielt. Der Berichterstatter war aber ein Schwadroneur. Als er in späteren Tagen in der Provinz Unfug machte, ließ ich ihn zu mir kommen und untersagte ihm unter Androhung der Festsetzung, Kiel zu verlassen. Sein schöner Bericht am Dienstag morgen erlitt durch Schüsse eine Störung. Auf dem Schlachtschiff „König" schoß der Kommandant als einziger Offizier der ganzen Flotte einen Mann nieder, der die Kriegsflagge durch die rote Fahne ersetzen wollte, worauf er und ein zweiter Offizier von Kugeln getroffen niedersanken.

Über die Verhandlungen in der Nacht mit dem Stationskommando wurde ich gebeten, einen Bericht zu geben. Das tat ich kurz, da ich sehen wollte, was in der Stadt los sei.

Der Soldatenrat sollte im Gewerkschaftshause tagen. Dorthin wandte ich mich. Von einem Soldatenrat oder einer sonstigen Leitung war jedoch keine Spur zu entdecken. In dem Hause summte und schwirrte es durcheinander wie in einem riesigen Bienenstock. Hundert Menschen wollten Auskünfte haben. Niemand wußte Bescheid zu geben. Ein bayerischer Infanterieoffizier, der in Kiel zur Hebung der Stimmung der Soldaten

Vorträge gehalten, hatte sich die Kokarde abgerissen und biederte sich bei mir an. Am nächsten Tage sah ich ihn in einer Matrosenjacke steckend in einer Versammlung. Am dritten Tag hatte er wieder die Kokarde an der Mütze, als er zu einer Sitzung von Offizieren erschien. Eine Revolutionstype!

Ordnung soll in Deutschland auch bei der Revolution sein. Man will wissen, mit welchen Leuten man etwas zu tun hat. Also wurden immer wieder Ausweise ausgestellt. Eine Sorte folgte der anderen. Schließlich kannte sich nach ein paar Wochen niemand mehr aus. Der Ausweisrummel mußte aufhören. Mir wurde am Dienstag, dem 5. November vormittags, in irgendeinem Bureau im Gewerkschaftshause folgender Ausweis in die Hand gedrückt:

„Inhaber dieses ist Herr Reichstagsabgeordneter Noske. Er hat die Berechtigung an sämtlichen Versammlungen teilzunehmen und sämtliche Straßen zu passieren.
Kiel, den 5. November 1918.
Der Soldatenrat.
Unleserlicher Name."
Aufgedrückt ist ein Stempel:
Deutscher Metallarbeiter-Verband
Verwaltung Eckernförde, Schleswig.

Wie mag dieser Stempel an dem Tage nach Kiel gekommen sein?

Vor dem Gewerkschaftshause fuhr ein Lastauto nach dem anderen mit Gewehren vor. Wer Lust hatte, versorgte sich damit. Einzelne Zivilisten mit roter Schärpe und umgegürtetem Offizierssäbel stolzierten umher. Ab und zu ging einem Unkundigen ein Schuß los. Ein Maschinengewehr wurde in Stellung gebracht und eingeschossen. In dem ganzen Stadtviertel rief das Panik hervor. Schwer bewaffnete Matrosen eskortierten sämtliche Offiziere ihres Schiffes heran. Kein Mensch wußte, was mit ihnen anzufangen sei, die hilflos in dem Gedränge standen. Auf meinen Vorschlag hin ließ man sie ihres Weges ziehen; wer eine Kieler Wohnung hatte, ging heim, andere suchten in den Hotels Unterkunft, manche verließen rasch die ungastlich gewordene Stadt.

Im und vor dem Gewerkschaftshause erschienen immer wieder Leute, die den Soldatenrat suchten. Es hieß, er tage in der benachbarten Feuerwerkerschule. Auch dort suchte ich ihn vergebens. In einem Dutzend Zimmern standen diskutierend Gruppen von Leuten herum. Niemand wußte anzugeben, was werden sollte.

Ein Kapitän erschien, um nachzufragen, wie er seine Leute mit irgendwelchen Dingen versehen könne, an denen Mangel war, da auch die Geschäfte auf der Intendantur und an anderen Stellen vollständig stockten. Vor dem Hause drückten sich Gruppen feldgrauer Soldaten herum, die zu den am Tage vorher von auswärts herangeholten und entwaffneten Formationen gehörten. Die Leute hatten während der Nacht kein Unterkommen gehabt und standen jetzt frierend und hungernd umher. Nachdem ich nochmals das Gewerkschaftshaus abgesucht hatte, um die inzwischen sagenhaft gewordene Leitung der Revolution entdecken zu können, war es fast Mittag geworden. Zu dritt standen wir vor der Feuerwerkerschule und kamen zu dem Schluß, das sei ein unmöglicher Zustand, irgend jemand müsse endlich Anordnungen treffen und darauf bedacht sein, daß nicht ein vollständiges Durcheinander entstehe. Besonders müsse schleunigst für eine geregelte Versorgung der vielen Tausende von Soldaten gesorgt werden, damit es nicht zu Raub und Plünderungen komme. Entweder von Artelt oder dem Kieler Gewerkschaftsleiter Garbe ward mir der Vorschlag gemacht, die Leitung der Geschäfte vorläufig zu übernehmen.

Soldatenrat

Zu 1 Uhr mittags war wieder eine große Demonstrationsversammlung auf dem Wilhelmsplatz angesagt, in der Bericht erstattet werden sollte. Kurz vorher setzte ein heftiger Regen ein, den ich deswegen begrüßte, weil zu erwarten war, daß er eine ganze Anzahl von Leuten von der Straße vertreiben würde. Ich erinnerte mich, irgendwo gelesen zu haben, daß eine Revolution noch in den seltensten Fällen gemacht worden sei, wenn die Leute einen Regenschirm brauchten. Der Zuzug zum Wilhelmsplatz war aber ungeheuer, trotz der schlechten Witterung. Der weite Platz war mit Tausenden und Abertausenden von Blaujacken bedeckt. Sie kamen aus den verschiedenen Kasernen, zum Teil mit Musikkorps und großen roten Fahnen. Mit militärischer Pünktlichkeit ging der Aufzug nicht vonstatten; 1 Uhr war schon vorüber, als noch immer lange Züge heranrückten. Es regnete aber so stark, daß der Aufenthalt im Freien höchst ungemütlich war. Von einem Wagen herunter wurden deshalb nur kurze Ansprachen gehalten. Ich beschränkte mich auf den Hinweis, daß die Bewegung, an deren Entstehen ich keinen Anteil hätte, von fester Hand geleitet werden müsse. Während des Vormittags sei niemand zu finden gewesen, der Anweisungen erteilte. Eine Anzahl der Kameraden hätten mich gebeten, als Vorsitzender des Soldatenrates vorerst ihre Interessen wahrzunehmen. In Riesenversammlungen könne man nicht verhandeln, was zu tun sei. Die einzelnen Formationen sollten also Vertrauensleute am Nachmittag nach dem Stationsgebäude schicken, mit denen zusammen ich dann an die Arbeit gehen würde, falls sie das erforderliche Vertrauen zu mir hätten. Der Vorschlag fand brausende Zustimmung, und ich fuhr schon wieder davon, als noch immer große Soldatenzüge dem Platze zuströmten. Die Demonstration verlief ruhig. Nicht zuletzt unter dem Einfluß des starken Regengusses gingen die Massen rasch auseinander.

Im Stationsgebäude, wohin ich mich begab, besprach ich mit dem Admiral Küsel und einigen anderen Offizieren die Sachlage. Von irgendeiner geregelten Arbeit in einem Zimmer des Gewerkschaftshauses konnte keine Rede sein. Die Fäden des riesigen Verwaltungsapparates für die Ostseestation liefen im Stationsgebäude und in der danebenliegenden Intendantur zusammen. Wir kamen überein, daß mir einige Zimmer im unteren Stockwerk eingeräumt würden. Die Herren wurden von mir eindringlichst gebeten, auf ihrem Posten zu verbleiben, weil ich mir darüber vollständig klar war, daß ein heilloses Durcheinander entstehen müsse, wenn die eingearbeiteten und sachkundigen Leute von den Geschäften weggingen.

Während mir ein Schreibtisch und ein Telephon hergerichtet wurden, knatterten draußen an verschiedenen Stellen schon wieder die Maschinengewehre. Wo geschossen wurde, war nicht zu sehen. Aber die Matrosen, die vor dem Hause herumstanden, behaupteten, ganz genau zu wissen, daß an der einen Stelle Offiziere, an der anderen Stelle Applikanten tückisch aus den Fenstern schössen. Besonders wild war das Schießen in der Nähe der nicht weit vom Stationsgebäude entfernt liegenden Kaserne. Damals nahm ich an, bei so viel Munitionsverbrauch müsse auch der Verlust an Menschenleben beträchtlich sein. Das war ein Irrtum. Auch an diesem Tage hat es keinen Toten gegeben. Meines Wissens war das einzige Opfer am Dienstag in Kiel der Stadtkommandant, der nachts in seiner Wohnung meuchlings niedergeschossen wurde, als ihn eine wilde Patrouille verhaften wollte.

In Kiel war ich wiederholt gewesen, kannte die örtlichen Verhältnisse aber nicht so genau, um mir ein Bild davon machen zu können, wo der Schauplatz der vermeintlichen Kämpfe sei. Als ich den bei mir stehenden Artelt aufforderte, mit mir zu kommen, um der Schießerei Einhalt zu tun, erklärte er, nicht daran zu denken, sich auch nur im geringsten einer Gefährdung auszusetzen, wenn heimtückische Offiziere totgeschossen würden. Also war nichts anderes zu machen, als zu warten, bis die Leute mit ihrer Knallerei von selbst aufhören würden. Das geschah denn auch bald, da, wie gesagt, gar kein Feind da war, der hätte bekämpft werden können.

Nicht eine Spur von Beweis ist dafür beigebracht worden, daß auch nur in einem einzigen Falle Offiziere oder Kapitulanten den Meuterern Widerstand geleistet haben.

Im Saal des Stationsgebäudes fanden sich um die vierte Nachmittagsstunde eine Anzahl Leute ein, die als Vertrauensmänner ihrer Formation kamen. Manche waren in aller Eile gewählt worden, andere waren ohne Auftrag gekommen, damit ihr Schiff oder ihre Formation überhaupt vertreten sei. Es waren etwa 50 bis 60 Soldaten anwesend. Auch mit einer solchen Schar war natürlich irgendein Handeln unmöglich. Nachdem eine Weile hin und her geredet worden war, machte ich den Vorschlag, einen sieben- oder neungliedrigen Soldatenrat zu wählen, der unter meinem Vorsitz tage. Damit war man einverstanden. Die Auswahl der Leute machte Schwierigkeiten, denn sie waren einander unbekannt. Ich wußte mir schließlich nicht anders zu helfen, als die Gesichter der Leute anzusehen und einige auszuwählen, die mir den Eindruck machten, daß etwas mit ihnen anzufangen sei. Ich muß gestehen, daß mein Scharfblick sich dabei nicht vollständig bewährte. Einen oder zwei der Leute habe ich überhaupt nicht wiedergesehen, und ein dritter war ebenfalls ein vollständiger Versager. Es handelte sich um einen Steuermann, der koloffal gescheit aussah, aber zu einer praktischen Arbeit nicht verwendet werden konnte. Er hat mir später durch die Verhaftung einer Anzahl von Offizieren, die ohne jeden Grund, lediglich auf Geschwätz hin, von ihm veranlaßt worden war, eine recht ärgerliche Stunde bereitet.

Mit Berlin hatte ich telephonisch gesprochen und gehört, daß Bereitwilligkeit dazu bestand, sofort einigen der aufgestellten Forderungen zu entsprechen. Die Freilassung der wegen des Putsches von 1917 verurteilten Leute wurde mir für den nächsten Tag als wahrscheinlich in Aussicht gestellt. Sonst erhielt ich lediglich die Zusicherung, die Regierung habe das Vertrauen zu mir, es werde mir gelingen, mit der fürchterlichen Sache einigermaßen fertig zu werden.

Ein unglaublicher Trubel herrschte auf den Gängen des Stationsgebäudes. Auch ein paar Posten, die ich mir vor die Tür meines Zimmers stellen ließ, vermochten nicht zu verhindern, daß ich zeitweise in einer Menschenmenge wie eingekeilt saß, von der jeder irgendeine Nachricht brachte oder eine Auskunft oder einen Befehl haben wollte. Dazu rasselte das Telephon in einem fort. Wiederholt stürzten Leute heran mit der Meldung, aus dieser oder jener Richtung marschierten Truppen heran. Von Berlin war jedoch ausdrücklich bestätigt worden, daß zur Zeit ein Angriff auf Kiel nicht geplant sei. Es hätte dazu auch einer Truppenmacht bedurft, deren Zusammenziehung beträchtliche Zeit erfordert hätte.

Besonders schreckhaft war eine Anzahl der Blauen wegen der Wandsbeker Husaren. Mehr als ein dutzendmal ist mir gesagt worden, daß diese Truppe in der Nähe von Kiel angelangt sei. Dann wurde ich mit Vorschlägen überschüttet, welche Abwehrmaßregeln zu treffen seien. Es sind auch immer wieder Trupps von Matrosen bis in die Vororte vorgestoßen, um sich zu überzeugen, daß sie auf blinden Lärm hereingefallen waren. Gegen abend wurde mir auf das bestimmteste gemeldet, daß in einem Gehölz vor der Stadt eine große Zahl von Offizieren und Applikanten sich verschanzt hätten, die wahrscheinlich in der Nacht beabsichtigten, anzugreifen. Wieder schrien 20 Leute durcheinander auf mich ein, was dagegen zu unternehmen sei. Der Fall wurde mit dem Admiral Küsel und dem Vizeadmiral Souchon besprochen. So wenig sich Souchon gegenüber der Revolte zu helfen wußte, so unerschrocken handelte er ein paarmal in diesen Tagen, wenn es darauf ankam, sich persönlich einzusetzen. Wir kamen überein, daß er, um Beruhigung bei den Matrosen zu schaffen, feststellte, ob tatsächlich eine Ansammlung von bewaffneten Offizieren stattgefunden habe. Falls das der Fall sein sollte, wollte er sie zum Auseinandergehen bewegen. Ohne eine Miene zu verziehen, nahm Souchon Mantel und Hut und fuhr in die Nacht hinaus. Wie zu erwarten war, konnte er feststellen, daß in dem Gehölz nicht ein einziger Mann steckte. Aufgetaucht sind ähnliche Sensationsmeldungen immer wieder. Die Sorge, daß es ihnen an den Hals gehen könnte, hat einen großen Teil der Matrosen nicht nur tagelang, sondern wochenlang nicht verlassen.

Eine üble Flucht

Am Morgen hatte in der Vertrauensmännerversammlung der Arbeiter der erwähnte Berichterstatter die Internierung des Prinzen Heinrich, Oberbefehlshabers der Seestreitkräfte in der Ostsee, im Kieler Stadtschloß erwähnt. Etwa gegen 9 Uhr abends stürzten Leute in mein Zimmer, um aufgeregt zu melden, der Prinz sei in einem Auto unter roter Fahne aus der Stadt geflohen. Auf der Landstraße sei er angehalten worden, und ein paar Soldaten, die wie viele andere nach Hause in ihre Heimat gingen, hätten gefordert, mitfahren zu dürfen. Rechts und links sei je einer auf das Trittbrett getreten. Als der Wagen sich in Bewegung setzte, habe der Prinz den einen Mann niedergeschossen, der andere sei abgesprungen, der Wagen in rasender Fahrt davongesaust. Man habe vergeblich hinterher gefeuert.

An der Richtigkeit dieser Angaben habe ich sofort starken Zweifel gehegt. Ich konnte mir nicht vorstellen, daß der Prinz inmitten einer Schar von

Bewaffneten, die sich nicht anschickten, ihm etwas zuleide zu tun, so töricht sein sollte, einen Menschen niederzuschießen. Bei einer Anzahl der Soldaten, die in meinem und in einem Nebenzimmer waren, riefen jedoch die Angaben, die ohne weiteres als wahr hingenommen wurden, eine geradezu ungeheuerliche Erregung hervor. Ein Soldat stand mitten im Zimmer und schrie wie irrsinnig in einem fort mit gellender Stimme: „Verrat, Verrat, wir sind verraten!" Das setzte der Mann mindestens fünf Minuten lang fort. Auf die anderen Leute wirkte dies hysterische Geschrei so aufregend, daß sie auch wie in einen Taumel gerieten. Ich wurde bestürmt, sofort Automobile hinter dem Prinzen herzuschicken. Ich weiß nicht, ob Wagen vor der Tür standen, war mir aber darüber klar, daß verhütet werden müsse, jetzt eine rasende Schar fahren zu lassen, die sicher ohne Überlegung, wenn sie den Prinzen einholte, Unheil angerichtet hätte.

Ich suchte zu beruhigen. Das erwies sich als vergeblich. Vernunftgründe machten keinen Eindruck. Schließlich wies ich darauf hin, daß Kiel in weitem Bogen zerniert sei und Gefahr bestehe, Wagen, die in der Dunkelheit führen, würden samt ihren Insassen weggenommen. Sodann wurde der Vorschlag diskutiert, daß ich dem Prinzen einen Eisenbahnzug mit Bewaffneten nachsenden solle. Ich erklärte, das erfordere eingehende Überlegung mit der Leitung der Eisenbahn. Zwischendurch wurde ich wegen hunderterlei anderer Dinge angesprochen, die ich in dem Getöse, das im Zimmer herrschte, erledigte, so gut es ging. Als schließlich eine Stunde herum war, konnte ich den Leuten klarmachen, nun sei der Prinz in seinem schnellen Auto sicher so weit weg, daß es völlig zwecklos wäre, ihm nachzusetzen. So ist er mit heiler Haut davongekommen. Politisch klüger ist er durch seine Erfahrungen in der Kieler Revolution nicht geworden. In den nächsten Wochen habe ich mich nur noch einmal mit ihm beschäftigt. Für den Monat Dezember war ihm noch das Admiralsgehalt ausgezahlt worden. Ich veranlaßte sofortige Rückerstattung des Geldes, die auch, wie mir gemeldet wurde, erfolgt ist.

Nachtwache

Wie in einem Hexenkessel ging das Kommen, Gehen, Treiben und Schreien in meinem Zimmer bis lange nach Mitternacht hin. Den ganzen Tag über war ich auf den Beinen geblieben. Zu essen hatte ich lediglich ein Stück trockenes Kommißbrot bekommen. Gegen 1 Uhr konnte ich kaum mehr stehen. In ein paar Decken gewickelt, legte ich mich auf ein

Ledersofa in einem benachbarten Zimmer. Von der Anstrengung bebte mir jeder Nerv. Es war aber noch keine Viertelstunde vergangen, als das Licht wieder angedreht wurde und ein Mann mit der Meldung kam, draußen sei ein mit einem Maschinengewehr ausgerüstetes Automobil vorgefahren und ein paar Matrosen suchten mich, um Rechenschaft von mir zu fordern, weil ich Mitglieder eines an irgendeiner anderen Stelle gebildeten Soldatenrates, die zu Verhandlungen zu mir gekommen seien, verhaftet hätte. Ich stieg wieder in die Stiefel und ging auf den Korridor heraus, wo ich von drei wild gestikulierenden Matrosen, von denen jeder eine große Pistole in der Hand trug, empfangen wurde. So müde war ich, daß die Gefährlichkeit der Situation keinen Eindruck auf mich machte. Den lautesten Schreier fuhr ich an, er solle mal erst das Schießeisen wegstecken, ich könne nicht sehen, wenn er mir damit vor der Nase herumfuchtele. Er tat, was ich verlangte, und ebenso ließ der zweite Mann die Waffe in der Tasche verschwinden, als ich ihn anschrie, ob er denn verrückt geworden sei, daß er solchen Lärm mache. Nach einer Unterhaltung von 10 Minuten schieden die drei Helden völlig beruhigt von mir, kletterten zu ihrem Maschinengewehr in ihr Automobil zurück und fuhren in die Nacht hinaus. Eine Fortsetzung der unterbrochenen Nachtruhe kam aber nicht mehr zustande. Von auswärts kamen in einem fort Meldungen und Anfragen, die ich persönlich entgegennehmen oder beantworten sollte, so daß ich morgens von 4 Uhr ab schon wieder mitten im dicksten Trubel steckte. Das ging so den ganzen Vormittag weiter.

Die Übernahme der Geschäfte als Vorsitzender des Soldatenrates ließ ich durch Anschlag bekanntmachen.

Wichtigste Aufgabe erschien mir, die Bewaffneten von der Straße zu bringen. Deshalb hatte ich noch am Dienstag abend einen Befehl erlassen, alle scharfe Munition und die Waffen seien in Verwahrung der Vertrauensleute zu geben. Mit Waffen dürften nur noch dazu befohlene Patrouillen auf der Straße erscheinen. Der Anweisung ist strikte Folge geleistet worden. Am folgenden Tage sah ich nur noch ganz vereinzelt Leute mit einem Gewehr auf der Straße, die ich anhielt und scharf zurechtwies. Schon am Mittwoch ist in Kiel kein Schuß mehr gefallen. Im großen ganzen unterwarfen sich die vielen Tausende von Leuten willig meiner Autorität.

Übergriffe in Einzelfällen kamen vor. Soldaten machten einen Sport daraus, die Hotels während der Nacht nach Offizieren abzusuchen. Darauf ließ ich Schutzwachen in diese Häuser legen. Eine solche wilde Patrouille faßte ich am Mittwoch spät abends selber ab, machte sie gehörig herunter und schickte die aus dem Bett geholten Offiziere wieder schlafen.

Abbauversuch

Was draußen im Reiche los war, erfuhren wir nicht. Zwar sprach ich wiederholt mit der Reichskanzlei in Berlin, doch konnte man sich dort kein rechtes Bild von der Stimmung im Reiche machen. Prinz Max von Baden ließ mir sagen, ich möchte unter allen Umständen in Kiel auf dem Posten bleiben. In einem Gespräch wurde mir erzählt, der Prinz habe auf das Gerücht hin, ich sei plötzlich krank geworden, erklärt: nun muß auch das Unglück noch dazukommen.

Es war am Mittwoch kein Überblick darüber zu gewinnen, ob es sich bei den Vorgängen in Kiel um eine lokale Soldatenrevolte handele oder einen Teil einer großen Revolution, die das ganze Reich zur Umwälzung bringen würde. Mittwoch mittag hörte ich noch aus Berlin, im Reich sei es ruhig. Meldungen über die Kieler Vorgänge hatte man nach Möglichkeit zurückgehalten. Allerdings waren zahlreiche Matrosen als Sendlinge der Revolution in das Land hinausgeflutet. Wie vom Sturm geweht, waren eine Anzahl Leute schon in den ersten Stunden nach der Erhebung in Eisenbahnzüge gestiegen und trugen die Kunde von den Kieler Vorgängen weiter. Bei dem Trubel, in dem ich steckte, konnte ich davon keine Kenntnis haben. Als mittags die Vertrauensleute der verschiedenen Formationen sich im Saal der Station einfanden, um mit mir die Lage zu besprechen, konnte ich auf Grund der mir aus Berlin zuteil gewordenen Informationen annehmen, die Erhebung sei auf Kiel beschränkt. War das der Fall, mußte der Versuch gemacht werden, sobald wie möglich wieder zu einem ordnungsmäßigen Zustand zurückzugelangen. Dafür galt es die Stimmung vorzubereiten. Ich schilderte den Leuten die Sachlage, so wie sie mir erschien und besprach die Situation im ganzen Reich und den entsetzlichen Zustand, in dem sich unser Volk infolge der Kriegsniederlage befinde und leitete dann die Gedanken dazu über, unter welchen etwaigen Voraussetzungen der Kieler Meuterei, die ich persönlich auf das schärfste verurteile, ein Ende zu machen sei. Daß politische Reformen, für die man sich erhoben habe, erfüllt würden, sei selbstverständlich. Über eine Amnestie werde die Regierung mit sich reden lassen.

Meine Darlegungen machten auf die Leute sichtlich tiefen Eindruck. Artelt, der dazwischenfahren wollte, erhielt von mir einen Dämpfer. Die Reichstagsabgeordneten Hoff und Dr. Struwe, die der Rede zugehört hatten, haben mir später wiederholt versichert, daß sie niemals eindrucksvollere Darlegungen gehört hätten. Eine Diskussion ließ ich nicht zu, sondern riet den Leuten, mit ihren Kameraden das Gehörte durchzusprechen und dann die Schlußfolgerung in einer großen Vertrauensmännerversammlung zu ziehen, die gegen Abend stattfinden sollte.

In der Versammlung im Schloßhof am späten Nachmittag sollten nur gewählte Vertrauensleute der einzelnen Formationen und Schiffe Zutritt haben. Eine Kontrolle konnte jedoch am Saaleingang nicht ausgeübt werden, weil ordnungsmäßige Legitimationen nur in seltenen Fällen ausgestellt waren. Also strömte herein, wer Lust hatte. Es waren an 1000 Mann anwesend. Wie mittags, gab ich den Leuten einen ausführlichen Situationsbericht. Zu einer ernsthaften Erörterung darüber kam es aber nicht. Die wenigsten Anwesenden waren im Versammlungswesen geschult. Am liebsten wollte jeder über das reden, was ihm im Augenblick das wichtigste erschien. Eine Wortmeldung folgte der anderen. Redner wurden mitten in ihren Ausführungen stürmisch unterbrochen und aus der Saalmitte redete ein anderer laut darauflos. Nach kurzer Zeit war ich mir darüber klar, daß ein ordnungsmäßiges Verhandeln mit dieser Körperschaft eine Unmöglichkeit sei. Das mußte den Leuten zum Bewußtsein gebracht werden. Also ließ ich die Sache laufen. Wer die meiste Lungenkraft aufbrachte, konnte sprechen. Wenn der Skandal zu groß wurde, griff ich ein und machte den Leuten klar, was für ein tolles Schauspiel sie mit dieser Plan- und Zügellosigkeit böten. Lange nachgewirkt hat solche Mahnung nicht. Nach ein paar Stunden bekam ein beträchtlicher Teil der Anwesenden die Sache satt und ging davon. Schließlich wurde die Versammlung ohne Resultat geschlossen. Eine erneute Vertrauensmännerversammlung wurde für den folgenden Nachmittag anberaumt.

II
Gouverneur

Als ich am Abend mit ein paar Parteiführern die Sachlage besprach, war nach Gerüchten, die nach Kiel gedrungen waren, anzunehmen, daß es auch in anderen Städten zu revolutionären Erhebungen gekommen sei. In München sollte die Republik ausgerufen sein, und auch in Hamburg hätten Matrosen sich in den Besitz der öffentlichen Macht gesetzt. Am anderen Morgen lag die Bestätigung dieser Nachrichten vor. Wir setzten uns zu 6 oder 7 Mann hinter abgesperrten Türen im Saal des Stationsgebäudes zusammen und besprachen, was weiter zu tun sei. Es war uns klar, daß nun die revolutionäre Bewegung unaufhaltsam vor sich gehen würde. Da war ein Lavieren nicht mehr am Platze, sondern es hieß die Zügel fest in die Hand nehmen. Vereinbart wurde eine Kundgebung, wonach der Arbeiterrat von Kiel sich als provisorische Leitung für Schleswig-Holstein etablierte. Der Ausrufung der Republik für die Provinz widersetzte ich mich. Verabredet wurde, daß in der Versammlung der Soldatenräte am Nachmittag vorgeschlagen werde, daß ich in aller Form als Gouverneur die Leitung aller militärischen Geschäfte übernehmen solle. Demgemäß wurde verfahren. Die Proklamation wurde bekanntgemacht. In der Versammlung der Vertrauensleute ging es schon etwas ordnungsmäßiger zu. Regelrechte Wahlen hatten im Laufe des Tages bei einer ganzen Anzahl von Formationen stattgefunden.

Bei den bisherigen Besprechungen hatten sich Vertreter der sozialdemokratischen Partei und der Unabhängigen zu gleichen Teilen zusammengefunden. Wortführer der Unabhängigen war in erster Linie Arthur Popp. Er war mit meiner Ernennung zum Gouverneur einverstanden, forderte aber als Gegengewicht für die Unabhängigen seine Wahl zum Vorsitzenden des Soldatenrates. Das wurde zugestanden. Nachdem ich in der Versammlung kurz den Lauf der Dinge im Reiche bekanntgegeben hatte, schlug Popp meine Wahl als Gouverneur vor. Sie erfolgte einstimmig. Kurz und nachdrücklich erklärte ich, daß Voraussetzung für die Übernahme der Geschäfte durch mich sei, daß absolut auf Ordnung gehalten werde, und daß unter allen Umständen meinen Anweisungen, die durch den Soldatenrat kontrolliert würden, Folge geleistet werden müsse. Auch diese Erklärung fand stürmische Zustimmung. Die Versammlung ließ ich weiter tagen, da wieder eine uferlose Debatte einsetzte, und fuhr allein nach dem Stationsgebäude.

Dort ließ ich Vizeadmiral Souchon und die Herren der Station zu einer Besprechung zusammenbitten. Sie versammelten sich im Zimmer des Stabschefs, Admiral Küsel. Es müssen 15—20 Offiziere beieinander gewesen sein. Ich schilderte ihnen kurz die Sachlage im Reiche, teilte ihnen meine Wahl zum Gouverneur mit und gab meinem Bedauern darüber Ausdruck, Männer wie Souchon in einer solchen Sachlage vor mir sehen zu müssen, und ersuchte sie, im Interesse des Landes, der 60 000—80 000 Soldaten, sowie der Bewohner von Kiel, für deren Wohlergehen zu sorgen sei, sich mit Würde in das Unabänderliche zu fügen und mir bei der Leitung der Geschäfte nach Kräften helfend zur Seite zu stehen. Souchon gegenüber betonte ich so zuvorkommend wie möglich, daß für ihn eine weitere Tätigkeit nicht in Frage kommen könne. Ich bat ihn, sich vorerst noch zu meiner Verfügung zu halten. Um arbeiten zu können, sei mir ein Zimmer zur Verfügung zu stellen. Der Vizeadmiral erwiderte, dafür käme nur sein Amtszimmer in Betracht, es stehe in 5 Minuten zur Verfügung. Kaum 10 Minuten später saß ich an seinem Schreibtisch und erließ meine erste Proklamation an die Truppen und an die Einwohnerschaft von Kiel.

In Berlin, wohin ich sofort telephonisch Bericht gab, war man in der Reichskanzlei mit der getroffenen Regelung einverstanden. Die förmliche Bestallung zum Gouverneur fertigte später der Staatssekretär des Reichsmarineamts, Ritter von Mann, aus. Zum erstenmal wohl in der Weltgeschichte war damit einem Mann, der nie Soldat gewesen war, das Kommando über rund 80 000 Soldaten übertragen worden.

Zu spät gekommen

Schon am Montag, dem 4. abends, hatten die Vertreter der Unabhängigen gefordert, daß zur Wahrung der Parität die Abgeordneten Haase und Ledebour telegraphisch nach Kiel berufen würden. Es ist behauptet worden, die Depesche wäre nicht weitergeleitet. In der Vertrauensmännerversammlung am Donnerstag wurde, nachdem ich den Saal verlassen hatte, von einem Unabhängigen bekanntgegeben, der Abgeordnete Haase sei in Kiel eingetroffen und werde bald in der Versammlung erscheinen. Wie wenig die Masse der Soldaten auf eine politische Richtung eingestellt war, geht daraus hervor, daß Redner zum Ausdruck brachten, es liegt kein Anlaß vor, auf Haase zu warten. Man habe sich einen Gouverneur gewählt und könne infolgedessen auseinandergehen. Tatsächlich wurde die Versammlung geschlossen, ehe Haase in dem Lokal eingetroffen war. Als ich abends im Stationsgebäude noch einmal das Zimmer betrat, in dem ich während der beiden ersten Tage gearbeitet hatte, fand ich dort Haase vor, der von Hamburg gekommen war. Er war furchtbar abgespannt. Wir besprachen die Sachlage im Reiche und waren einer Meinung, daß es jetzt darauf ankäme, daß die Führer der beiden sozialdemokratischen Parteien einheitlich zusammenarbeiteten, weil nur dadurch unabsehbares Unheil vermieden werden könnte. Haase ist dann über Hamburg nach Berlin zurückgereist. Zum entsetzlichen Schaden des deutschen Volkes haben die Unabhängigen die Einheitlichkeit der Arbeiterklasse sehr bald wieder zerstört und dadurch die Schuld für unendliche Wirren und vieles Blutvergießen auf sich geladen.

An diesem Donnerstag abend kam auch Herrmann Müller, der spätere Reichskanzler, zu meiner Unterstützung nach Kiel. Nach meiner Wahl zum Gouverneur hielt er seine weitere Anwesenheit nicht für erforderlich und reiste am nächsten Morgen wieder ab. Er ist mit Haase nach langer Irrfahrt erst am Sonnabend oder Sonntag in Berlin angekommen, nachdem auch dort schon die Würfel gefallen waren.

Aus der Masse der Vertrauensleute war in der Nachmittagsversammlung ein oberster Soldatenrat gewählt worden, der mir zur Seite stehen sollte. Die Mehrzahl davon waren Chargierte. Ich traf sie in später Stunde beieinandersitzen, um den ersten Stationsbefehl auszuarbeiten. Sie legten den größten Wert darauf, zeigen zu können, daß militärische Form und Ausdrucksweise von ihnen durchaus beherrscht würden. Dieser erste Tagesbefehl vom 7. November begann mit den Worten:

„Ich bin mit dem heutigen Tage einstimmig von den Vertrauensleuten sämtlicher der neuen Richtung angeschlossenen militärischen Formationen zum Gouverneur gewählt worden und habe die Geschäfte als solcher mit gleichem Zeitpunkt übernommen. Mir zur Seite steht der ‚Oberste Soldatenrat des Befehlsbereichs der Ostseestation'."

Verfügt wurde u. a.:

Der gesamte Sicherheitsdienst im Bereiche des Gouvernements wird in vollem Maße wieder aufgenommen.

Gehaltszahlung, Löhnung und Bekleidungswirtschaft wird in der bisherigen Weise geregelt. Die Verpflegung ist eine einheitliche. Militärischer Dienst findet nicht statt, mit Ausnahme des üblichen Wacht-, Verwaltungs- und Sanitätsdienstes. Waffentragen außer im Sicherheitsdienst ist verboten.

Garnisonurlaub ist im weitesten Maße zu erteilen.

Die Iststärke muß bis zum 15. d. M. bei allen Formationen festgestellt werden.

Saure Wochen

Tage und Wochen nervenzerrüttender Tätigkeit folgten.

Als einer der ersten war ich morgens in meinem Amtszimmer und verließ das Haus als einer der letzten. Fast jede Entscheidung sollte von mir persönlich getroffen werden. Das galt von den wichtigsten Fragen bis herab zur Stiefel- und Hosenlieferung für einzelne Leute und der Beschaffung verlorener Lebensmittelkarten. Wen in der Stadt oder der Provinz ein Anliegen drückte, der glaubte, es dem Gouverneur vortragen zu müssen.

Am Freitag, dem 8. November, ließ ich alle Kommandanten und höheren Beamten der Intendantur nach der Station kommen, um die Sachlage zu schildern und mich ihrer Mitarbeiterschaft zu vergewissern. Auch dabei war kein Soldatenratsmitglied zugegen. Statt in prunkender Uniform waren alle Offiziere im Zivilrock erschienen. Mir war daran gelegen, eine persönliche Kränkung der Herren möglichst zu vermeiden. Dem zusammengebrochenen System mochte ein Höchstmaß von Schuld nachgesagt werden. Die meisten Offiziere waren aber Opfer des Systems, in das man sie hineingepreßt hatte. Sie hatten in den letzten Tagen Furchtbares erlebt und waren tief erschüttert. Daß ich mit vollem Verständnis für ihre Lage zu ihnen sprach, hat mir bei ihnen ein Vertrauen verschafft, ohne das eine Erledigung der Geschäfte unmöglich gewesen wäre. Wer nicht überflüssig wurde, blieb auf seinem Posten trotz vieler Widerwärtigkeiten, die in den Kauf genommen werden mußten.

Dringend geboten war, daß ich mit den Mannschaften in engere Fühlung kam. Durch persönliche Einwirkung konnte ich in jedem Falle durchsetzen, was ich für richtig hielt. Dagegen vermochte kein Soldatenrat aufzukommen. So fuhr ich denn von einer Kaserne zur andern und von Schiff zu Schiff, um Ansprachen zu halten. Die riesigste derartige Heerschau fand auf dem großen Kasernenhof in Wiek statt, wo sich gegen 10 000 Mann um mich versammelten.

Die Beschaffung der Löhnung machte mir in den ersten Tagen besondere Sorge. Gab es nicht rechtzeitig Geld, konnten die schwersten Ver-

wickelungen entstehen. Es gelang mir jedoch, durch einen zuverlässigen
Fliegeroffizier das Geld aus Berlin heranholen zu lassen.

Plünderungsversuche sind trotzdem in Kiel wiederholt unternommen
worden. In der Nacht vom Montag zum Dienstag, während der ersten
Sitzung im Stationsgebäude, kam die Meldung, das Proviantamt werde
beraubt. Ein Soldat begab sich dorthin, um der Dieberei Einhalt zu tun.

Da der Wachtdienst monatelang recht mangelhaft war, sind immer
wieder Einbrüche und Diebstähle vorgekommen. Der dadurch angerichtete
Schaden war groß. Die Dieberei setzte auch auf den Schiffen ein. Manche
Fahrzeuge wurden allmählich vollständig kahl ausgeraubt. Handwaffen,
Munition, Prismengläser wurden in Massen mitgenommen. Bei der
Kontrolle der Kleidersäcke der entlassenen Leute auf dem Bahnhofe ist
eine Menge Diebsgut zurückerlangt worden. Ein förmlicher Sturm wurde
auf die riesigen Bestände an Kleidern, Wäsche und Stiefeln unternommen.
Die großen Vorräte wurden in kurzer Zeit bedenklich gelichtet. Es bedurfte
des größten Nachdrucks, um der umfangreichen Stehlerei und
Ergaunerei von Reichseigentum entgegenzuwirken.

Die Mitglieder des großen Soldatenrates, die im Laufe der Wochen
wechselten, haben sich redliche Mühe gegeben, um eine ordentliche Wirtschaft
wiederherzustellen. Eine Anzahl dieser Männer habe ich wegen
ihres ehrlichen Willens und ihrer Uneigennützigkeit hochschätzen gelernt.
Auch bei den verschiedenen Formationen und auf den Schiffen setzten
sich mit der Zeit die ordentlichen, zuverlässigen Elemente besser durch.
An starker Autorität mangelte es ihnen jedoch, da sie gewählt wurden.
Streber und Demagogen übelster Art gewannen auf die Soldaten, die
oft wie Kinder irrezuleiten waren, immer wieder Einfluß. Übelste
Charaktere machten sich bemerkbar; Leute drängten sich an mich heran,
weil sie hofften, durch mich in eine Position hereingebracht zu werden.
Fielen sie damit ab, ließen sie es an Wühlerei nicht fehlen. Solch Geschmeiß
aus Kiel habe ich bis in die letzte Zeit hinein noch bei üblen
Treibereien beobachten müssen.

Unterordnung der Provinzgarnisonen

Eine Garnison der Provinz Schleswig-Holstein nach der andern ließ
mitteilen, sie werde meine Weisungen befolgen. Wenige Beispiele will
ich dafür anführen.

Im Auftrage der Seewehr-Abteilung, 3. Kompanie, Holtenau, wurde
mir am 8. November geschrieben:

„Zu dem Aufruf an die Bevölkerung der Provinz beglückwünsche ich Sie aufs herzlichste. Es ist damit ein Akt von immenser weltgeschichtlicher Bedeutung geschaffen, den mancher von uns zu fassen nicht fähig ist. Möge Ihnen die Energie und die Tatkraft, die Sie jetzt zum Wohl des Volkes entfalten, nicht versagen. Ich versichere Sie, der Dank des Volkes ist Ihnen gewiß. Hören Sie, die ganze Bevölkerung, nein, die ganze Welt richtet jetzt das Auge auf Sie, das ganze internationale Proletariat horcht jetzt auf Ihren Namen. Zweifelnd werden sie Fragen aufwerfen, ob er es schafft. Wir, die wir die Ehre haben, Sie in unserer Mitte zu sehen, wir rufen Ihnen zu: Ja, er ist der Mann, er schafft es. Es wird Ihnen nicht unbekannt sein, daß die Arbeiter von der alten Partei oder von den Unabhängigen mit großer Begeisterung zu Ihnen aufblicken.

gez. L. Wagner."

Ein Kapitänleutnant von einem Schlachtschiff schrieb am 12. November, daß er alle seine Kraft in den Dienst des neugegründeten Staates stellen wolle:

„Ich will mitarbeiten an seinem Aufbau, dieser Organisation, wo immer meine Arbeitskraft zum Nutzen der sozialdemokratischen Sache gebraucht werden sollte. Ich stehe zur Verfügung, wo Lücken entstanden sein sollten."

Aus einer Garnison schrieb mir am 14. November der Major beim Stabe eines Regiments:

„Als alter Militär erlaube ich mir, Euer Hochwohlgeboren meine ganz besondere Anerkennung und Hochachtung für die ganz ungewöhnlich umsichtige und hinreißende Art auszusprechen, mit der Euer Hochwohlgeboren Ruhe und Ordnung in Kiel und Umgebung hergestellt haben, wie sie so gründlich und vollständig wohl kaum anderen gelungen wäre."

Er unterstellte sich und seine Truppe mir und teilte mit, er habe an Ebert und Landsberg ebenfalls geschrieben, sie möchten doch, wenn irgend möglich, „von dem bisherigen unseligen Kaiser eine nachträgliche Entbindung von Treue und Fahneneid für Beamte, Heer und Marine durch Mittelspersonen herbeiführen, damit mit ganzer und nicht mit halber Kraft an unserem neuen veränderten Aufbau gearbeitet werden kann." Er schloß mit verbindlichem Gruße und der Versicherung vorzüglicher Hochachtung.

Aus Lübeck kamen Abgesandte, um sich bei mir Rat zu holen. Aus Swinemünde schrieb der Vorstand des Arbeiter- und Soldatenrates am 19. November:

„Sehr geehrter Herr Noske!

Als Vorstand für den Arbeiter- und Soldatenrat möchte ich Sie dringend bitten, sich um die Verhältnisse hier in Swinemünde zu kümmern. Wie kann man nur solche Leute wie H.... und B.... in den Soldatenrat wählen. Diese Leute waren früher die größten Schmuser und Schmarotzer bei den Offizieren. Kein Mensch ist hier mit dem Arbeiter- und Soldatenrat zufrieden. Die Leute stehen nur rum und kümmern sich absolut um gar nichts. Frägt man um Rat und Auskunft, so wird man zu den Offizieren geschickt. In der Marineversorgung ist es noch schlimmer als früher. Wenn der derzeitige Feldwebel nicht mit uns wäre, so wäre es gar nicht auszuhalten. Das Essen taugte sonst nicht viel, und jetzt ist es unter aller Würde. H.... und B.... sollen in der Versorgung die Bücher kontrollieren, Leute, die noch nicht mal ihren eigenen Namen schreiben können. Es sind schreckliche Zustände hier. Ich habe viel von den Kieler Kameraden gehört, was Sie Großes vollbracht haben, und bitte im Namen aller meiner Kameraden der Marinestelle, als auch der Infanterie und der Artillerie, daß gewissenhafte Leute, die Recht und Unrecht unterscheiden können, hergeschickt werden. Es eilt sehr."

Später kam eine Deputation, die mich am liebsten für ein paar Tage mitgenommen hätte, um in Swinemünde Ordnung zu schaffen.

Kleine Hilfeleistungen

Aus meinem Wohnort Chemnitz war ich infolge der Fahrt nach Kiel wie sang- und klanglos verschwunden. Es gab aber eine Anzahl Leute dort, die Sehnsucht nach mir hatten.

Am 11. November erhielt ich folgenden Hilferuf:

„Im Auftrage einer großen Anzahl Chemnitzer Bürger möchte ich Sie bitten, hierherzukommen, um das Steuer in die Hand zu nehmen und großes Unheil zu verhüten. Sie sind der Einzige, der dazu imstande ist. Sie besitzen den Einfluß auf die Masse, die Ihnen überallhin folgt, wohin Sie wollen. Eine ungeheure Verantwortung würde auf Ihnen lasten, wenn Sie unserer Bitte nicht Folge leisten würden. Wenn es wirklich zum Blutvergießen kommt, würde man sagen, das hätte Noske verhindern können. Jetzt, wo wir Sie unbedingt notwendig brauchen, dürfen Sie uns nicht im Stiche lassen. Wir wissen, daß Sie auch in Kiel ein verantwortungsreiches Amt zu verwalten haben, und solange Sie nicht unbedingt in Chemnitz nötig waren, war es richtig von Ihnen, wenn Sie sich dort zur Verfügung stellen. Jetzt brennt unser Haus und wir brauchen einen Führer. Kommen Sie, bevor es zu spät ist."

Eines Tages kam als Abgesandter des Chemnitzer Stadtrates Dr. Seidel nach Kiel mit einer dringenden Bitte um Hilfe. Infolge der Störungen im Eisenbahnverkehr waren Lebensmittelzufuhren für die Stadt ausgeblieben. Im Kreise Tondern hatte die Stadt Lieferungsverträge abgeschlossen, bekam aber jetzt die Früchte nicht heraus. Ich setzte starken Druck hinter die Sache. Ein Marineleutnant in Tondern half. Nach einigen Tagen rollte ein Zug mit Lebensmitteln ab, dem zum Schutz gegen Ausraubung ein Trupp Marineleute beigegeben war, die nach Sachsen zu entlassen waren. Ein zweiter Transport konnte bald folgen. Damit war der ärgsten Kalamität in Chemnitz begegnet worden.

In der Provinz Schleswig-Holstein taten sich in den verschiedensten Orten Marineleute als Soldatenräte auf. Stadtverwaltungen wurden terrorisiert, Requisitionen vorgenommen, starke Zechen in Kneipen auf Rechnung veranstaltet. Mancher Gastwirt, der an mich schrieb, trauert noch immer seinem Gelde nach. Dringende Hilferufe wurden wegen des Treibens mancher Soldaten an mich gerichtet. Soweit meine Macht reichte, half ich. Einen Mann, der auf Alsen sein Wesen trieb, ließ ich zweimal ins Lazarett bringen, da er infolge Mangels an Schlaf ganz unzurechnungsfähig geworden war. Er brannte jedesmal wieder durch. Zum drittenmal ließ ich ihn mir durch Bewaffnete vorführen und dann in Arrest sperren. Die Untersuchung ergab nicht, daß er ernste Straftaten verübt hatte. Daß er die Insel Alsen allein regieren wollte, war nur ein Ausfluß vorübergehender Verrücktheit. Der Kriegsgerichtsrat schlug mir vor, ihn zu entlassen, seine Frau sei gekommen, um ihn mit nach Hause zu nehmen. Am nächsten Tage erschien er in blitzsauberer Uniform bei mir und erklärte: „Herr Gouverneur haben mich eingesperrt. Dafür bedanke ich mich. Jetzt bin ich wieder ganz vernünftig." Ein Jahr später habe ich von ihm einen sehr netten Brief erhalten. — Bei anderen wilden Männern genügte es, daß ich sie mir vorführen ließ und mit Einsperren bedrohte, um sie manierlich werden zu lassen.

Ziemlich drangsaliert wurde, um ein Beispiel anzuführen, die Stadtverwaltung von Preetz von einigen Soldaten, die dort Rat spielten. Die Sache wurde von mir in Ordnung gebracht. Der Bürgermeister schrieb:

„Preetz b. Kiel, den 13. 11. 1918.

An den Gouverneur Noske, Kiel, Stationsgebäude!

Unter Bezug auf unsere gestrige Unterredung dürfen wir dafür danken, daß wir uns dem Schutz des Gouverneurs unterstellen konnten. Wir haben mit dem Arbeiterrat gemäß Ihrer Instruktion ein volles Einvernehmen erzielt und die Stadtverwaltung der Kontrolle eines gehörig beglaubigten Vertreters des Soldatenrats in Kiel zu unterstellen uns bereit erklärt.

Für alles gefundene Entgegenkommen danken wir verbindlichst. Es ist uns ein Bedürfnis, Ihnen, Herr Gouverneur, zu erklären, daß wir volles Vertrauen zu Ihnen haben.

gez. L. Krug."

Kriegsgefangene befanden sich in großer Zahl in der Provinz. Sie kamen in Scharen nach Kiel. Franzosen und Engländer suchten einzeln über die dänische Grenze in die Heimat zu kommen. Die schwerfälligen Russen hockten in Klumpen vor dem Stationsgebäude. Ich mußte verfügen, daß jeder zu warten habe, bis seine Entlassung erfolge, da sonst ein unentwirrbares Durcheinander entstehen würde. Als den Russen in Kiel bedeutet wurde, nur wer an seinem Platz arbeite, erhalte etwas zu essen, verschwanden sie wieder.

Aus einem Genesungsheim in der holsteinischen Schweiz erhielt ich am 9. November 1918 folgendes Schreiben:

„Hierdurch bitte ich den obersten Soldatenrat in Kiel um freies Geleit und sichere Fahrt für mich, die kleine Prinzessin, meine Hofdame und Dienerschaft nach dem Neuen Palais zu Ihrer Majestät bzw. nach Weimar zu den großherzoglichen Herrschaften.

Adelheid,
Prinzessin Adalbert von Preußen,
Herzogin zu Sachsen."

Die Unsicherheit der Lage im Reiche ließ es der Prinzessin nicht ratsam erscheinen, sich auf Reisen zu begeben. Einige Tage später erschien ihr Hofmarschall bei mir, um sich zu erkundigen, ob Bedenken gegen eine Übersiedelung der Prinzessin in ihre Villa nach Kiel bestünden. Die Frau sehe ihrer Niederkunft entgegen.

Es wurde dafür Sorge getragen, daß sie unbehelligt ihr Haus beziehen konnte. Ein paar zuverlässige Soldaten wurden als Wache bestellt. Sie ließen sich bei Tage nicht sehen. Die Frau ist absolut unbehelligt geblieben. Später nahm der Hofmarschall auch bei mir Rücksprache wegen der Rückkehr des Prinzen Adalbert, der einen kleinen Kreuzer kommandierte, nach Kiel. Auch dagegen glaubte ich Bedenken nicht geltend machen zu müssen. Der Hofmarschall teilte am 26. November 1918 mit:

„Dem Herrn Gouverneur beehre ich mich unter Bezugnahme auf die kürzlich gehabte Unterredung ergebenst mitzuteilen, daß Seine Königliche

Hoheit Prinz Adalbert von Preußen Montag, den 25. November d. J., mit dem Abendzuge hier eingetroffen ist und in der Prinzenvilla, Düsternbrook 32/34, Wohnung genommen hat."

Die Nordseehäfen

Wie die Matrosenerhebung in Wilhelmshaven verlaufen war, wurde in Kiel erst nach einigen Tagen bekannt. Die Explosion war viel weniger gewaltsam gewesen. Während in Kiel mit Ausnahme derjenigen auf der Station sämtliche Offiziere bei den Formationen und auf den Schiffen entfernt worden waren, konnten die meisten in Wilhelmshaven im Dienst bleiben, so daß dort dauernd ein Admiral als Stationschef fungierte, der vom Soldatenrat kontrolliert wurde, und die Schiffe wenigstens in Marsch gesetzt werden konnten. Vorsitzender des Soldatenrates wurde der Heizer Bernhard Kuhnt, der in Chemnitz sozialdemokratischer Parteisekretär gewesen war, ein Phrasendrescher übelster Art, unwahrhaftig, dabei eitel und eingebildet bis zur Lächerlichkeit. Wenn er auf Urlaub nach Chemnitz gekommen war, hatte er stets aufgeschnitten, daß man über ihn lachte, denn er tat so, als wenn er in Wilhelmshaven nach dem Flottenchef der Mann sei, auf den am meisten gehört werde. In Wirklichkeit hat er vier Jahre lang nur untergeordnetsten Dienst getan. Kuhnt machte sich auch zum Präsidenten der Republik Oldenburg, der er Ostfriesland angliedern wollte. Geleistet hat er in dieser Stellung gar nichts bis auf das Einstecken des Gehaltes, das er ein paar Monate lang beziehen konnte. Unter der Leitung eines solchen Schwadroneurs mußte die Sache in Wilhelmshaven bald schief gehen.

In Hamburg hatten die Unabhängigen in den ersten Revolutionstagen die Leitung vollständig an sich gerissen. Sie vermochten die Dinge jedoch nicht zu meistern. Vergebens wartete ich darauf, daß einer der bekannten Hamburger Mehrheitssozialdemokraten in die Erscheinung treten würde. Ausschreitungen und Plünderungen begannen. Der Soldatenrat wußte sich nicht zu helfen und sandte mir eines seiner Mitglieder mit dem Ersuchen, ich möchte ein paar hundert Mann schicken. Leute in einen solchen Hexenkessel gehen zu lassen, wäre jedoch unverantwortlich gewesen. Dem jungen Boten, mit dem bei seiner völligen Unkenntnis der Hamburger Personenverhältnisse nichts zu verabreden war, schrieb ich daher auf, Voraussetzung für jede Hilfeleistung sei, daß an der Leitung paritätisch die Mehrheitssozialdemokraten beteiligt würden. Bis es soweit kam, verging noch einige Zeit.

Sehr üble Verhältnisse hatten sich in Cuxhaven entwickelt, wo besonders radikal tuende Elemente das Heft in die Hand bekamen. Schiffe wurden am Ausfahren behindert, die in Kiel für die Internierung abrüsten sollten, und viel anderer Unfug getrieben. Mit dem Stabschef erwog ich ernstlich, ob nicht ein größeres Schiff durch den Kanal zu schicken sei, um die Rasselbande zur Räson zu bringen. Ausgeräuchert wurde das Cuxhavener Nest aber erst im Februar des nächsten Jahres.

Sendboten

Berliner Emissäre der Unabhängigen versuchten wiederholt, mir in Kiel ins Geschäft hineinzupfuschen. Solange ich am Platze war, blieb ihnen jeder Erfolg versagt.

Am 19. November tauchte auf der Station ein gewisser D.... auf. Nach seiner Legitimation war er Mitglied des Berliner Vollzugsrates, der unter Ledebours und Däumigs Leitung versuchte, die Volksbeauftragten unter seine Kontrolle zu bringen und dem ganzen Lande Weisungen zu erteilen. Die Herrschaften fühlten sich ganz als die modernen Souveräne. Der Ausweis gab das Recht auf freie Fahrt mit der Eisenbahn und im Auto, unentgeltliche Benutzung des Telephons und des Telegraphen. Die Regierung hat solche Rechte nie verliehen oder anerkannt. Daß sie trotzdem ausgeübt worden sind, steht fest. Kein Beamter kannte sich in jenen Tagen aus, wer zu regieren hatte und öffentliche Einrichtungen in Anspruch nehmen durfte. D...., der mir erzählte, daß er in einem Berliner Vorort eine Fabrik besitze, hatte bei einer Kieler Marineformation gestanden. Wie er in den Revolutionstagen nach Berlin gekommen ist, konnte ich nicht recht von ihm erfahren. Wahrscheinlich ist er gleich nach dem 4. November von Kiel nach Hause gefahren. Politisch hatte er sich nie betätigt. Zufällig war er in eine Versammlung in Berlin geraten und als Marinemann sofort in den Vollzugsrat, die höchste revolutionäre Körperschaft, gewählt worden. Im Kriegsministerium übte er an hervorragender Stelle eine Kontrolltätigkeit aus. In Kiel sollte er im Sinne Ledebours nach dem Rechten sehen. Er verband das Geschäft mit dem Nützlichen und packte seine zurückgelassenen Sachen ein. An seiner früheren Dienststelle wurde er als ein oberfauler Kopf eingeschätzt; an einen ziemlich üblen Spitznamen, den man ihm dort gegeben hatte, kann ich mich nicht mehr erinnern. Von der Sozialdemokratie und ihren Zielen hatte er keine blasse Ahnung. Er holte ein Buch über das Erfurter Programm aus der Tasche und versicherte mir gemütsruhig, er lerne nun eifrig Sozialdemokrat. So waren eine Menge Leute beschaffen, die der geschulten Arbeiterschaft die rechten revolutionären Wege wiesen. Von mir bekam dieser Mann an der Berliner Spitze gehörig die Meinung gesagt. Jede Unterstützung für ihn lehnte ich rundweg ab. Das machte ihn in seinem Selbstbewußtsein sichtlich wankend. Am nächsten Tage hat er den Schauplatz seiner Tätigkeit nach Berlin zurückverlegt, ohne in Kiel etwas ausgerichtet zu haben. Später kam er mir nur noch einmal während des ersten Rätekongresses flüchtig zu Gesicht.

Zum Zweck der Gründung einer unabhängigen Zeitung in Kiel kam ein Herr Z.... dorthin und suchte eine Unterredung mit mir abends im Hotel nach, in der ich nachdrücklichst auf die Gefahr hinwies, die in der Spaltung der Arbeiterklasse lag. Wirren und Unruhen in Berlin sah ich infolge der Treibereien Liebknechts und seiner Spartakusgruppe voraus. Meine Darlegungen müssen einigen Eindruck auf Z.... gemacht haben. Er ließ mir nachfolgendes Schreiben zugehen:

„den 8. 12. 18.

Sehr geehrter Herr Noske!

Bezugnehmend auf die Mitteilungen, die ich Ihnen vorhin machte und auf Antwort, die Sie darauf gaben, erlaube ich mir jetzt, Ihnen zu erklären, daß ich, sollte es in Berlin zu einer Herrschaft der Spartakusgruppe kommen, Ihnen sofort telegraphischen Bescheid zukommen lassen werde und mich sofort nach Kiel begeben werde, um mich Ihnen zur Verfügung zu stellen. Ich bin der Überzeugung, daß ich diese Handlung mit meinem Parteistandpunkt vertreten und rechtfertigen kann.

Mit dem Ausdruck vorzüglichster Hochachtung

gez. H. A. Z...."

Als Spartakus sich in Berlin austobte, hat Z.... sich bei mir nicht gemeldet.

Für die letzte Fahrt

Von der kommenden Weltrevolution und der Sympathie der Proletarier der feindlichen Länder hatten die deutschen Unabhängigen so viel geschwätzt, daß von Leichtgläubigen nun jeden Tag die revolutionäre Erhebung der französischen und englischen Soldaten erwartet wurde. Daß englische Schiffe in der Nordsee unter roter Flagge gesehen worden seien, wurde wiederholt erzählt. Es kam umgekehrt! Als später englische

Schiffe im Kieler Hafen erschienen, mußten die roten Fahnen auf allen deutschen Kriegsschiffen wieder eingezogen werden.

Mit einem Einlaufen englischer Schiffe unter ganz anderen Umständen wurde in den ersten Tagen meiner Tätigkeit als Gouverneur eine Stunde lang gerechnet. Ein englisches Geschwader sollte im Sund gesehen worden sein. Ein Angriff auf Kiel werde befürchtet. Stationskommando und Oberster Soldatenrat traten unter meinem Vorsitz zu einer Besprechung zusammen. Ohne Ausnahme wurde der Wille zur Gegenwehr vom Soldatenrat bekundet. Die Offiziere waren in höchster Erregung. Gegen meine Feststellung, daß kaum eine Landbatterie in Ordnung sei, aber bestimmt kein Schiff kampffähig gemacht werden könnte, war kein Einwand möglich. Nach einiger Zeit stellte es sich heraus, daß keine feindliche Flotte komme. Deutschland war so gründlich erledigt, daß England nicht mehr nötig hatte, noch eine Granate abfeuern zu lassen.

Auf ein bloßes Machtwort hin mußte die stolze deutsche Flotte dem Sieger ausgeliefert werden. Der Waffenstillstand bestimmte die Internierung der besten unserer Kriegsschiffe in einem noch zu nennenden Hafen. Mit der Arbeit für die Abrüstung der Schiffe und der Vorbereitung für die letzte Fahrt mußte unverzüglich begonnen werden. An Mannschaften dazu fehlte es nicht, trotzdem in großem Umfange Entlassungen erfolgt waren, um den überhitzten Kessel Kiel, wo gegen 80 000 Mann zusammengeballt saßen, zu entspannen. Die Leute drängten auch nach Hause. Je nachdem, in welche Hände sie kamen, sind die Matrosen im Lande der Schrecken der Bevölkerung oder ihr sicherster Schutz geworden. Das Menschenmaterial war nicht schlechter als unser Volk im allgemeinen. Nur weniger verbraucht als die Landsoldaten und deshalb unternehmungslustiger waren in der Regel die Blaujacken.

Regelrechter Dienst wurde auf den Schiffen nicht getan. Offiziere, die auf Ordnung sahen, wurden an Bord nicht geduldet. Zwar wurden Kommandanten gewählt, doch hatten sie keine Befehlsgewalt. Nur einzelne dieser Leute wußten sich Autorität zu verschaffen. An Bord eines Schiffes beklagte sich ein Mann bei mir, er habe kein Mittagessen erhalten. Der Soldatenrat dieses Kreuzers setzte durch, daß es nichts zu essen gab, wenn jemand nicht pünktlich zu der geringfügigen Arbeit erschien. Andere Schiffsleiter mußten sich allerdings gefallen lassen, daß gewalttätige Kerle drohten, ihnen den Schädel einzuschlagen, wenn ihnen Befehle gegeben wurden. Die Mehrzahl der Schiffe geriet in einen Zustand arger Verlotterung.

Am Sonntag, dem 17. November, sollte die erste Staffel der Schiffe den Marsch nach dem Internierungshafen antreten. Munition war abzugeben, eine Menge anderer Arbeit zu leisten. Wieder ging ich von Schiff zu Schiff, um den Leuten klarzumachen, daß sie sich im Interesse des Vaterlandes tummeln müßten, dem bei Nichtinnehaltung des vorgeschriebenen Termins Repressalien drohten, vielleicht die Besetzung der Kriegshäfen, die den Matrosen besonders unerwünscht erschien. Mitglieder des Soldatenrates wirkten ebenfalls nachdrücklich auf die Mannschaften ein. Zum vorgesehenen Zeitpunkt war die Arbeit getan! Auch die Offiziere, von denen die Schiffe überführt werden mußten, waren wieder an ihre Posten herangebracht worden. Das ging nicht ohne Schwierigkeiten ab, denn manche wurden von der Mannschaft abgelehnt.

Sonnabend abend, den 16. November, gab es neue unvorhergesehene ernste Ungelegenheiten. Der Flottenchef hatte eine Anzahl großer Kreuzer von Wilhelmshaven nach Kiel fahren lassen, damit die dort beheimateten Leute sich von ihren Angehörigen verabschieden könnten. Bisher waren die Besatzungen dieser Schiffe noch ziemlich fest in der Hand der Kommandanten gewesen. Sowie die Leute an Land kamen und erfuhren, wie in Kiel mit den Offizieren aufgeräumt worden war, gerieten sie in das radikalere Fahrwasser. Versammlungen wurden an Bord abgehalten und die Ausschiffung mißliebiger Offiziere gefordert. Die Marschfähigkeit der Schiffe konnte in Frage gestellt werden. Sonntag morgen saß ich deshalb früh in der Pinasse und fuhr zu den Schiffen heraus, hielt Ansprachen, verhandelte mit Vertrauensleuten und Offizieren mit dem Ergebnis, daß die Kreuzer rechtzeitig den Kanal passierten.

Zu den Schiffen, auf denen es mit der Arbeit nicht vorangehen wollte, gehörte das Schlachtschiff „König", auf dem am 5. November der Kommandant niedergeschossen worden war. Ich ging eines Tages an Bord, ließ antreten und machte den Leuten gehörig den Standpunkt klar. Schiffskommandant spielte ein kleiner Obermatrose O..., der in belustigender Weise mit mir nur im Tone strengster militärischer Unterordnung sprach. In strammerer Haltung hat nie ein Mann vor seinem Admiral gestanden, als er vor mir. Er gelobte, nun werde mit dem Aufgebot aller Kraft gearbeitet werden. Er und seine Leute hielten Wort. Eines Tages erhielt ich folgendes Schreiben:

„Hochzuverehrender Herr Gouverneur!

Der Soldatenrat vom Kriegsschiff „König' bittet im Einverständnis der Offiziere und Deckoffiziere Herrn Gouverneur vor Fortgang des Schiffes zur Internierung zu einem geselligen Zusammensein Sonnabend abend 8 Uhr herzlichst einzuladen. Auf Ihr Erscheinen rechnet mit größter

Bestimmtheit der erste Vertrauensmann. Es liegt ihm sehr daran, Herrn Gouverneur die umwälzende Wirkung Ihrer letzten Rede zu versichern. Schiff ist klar zur Internierung.

Der erste Vertrauensmann vom Linienschiff ‚König'
O..."

Pünktlich traf ich mit zwei Mitgliedern des Soldatenrates an Bord ein. Feierliche Begrüßung fand statt. Dann wurden wir in die Offiziersmesse geleitet. Die Rangordnung wurde streng innegehalten: Auf dem Ehrenplatz der Gouverneur, rechts der Kommandant-Soldatenrat, links von mir der Offizier, der das Schiff führen sollte. Dann folgten der erste Ingenieur, die anderen Offiziere, die Deckoffiziere und Chargierten. Die Mannschaften sahen von draußen zu; im Nebenraum machte die Schiffskapelle Tafelmusik zu belegten Broten und Bier. Mit einigen ernsten Worten verabschiedete ich mich von den Leuten, gedachte der Not unseres Volkes und wünschte ihnen gute Heimkehr von der traurigen Fahrt. Wenn der Anlaß nicht so traurig gewesen wäre, hätte man sich vor Vergnügen kugeln können wegen der Rede, die der kleine O... hielt. Einen blöderen Phrasenbrei habe ich kaum vorher gehört. Zum Schluß versicherte dieser Revolutionär, er halte es mit Bismarck und sage: „Wir Deutsche fürchten Gott allein und sonst nichts auf der Welt." Ich machte, daß ich nach Hause kam.

Es war ein übler, düsterer Novembertag, als ich am 17. November gegen Mittag auf der Kanalschleuse stand, um der Abfahrt der Schlachtschiffe zuzusehen. Riesigen eisernen Festungen gleich schoben sich die modernsten Ungetüme, von denen nur ganz wenige in der Schlacht gewesen waren, in die Kammern. Ein beträchtlicher Teil deutschen Nationalvermögens schwamm auf Nimmerwiedersehen der englischen Küste zu. Von der Mannschaft waren sich viele sichtlich der tiefen nationalen Schmach, die mit dieser Fahrt verbunden war, nicht bewußt. Es wurde gejohlt und geulkt. Als aber von einem der Schiffe — den Namen habe ich vergessen — eine lustige Weise der Kapelle ertönte, da spuckte ich voller Ekel aus, stieg in die Pinasse und ließ mich weit aufs Meer hinausfahren.

Prämienjäger

Den Besatzungen der Unterseeboote war wegen der besonderen Gefährlichkeit der Überfahrt eine Prämie von 300 oder 400 M. notgedrungen zugesagt worden, weil sie Schwierigkeiten gemacht hatten.

Um 5 Uhr nachmittags saß ich wieder auf der Station, als gemeldet wurde, die Mannschaft der Torpedoboote weigere sich auszufahren, wenn ihr nicht eine Prämie in gleicher Höhe zugestanden werde. Vergebens ließ ich an das Pflichtgefühl und die Vaterlandsliebe der Leute appellieren. Der leitende Offizier sagte mir am Telephon, das mache gar keinen Eindruck, die Leute schickten sich an, mit ihren Kleidersäcken von Bord zu gehen; wenn ich nicht sofort eine Zusage mache, könne er die Boote nicht fortbringen. Es handelte sich um eine Ausgabe von mehreren Millionen Mark. Rücksprache konnte ich mit niemand nehmen. Zögern hätte gar nichts genützt, denn der rücksichtslose Egoismus vieler Leute wucherte fast von Tag zu Tag üppiger. Die Erklärung des Offiziers genügte nicht. Die Vertrauensleute ließen sich die Zusage von mir ausdrücklich bestätigen. Dann wurde losgemacht!

Auch die Leute der großen Schiffe beriefen sich später darauf, es sei ihnen die Prämie für die Überfahrt zugestanden worden. Mich hatte man danach nicht gefragt. Der Sachverhalt ist später festgestellt worden. Auf irgendeine Art war die Prämienzahlung an die U-Bootsleute auf einem Schlachtschiff bekannt geworden. Als die Schiffe in der Nacht vom Sonntag zum Montag auf Schillingsreede lagen, verständigten sich die Soldatenräte untereinander und telegraphierten die Station an. Der Funkspruch wurde einem jungen Matrosen eingehändigt, der im Zimmer des Obersten Soldatenrates das Telephon bediente. Ohne jemand zu befragen, gab der Mann Bescheid zurück, die Zahlung werde erfolgen. Anderenfalls wären die Schiffe wohl kaum in See zu bringen gewesen. Was fragte eine große Anzahl der Leute nach den Finanzen des Reiches, dessen Geschick sie doch jetzt mitbestimmen wollten, und das sie durch ihre Erhebung in entscheidendster Weise beeinflußt hatten.

Als die auf den Schiffen in Scapa Flow nicht erforderlichen Leute nach Kiel zurückkamen, hatten sie unterwegs ihre Wünsche weiter gesteigert. In der Holtenauer Schleuse ging ich an Bord, um mit den Vertrauensleuten zu verhandeln. Während wir im Speisesaal saßen, sahen Neugierige durch alle Fenster zu. Nachdem mir die weitgehenden Forderungen vorgetragen worden waren, sprang ich auf, schlug mit der Faust auf den Tisch und rief: „Sehe ich so dumm aus, daß Ihr glaubt, darüber würde ich ernsthaft mit Euch reden?"

Dann begann das Feilschen. Eine Anzahl ehrenhafter Leute wollten auf besondere Bezahlung Verzicht leisten; sie waren in hoffnungsloser Minderheit. Die Mehrheit war schließlich mit einer beträchtlich verminderten Summe zufrieden. Die anderen fügten sich grollend.

Auch mit Minensuchern hatte ich eines Tages eine lange Auseinandersetzung über die Höhe ihrer Entlohnung. Als ich an Bord gehen wollte, wurde ich gewarnt, unweigerlich würde ich ins Wasser geworfen werden, wenn die Leute nicht zufriedengestellt würden. So schlimm waren sie lange nicht. Nachdem Differenzen mit den Offizieren in der Messe beigelegt worden waren, redete ich zu der versammelten Mannschaft. Auf Grund des Waffenstillstandes mußten bis zu einem bestimmten Tage gewisse Minenfelder geräumt werden. Im Kriege hatte das Räumen eine Menge Opfer gefordert. Jetzt konnte unter weitgehender Schonung von Menschenleben gearbeitet werden. Nach ein paar Stunden waren wir einig, daß ohne Rücksicht auf das Wetter und die dadurch bedingte Dauer der Tätigkeit zur Löhnung eine Prämie von 300 M. pro Mann für die Freimachung der Rinnen gezahlt werde. Verständige Leute trugen zum Vergleich bei.

Arbeiterfragen

Zwei riesige Reichsbetriebe bestanden in Kiel, die während des Krieges eine kolossale Ausdehnung mit Vermehrung der Arbeiterzahl erfahren hatten: die Reichswerft und die Torpedowerkstatt in Friedrichsort. Außerdem gab es das Marinebekleidungsamt. Die beiden ersteren Anlagen hatte ich in meiner Eigenschaft als Korreferent für den Marineetat vor dem Kriege gesehen. Am Montag, dem 4. November, hatte dort die Arbeit geruht. Wann die Leute in die Werkstätten zurückkehrten, kann ich nicht sagen. Eine gründliche Revolutionierung in den Betrieben wurde eingeleitet. Was die Staatsarbeiter früher an Energie und Tatkraft bei der Wahrnehmung ihrer Interessen hatten vermissen lassen, glaubten sie nun gründlich nachholen zu sollen.

Sich offen zur Sozialdemokratie zu bekennen, war früher in den Marinebetrieben nicht ungefährlich gewesen. Wen die Leitung als sogenannten Agitator ansah, den setzte sie unter irgendeinem Vorwand auf die Straße, falls sie nicht brutal eine Maßregelung aussprechen wollte. Auch die Zugehörigkeit zu einer gewerkschaftlichen Organisation war lange Zeit verpönt. Durch Pensionskassen und Wohlfahrtseinrichtungen wurden die Arbeiter an den Betrieb gefesselt und die Entlassung ihnen besonders gefürchtet gemacht. Das Aufpassertum war hochgezüchtet, Liebedienerei, Strebertum und Unterwürfigkeit vielen Arbeitern eingeimpft worden.

Dieses miserable System ist nach der Revolution an seinen Urhebern und Nutznießern schwer gerächt worden. Sowie der starke Druck von den Arbeitern wich, verfielen sie von einem Extrem ins andere. Ein rasender Haß gegen die höhere Leitung und die beamteten Vorgesetzten flammte auf. Keine Uniform wurde im Betriebe geduldet. Eine Anzahl Offiziere und Beamte wurden kurzer Hand davongejagt; einige besonders unbeliebte Beamte wurden auf der Schubkarre herausbefördert. In der Torpedowerkstatt Friedrichsort wurde der leitende Admiral für abgesetzt erklärt und mit der Regelung und Umgestaltung des Betriebes mit seinen Tausenden von Arbeitern und Angestellten eine gewählte provisorische Leitung betraut, in der anfänglich nur einige radikale Arbeiter saßen.

Für die T.-W. wie für die Werft wurde ein Hauptbetriebsrat eingesetzt, der fast in Permanenz tagte. Sodann gab es besondere Abteilungsräte sowie Ausschüsse für die Angestellten und Beamten, die teils miteinander, teils nebeneinander tagten und sich häufig nicht einig waren. Die Beamten glaubten die obersten Vorgesetzten entbehren zu können. Die Angestellten standen vielfach im Gegensatz zu den Beamten, deren Platz sie glaubten einnehmen zu können. Über das Maß von Einfluß auf die Betriebsleitung jeder Gruppe gingen die Meinungen beträchtlich auseinander. Bei der T.-W. habe ich in einer Sitzung als Schiedsrichter ausgleichend wirken müssen.

Vom Berliner Reichsmarineamt konnte auf die Verhältnisse in den beiden Betrieben in der ersten Revolutionszeit wenig direkt eingewirkt werden. Also wurden meine Sorgen um ein beträchtliches vermehrt. Jede weitere Kriegsarbeit wurde von den Arbeitern abgelehnt. Deshalb hatte die Einführung des Achtstundentages wenig Bedeutung, denn es wurde vorerst überhaupt nichts Rechtes getan, dafür desto mehr diskutiert. Ausschüsse, aus Arbeitern, Angestellten und Technikern bestehend, sollten Pläne für die Umstellung der Werke zu einer Friedensproduktion aufstellen und eine Sozialisierung in die Wege leiten. Andere Ausschüsse sollten so rasch wie möglich Aufträge heranholen. Das gab Anlaß zu unendlichen Erörterungen. Daß das praktische Ergebnis zu dem aufgewendeten Eifer im rechten Verhältnis stand, kann nicht behauptet werden. Leute, die sich für die größten Praktiker hielten und umfassende Pläne aufstellten, erwiesen sich von einer geradezu erbarmungswürdigen Weltfremdheit und Unkenntnis der wirtschaftlichen Verhältnisse des Reiches. Die Umstellung der Riesenbetriebe zu lohnender Friedensproduktion erschien ihnen ein leichtes; von Aufträgen in phantastischer Höhe war die Rede.

In den Ausschußsitzungen gaben verbissene Fanatiker und Maulhelden meist den Ton an, trotzdem es an verständigen, einsichtigen Leuten nicht fehlte. Den größten Mund hatte auf der Werft bei den Sitzungen ein gewisser H... Während der ganzen Kriegsdauer war er als unabkömmlich bei der Arbeit geblieben. Still, bescheiden, arbeitete er eifrig, ein Muster guter Gesinnung, solange der Schützengraben drohte. Nach dem Tage der Revolution war er der Lauteste und Radikalste. Stets brüllend, als müsse er meilenweit gehört werden, wetterte er gegen Offiziere und Beamte, die Vertreter des alten Systems, und forderte sofortige weitgehendste Sozialisierungsmaßnahmen, worunter er, wie andere, etwa verstand, daß die Werft mit allen Vorräten und Rohstoffen den beschäftigten Arbeitern gehöre, die fordern könnten, daß die Kosten des Übergangs zur neuen Wirtschaft aus der Reichskasse bestritten würden. Den Mann habe ich später als Vertreter der Arbeiter in Berlin im Ministerium gehabt. Nie hörte ich von ihm einen praktischen Vorschlag. Seine Hauptsorge erstreckte sich auf die Höhe seiner Tagegelder.

Ordnung ist trotz oder wegen der vielen Ausschüsse in fünfzehn Monaten nicht wieder in die Reichswerft Kiel hineinzubringen gewesen. Als ich zum letzten Male am 28. Mai 1919 die Werft besuchte, standen die Arbeiter massenhaft müßig herum. In einer Werkstatt johlten besonders Radikale hinter mir her, duckten aber die Köpfe auf die Arbeit, als ich sofort umkehrte und durch die Reihen der Schreier ging. Im März 1920 mußte ich Anweisung nach Kiel geben, militärische Vorbereitungen zu treffen, damit die Werft geschlossen werden könne, weil in kurzem Zeitabschnitt 400 Diebstähle festgestellt worden waren.

Im Marinebekleidungsamt war der Leiter ebenfalls am ersten Tage weggeschickt worden. Die Leitung übernahm ein Soldatenrat, denn in den Werkstätten wurden zum größten Teil als Soldaten einberufene Leute beschäftigt. Den Strohmann als Leiter des Amtes spielte ein alter inaktiver Offizier, den man sich herangeholt hatte. Er saß am kahlen Schreibtisch, während der Soldatenrat in demselben Zimmer die Geschäfte führte. Der revolutionäre Fortschritt bestand darin, daß fünf neue Leute sich als Beamte ansahen. Auch im Bekleidungsamt bestand starke Neigung zu sozialisieren, indem die Arbeiter den Betrieb mit allen Rohstoffen für sich beanspruchten, um am Platze bleiben zu können. In den Lagern des Amtes lagen große Mengen von Beutewaren, besonders seidene Stoffe von riesigem Wert, die eines der berühmten Kaperschiffe mit heimgebracht hatte. Bei einer Besichtigung des Lagers setzte mir der Soldatenrat auseinander, daß jeder Arbeiter des Bekleidungsamtes neben anderen Stoffen ein Quantum Seide erhalten müßte. Dagegen erhob ich Einspruch.

Die vielen einberufenen Militärpersonen des Bekleidungsamtes wurden entlassen. Fortgeführt wurde der Betrieb mit den vor dem Kriege beschäftigten Arbeitern, die sich nun einen Betriebsrat wählten. Der Soldatenrat aber zeigte keine Neigung, von seinem Platz zu weichen. Die Leute wurden sehr böse, als ich ihnen klarmachte, ein Soldatenrat ohne Soldaten sei ein Unding, deshalb müsse der Arbeiterrat sie ersetzen. Ehe der Wechsel vollzogen wurde, deckten die Leute sich mit Stoffen gehörig ein. Der von ihnen herangeholte alte Offizier und jedes Mitglied des Soldatenrates nahmen sich Anzugstoffe und ein Quantum Seide im Werte von mehreren Tausend Mark. Den Offizier ließ ich hinauswerfen, den Soldatenrat mir vorführen. Sie wollten sich nichts Böses dabei gedacht haben. Nachdem ihnen die Stoffe wieder abgenommen worden waren, konnten sie sich ins Zivilleben zurückziehen. Das Bekleidungsamt soll unter der Leitung eines Beamten, der das Vertrauen der Arbeiterschaft besitzt, jetzt gut in Gang sein.

Bei einem Gang durch die Friedrichsorter Torpedowerkstatt, Ende November 1918, nach der Teilnahme an einer Sitzung mit der provisorischen Leitung, machte das riesige Werk einen trostlosen Eindruck. Man war dabei, den Betrieb auf Friedensarbeit umzustellen. Halbfertige Torpedos wurden zerlegt, Maschinen hergerichtet. Alle Arbeit geschah ohne sichtliches Interesse, fast nirgends sah ich Eifer. Hunderte lungerten am Schraubstock oder der Drehbank herum. Ein junger Arbeiter, den ich frug, was er tue, antwortete gemütsruhig: „Nischt." Die acht Stunden täglich wurden mit inzwischen wesentlich erhöhtem Lohn doch bezahlt.

Den provisorischen Leitern war nicht wohl in ihrer Haut. Sie ersuchten mich, nachdrücklichst beim Marineamt darauf hinzuwirken, daß ein tüchtiger Kaufmann die Leitung übernehme. Es hat lange gedauert, bis sich ein Mann bereit fand, an die schwierige Aufgabe heranzugehen. Um die alteingesessenen Arbeiter halten zu können, mußten die provisorischen Leiter notgedrungen umfangreiche Entlassungen vornehmen. Solche und andere Maßnahmen machten sie nicht beliebt. Eines Tages im Dezember wurde mir gemeldet, in Friedrichsort seien Gewehre für eine zivile Wehr ausgegeben worden. Als ich Einspruch erhob, erfolgte die Auskunft, es handle sich um Bereitstellung von Schutz für die provisorische Leitung, die sich ihres Lebens nicht sicher fühle.

Putschgerüchte — Polaboote

Daß es mir eines Tages todsicher ans Leben gehen werde, wurde mir immer wieder zugeraunt. Als ich einst stark abgehetzt das Stationsgebäude betrat, machte sich ein riesiger Matrose an mich heran, der bemüht war, meinen Schutzengel zu spielen, und drückte mir geheimnisvoll einen Zettel in die Hand, auf dem stand: „Größte Vorsicht, es wird heute auf Sie geschossen." Im ersten Ärger hätte ich dem Manne am liebsten eine Ohrfeige gegeben. Ähnliche Warnungen wiederholten sich. Dabei habe ich nie erfahren, daß in Kiel ernsthaft eine drohende Bewegung gegen mich gemacht worden ist. Irgendein Überängstlicher wollte erfahren haben, daß am Donnerstag, dem 26. November, die Station ausgehoben werden sollte. Schon morgens fand ich eine starke Wache im Haus. Natürlich passierte nichts.

Am Freitag, dem 29. November, kehrten die U-Boote endlich heim, die beim Abschluß des Waffenstillstandes im Mittelmeer gewesen waren. Bis auf eines, das verloren ging, hatten sie die gefährliche Heimfahrt glücklich vollbracht, sich in der Ostsee gesammelt und liefen in geschlossener Flottille mit wehenden Flaggen in die Kieler Bucht ein. Draußen vor der Hafeneinfahrt hatte ich sie erwartet. Nachdem alle Boote festgemacht hatten, versammelten sich Mannschaften und Offiziere auf der Landungsbrücke, schwarz wie sie vom harten Dienst kamen, damit ich Worte der Begrüßung an sie richten und Aufschluß über die Vorgänge in der Heimat geben könnte, über die sie trotz funkentelegraphischer Benachrichtigung doch nur recht mangelhaft unterrichtet waren. Unter den heimgekehrten Offizieren befand sich ein Sohn des Prinzen Heinrich. Es wurde ihm ein Boot zur Verfügung gestellt, auf dem er die Weiterfahrt zu seinen Eltern nach deren Gut Hemmelmark antreten konnte.

Noch am Nachmittag desselben Tages kam der Kommandant der Pola-Flottille zu mir, bedankte sich für den Empfang und bat namens seiner Leute darum, ihnen am Sonnabend weitere Mitteilungen über die plötzliche Umwälzung in Deutschland zu machen. Die Leute versammelten sich Sonnabends abend in einem kleinen Saale des Schloßhofes. Blitzblank saßen sie bis auf den letzten Mann beieinander, brave, gut disziplinierte Leute.

An dem Tage schwirrten wieder allerlei Putschgerüchte umher. Vormittags war mir eine schriftliche Warnung zugestellt worden. Irgendwie war von dem Gerede auch etwas nach Friedrichsort herausgedrungen, wo ein paar prächtige, ordentliche Leute als Soldatenrat die Geschäfte führten. Die Friedrichsorter Matrosenartilleristen hatten mich ganz besonders ins Herz geschlossen und mir wiederholt in rührender Weise ihre Anhänglichkeit bekundet, wenn ich bei ihnen war. Gegen Abend hatte der Soldatenrat mich angerufen, um mir mitzuteilen, da meine Aushebung befürchtet werde, seien an alarmbereite Leute Waffen ausgegeben und ein Dampfer liege fahrbereit. Ich lachte sie aus und sagte, sie sollten den Unfug lassen. Ihre Sorge um mich hätte leicht zu einem Verhängnis führen können. Mitten in meiner Rede zu den U-Bootsleuten gab es Bewegung im Saale und der Führer der Kriminalabteilung meldete mir, in einigen Kasernen werde Alarm geschlagen, weil in Friedrichsort eine Anzahl Artilleristen zur Abfahrt bereit seien, die mir ans Leben wollten. Der Irrtum war rasch aufgeklärt und nun wurde in Kiel und Friedrichsort zu gleicher Zeit abgeblasen. Als ich meine Rede beendet hatte, knüpfte der Kommandant mit einigen Worten an den Vorgang an und frug, wer von den Leuten gewillt sei, zu dem Gouverneur zu stehen. Wie aus einer Pistole geschossen schnellten ein paar Hundert frische, straffe Leute in die Höhe. Sie haben mir treue Anhänglichkeit bewahrt.

Nationale Verlumpung

Laut Waffenstillstandsvertrag waren die nicht internierten Kriegsschiffe und die Küstenverteidigung bis zu einem bestimmten Tage zu besarmieren. Englische Seeoffiziere sollten sich von der erfolgten Wehrlosmachung überzeugen. Besprechung mit einem englischen Admiral fand in der Nordsee auf einem englischen Schiff statt. Von deutscher Seite fuhr auf einem Kreuzer Admiral Meurer hinaus. Mitglieder des Wilhelmshavener Soldatenrates gingen mit an Bord und bildeten sich ein, sie würden als Inhaber der Kommandogewalt mit dem Engländer etwas zu reden haben. Jede Erörterung wurde mit ihnen abgelehnt. Als die Engländer später nach Wilhelmshaven kamen, durften ein paar Mitglieder des Soldatenrates als Schutzengel sie begleiten.

Am 11. Dezember liefen einige englische Schiffe in den Kieler Hafen ein. Kein Mann durfte an Land gehen. Da rein militärische Dinge zu erledigen waren, kam für mich zum Glück ein Zusammentreffen mit dem englischen Admiral nicht in Frage. Admiral v. Kayserling hatte das Erforderliche geregelt. Als er einige Tage vorher mit den für dieses peinliche Geschäft kommandierten Offizieren zusammen war, vermutete ein übereifriger Deckoffizier eine Verschwörung. Ohne mir Mitteilung zu machen, ordnete ein Mitglied des Soldatenrates die Verhaftung des Admirals an. Der Soldatenrat mußte in aller Form um Entschuldigung bitten, damit die Offiziere die Arbeit wieder aufnahmen.

Am Abend des 11. Dezember kam Wilhelmshavener Besuch an. Zwei Mitglieder des dortigen Soldatenrates, die als Begleiter für die englischen Offiziere gedient hatten, waren von dieser Rolle dermaßen entzückt, daß sie darauf brannten, sie in Kiel weiterspielen zu dürfen.

Strahlend vor Selbstgefälligkeit berichteten sie über jedes Wort, das an sie gerichtet worden war. Für Kiel ließ sich aber Artelt das Vergnügen nicht nehmen, die Sicherheit der fremden Offiziere zu garantieren.

Der „große Marinerat"

In Wilhelmshaven wirkte ein Admiral als Stationschef, den ein Soldatenrat kontrollierte. Für Kuxhaven hatte sich ein Soldatenrat der Niederelbe aufgetan. In Kiel amtierte ich als Gouverneur mit dem Großen Soldatenrat zur Seite. Im Reichsmarineamt in Berlin wollte ein Soldatenrat der in das Haus Kommandierten die gesamte Marineverwaltung kontrollieren und dirigieren. Schließlich hatte die in Berlin gebildete Volksmarinedivision auch noch einen wilden Soldatenrat für Marineangelegenheiten gewählt.

Marineleute haben in Berlin ein paar Monate lang eine sehr unerfreuliche Rolle gespielt.

Am 9. November 1918 schrieb mir Scheidemann aus Berlin nach Kiel:

„Lieber Noske!

Halte weiter wacker aus. Hier bisher alles leidlich gegangen. Leider jetzt Minierarbeiten durch die U. S. P. Wir hoffen aber, doch noch alles zum Guten wenden zu können. Militär ausnahmslos zu uns übergegangen.

Herzlichst
Ph. Scheidemann."

Alle Regimenter der Berliner Garnison haben in den ersten Revolutionstagen den sechs Volksbeauftragten ihre Ergebenheit bekundet. Nach wenigen Tagen zeigte sich jedoch, daß mit den führerlosen Leuten nichts anzufangen war. Wenn sie gebraucht wurden, kamen sie nicht. Bei einem Alarm waren noch nicht 100 Mann mit einem Gewehr zur Stelle. Die Regierungsmänner versuchten deshalb Matrosen heranzuziehen.

Ein in jenen Tagen sehr geschäftiger Matrose, Wilke, brachte mir am 13. November folgendes Schreiben:

„Kommandantur Berlin.   Berlin, den 12. November 1918.
J. N. R. 2.

An den Soldatenrat
                         Kiel.

Der Matrose Wilke hat den Auftrag, den Soldatenrat zu bitten, die Absendung von 2000 zuverlässigen Matrosen nach Berlin möglichst umgehend in die Wege zu leiten.

Die für Berlin zuständige Linien-Kommandantur ist ersucht worden, sich mit der für Kiel zuständigen Linien-Kommandantur in Verbindung zu setzen.

Der Kommandant.
gez. Otto Wels.
M. d. R."

Auf der Rückseite war mit Tintenstift geschrieben:
„Linienkommandantur M.   Berlin, den 12. November 1918.
Bescheinigung.

Die Linienkommandantur Berlin hat durch Fernruf (Hauptmann Sichting) die Linienkommandantur Altona gebeten, für die 2000 Matrosen umgehend die nötige Anzahl Wagen in Kiel bereitstellen zu lassen. Ferngespräch am 12. 11. um 2²⁰ nachmittags mit Altona am Apparat in Altona Herr Eisenbahnsekretär Albertsen.

gez. Sichting.
Hauptmann."

Da der Eisenbahnverkehr stockte, war ein Abtransport Kieler Leute unmöglich. Dafür kamen etwa 600 Mann aus Kuxhaven nach Berlin, der Grundstock der berüchtigten Volksmarinedivision. Die Leute gerieten in falsche Hände. Ein Führer folgte dem anderen. Im Schloß und im Marstall, wo sie untergebracht waren, ging es toll zu; am übelsten wohl unter dem Kommando des Grafen Metternich.

Die Folge der vielen Kommandostellen und Soldatenräte mußte in allen Marineangelegenheiten ein besonders böses Durcheinander sein. Abgesandte des Wilhelmshavener und des Soldatenrates im Marineamt waren ein paarmal in Kiel gewesen, um einheitliche Richtlinien zu vereinbaren. Es kam dabei nichts heraus. Als eines Tages im „Schloßhof" eine Versammlung der Kieler Vertrauensmänner tagte, erschien ein besonders wilder Delegierter der Berliner Matrosen, der unter anderem berichtete, wie im Marstall ein Offizier totgeschlagen worden ist. Der Hauptzweck seiner Darlegungen war, eine Tagung von Vertretern der Marinesoldatenräte zu veranlassen. Man trat in Wilhelmshaven zusammen. Von Kiel wurde eine Anzahl Vertrauensleute delegiert. Nach einem oder zwei Tagen fuhr der ganze Schwarm nach Berlin und etablierte sich, 53 Mann, im Reichsmarineamt als Oberster Marinerat, um die Kontrolle und einheitliche Leitung, sowie die Reform der Marine in die Hand zu nehmen. Die Schar quartierte sich in einem der teuersten Hotels, dem Kaiserhof, ein, setzte sich Tagegelder fest, die mit der Löhnung zusammengerechnet etwa 14 000 M. pro Jahr und Kopf betrugen und verteilte sich dann auf die einzelnen Verwaltungszweige. Nun stockte die Arbeit an der Zentralstelle erst recht, denn wichtigste Schriftstücke und Depeschen blieben nicht selten tagelang unerledigt liegen.

In täglichen Telephongesprächen mit meinen Parteifreunden in der Regierung hatte ich mich über den Gang der Ereignisse in Berlin auf dem laufenden erhalten und durch Ratschläge einzuwirken gesucht. Das Bemühen Ledebours und seiner Gefolgschaft, durch den Berliner Vollzugsrat maßgebenden Einfluß auf die Führung der Regierungsgeschäfte auszuüben und damit das Schicksal Deutschlands zu bestimmen, mußte zu schweren Konflikten führen. Am Montag, dem 2. Dezember, war ich in Berlin, wohin mich Ebert zu einer Aussprache gerufen hatte. Zwischen den Mehrheitssozialisten und den Unabhängigen im Rat der Volksbeauftragten gab es schon ernste Unstimmigkeiten. Im Marineamt klappte es nicht, und der Staatssekretär Ritter v. Mann hatte Rücktrittsgedanken. Dann wäre ich als Nachfolger in Betracht gekommen. Diesmal ging der Kelch an mir vorüber. Allen Vorschlägen gegenüber, nach Berlin zu kommen, verhielt ich mich ablehnend, weil es von größter Bedeutung war, Kiel und damit die Hälfte der Marine fest in der Hand zu behalten.

Im Reichsmarineamt, wo ich mancherlei mit dem Staatssekretär und den Departementsdirektoren zu besprechen hatte, tagte gerade der 53er Rat. Die Herren im Amt waren ratlos, wie sie mit dieser Schar fertig werden sollten, in der neben verständigen Leuten auch solche waren, die den Betrieb fast auf den Kopf stellten und nebenher aus Marinemitteln allerlei Agitation bezahlten. Die Hausdruckerei hatten sie für ihre Zwecke mit Beschlag belegt. Die Volksbeauftragten, besonders auch Haase, hatten mir ausdrücklich erklärt, daß sie von dem Wirken der 53er nichts wüßten, die Anwesenheit einer solchen Körperschaft keineswegs billigten und mir anheimgegeben, danach zu verfahren.

Als zweiten Beigeordneten hatte das Reichsmarineamt außer mir — Parität mußte in allen Ämtern sein — den Reichstagsabgeordneten Vogtherr zugeteilt erhalten. Nach einem Beschluß der Reichsregierung vom 28. November war die Kompetenz der Beigeordneten wie folgt geordnet worden:

„Der durch Beschluß des Rates der Volksbeauftragten dem Staatssekretär zur Seite gestellte Beigeordnete tritt in das Reichsamt unter voller Einsetzung seiner Zeit und Arbeitskraft ein und wird durch Handschlag an Eides Statt zur Wahrung der Amtsverschwiegenheit verpflichtet. Er erhält keinen abgegrenzten Aufgabenkreis innerhalb der bestehenden

Amtsorganisation; ihm steht Einblick in die laufende Tätigkeit des Amtes zu. Damit ihm die Mitwirkung bei neuen Maßnahmen gesichert wird, hat er nicht nur das Recht, sich zu diesen Maßnahmen zu äußern, sondern auch Einwände zu erheben und Vorschläge zu machen. Bei Differenzen bleibt die Entscheidung beim Kabinett."

Im großen Festsaal des Marineamtes fand ich den 53er Rat mitten in der Beratung an hufeisenförmiger Tafel. In der Saalmitte hatte an einem kleinen Tisch der Beigeordnete Vogtherr als „Gast", wie ich später hörte, Platz genommen. Mit einer Handbewegung wies mich der Vorsitzende zu diesem Tischchen, unterbrach die Verhandlung, um mitzuteilen, daß ich den Saal betreten hätte. Daran knüpfte er die Frage, ob gegen meine Anwesenheit Einspruch erhoben werde. Eine Auslassung aus der Versammlung wartete ich nicht ab, sondern erklärte, in diesem Hause hätte ich als Vertreter der Regierung zu amtieren, wie und wo ich es für angebracht hielte. Es gab Hallo und der Vorsitzende ließ abstimmen, ob ich bleiben dürfe. Die Mehrheit war so freundlich, meine Anwesenheit zu gestatten. Dann wurde weiter verhandelt. Man hielt ein Ketzergericht ab. Der Vertreter von Flensburg war in seiner Garnison gewesen und hatte dort eine Resolution beschließen lassen, die den Radikalen im Rat nicht gefiel. Dafür wurde er mächtig abgekanzelt. Seine Verteidigung, daß er doch das Recht habe, seiner Überzeugung gemäß zu reden und zu handeln, nützte ihm gar nichts. Ein Redner, Tost, der später in der Berliner Metallarbeiterbewegung eine Rolle spielte, erklärte, wer gegen den 53er Ausschuß rede oder dessen Auffassung nicht teile, werde zu seiner Truppe geschickt. Auf den Antrag dieses Kämpfers für die neue Freiheit im Sinne der Unabhängigen, wurde der Flensburger Sünder, Vitrin, sofort von der weiteren Zugehörigkeit zu der hohen Körperschaft ausgeschlossen. Als ihn später seine Truppe noch einmal wählte, wurde er erneut herausgesetzt.

Nach diesem lieblichen Vorspiel trat der Große Rat in eine Erörterung seiner Machtbefugnisse ein. Leitfäden für die allgemeine Reichspolitik sollten aufgestellt werden. Vorgeschlagen wurde, der 53er Rat tage als Parlament der Marine, das selbständig alle Marineangelegenheiten regele. Der Rat beschließe, was er wolle, und werde dann die Regierung fragen, ob sie unter diesen Umständen mittun wolle. Meinen Darlegungen, daß der Ausschuß keinerlei Recht zu Eingriffen in die Exekutive der Regierung hätte, hielt ein Redner entgegen, der Rat handle aus eigenem, revolutionärem Recht als oberste Instanz der Marine. Da ich in der Minderheit war, verließ ich das Lokal.

Zum zweiten Male kam ich am 14. Dezember nach Berlin, um an dem 1. Rätekongreß teilzunehmen. An den Verhandlungen beteiligte ich mich mit einer kurzen Rede über die Mißwirtschaft des 53er Rates. In einer Sitzung des Rates im Marineamt forderte ich, daß der größte Teil der Teilnehmer zu verschwinden habe. Eine Anzahl waren auch schon bedenklich geworden, da ich in Kiel mit Erfolg scharf gegen den Unfug Stellung genommen hatte. Man wollte sich auf 25 Mann reduzieren. — Nachdem ich in die Regierung eingetreten war, ließ ich mir die drei Leiter des Rates kommen und eröffnete ihnen, daß vom nächsten Tage ab nur noch für sechs Mann wesentlich herabgesetzte Diäten gezahlt würden. Gegen den Hauptsünder erließ ich Befehl zur Verhaftung, der jedoch nicht ausgeführt werden konnte. Zur Abwickelung der Geschäfte gestand ich schließlich auf Bitten noch für drei Tage Diäten zu. Danach war von dem „Großen Marinerat" keine Rede mehr. Die später von den Stationen gewählten Vertrauensmänner haben gut gearbeitet.

Die aktiven Unteroffiziere

Mitglieder des Kieler Soldatenrates lagen mir seit einiger Zeit mit Ratschlägen wegen der Bildung einer Roten Truppe in den Ohren. Die militärischen Verhältnisse waren allerdings unleidlich. Eigentlicher Dienst wurde nicht getan. Selbst die Gestellung der erforderlichen Wachen machte Schwierigkeiten. Nur in einigen Formationen, wo alte Feldwebel oder Deckoffiziere einige Autorität hatten, sah es äußerlich leidlich militärisch aus. An sich wäre eine straff aufgezogene Truppe, von der ein Teil stets verwendungsbereit war, sehr erwünscht gewesen. Nur hegte ich starke Zweifel, daß eine „rote" Truppe etwas wert sein würde. Nach den mir gemachten Vorschlägen wäre die aufzustellende Truppe eine Sammlung von Kieler Arbeitslosen geworden, die aus dem Heer und der Marine entlassen worden waren.

Von Offizieren wollte mein Soldatenrat absolut in einer roten Truppe nichts wissen. Aber auch aktive Deckoffiziere und Unteroffiziere waren nicht geschätzt. In der ersten Revolutionszeit gaben den Ton im Soldatenrat und in den Vertrauensmännerversammlungen die inaktiven älteren Leute an. Gegen das aktive Personal herrschte starke Abneigung, die häufig lauten Ausdruck fand. Man traute den Berufssoldaten nicht, die in den ersten Tagen der Erhebung sich sehr zurückhaltend gezeigt hatten. Ein paarmal stellte ich mich schützend vor die Berufssoldaten, wenn sie angegriffen wurden. In dem Maße, wie die älteren inaktiven Leute nach

Hause geschickt wurden, gewannen die aktiven Leute zahlenmäßig an Bedeutung. Eine Formation nach der anderen schickte bei Neuwahlen aktive Unteroffiziere und Deckoffiziere in die Vertrauensmännerversammlung.

In aller Stille hatten rührige Berufssoldaten die Zusammenfassung ihrer Kameraden in einer Berufsvereinigung in die Wege geleitet. Sie folgten damit dem Beispiel der Deckoffiziere und der Offiziere. Nachdem etwas Zusammenhalt geschaffen worden war, sprach ich in einer Sitzung von Vertrauensmännern der Unteroffiziere. Etwas später hielt ich in einer von anderthalbtausend Unteroffizieren besuchten Versammlung, die sich schon äußerlich durch tadellose Ordnung auszeichnete, eine mit riesigem Beifall aufgenommene Rede, an die sich große Ovationen für mich schlossen. Als der unabhängige Vorsitzende des Soldatenrats, Popp, nach mir das Wort erbat, lehnte die Versammlung einmütig ab, ihn anzuhören. Der Mann hatte rasch bei den Soldaten mit seinen Phrasen abgewirtschaftet. So gern sie mich als Gouverneur hatten, so wenig waren sie nach kurzer Zeit damit einverstanden, daß der Zivilist Popp ihre Verhandlungen leitete. Er wurde durch den inaktiven Oberheizer Artelt ersetzt, einen persönlich anständigen Mann, der jedoch rasch an Einfluß verlor, als er versuchte, spartakistische Ideen zu propagieren.

Wochenlang hatte ich die Bildung einer roten Truppe verzögert. Als, nun schon unter Artelts Vorsitz, in einer Sitzung wieder davon die Rede war, erklärte ich rundheraus, es würde nichts daraus. Genügend Berufssoldaten seien vorhanden, die etwas leisten könnten. Die Vorarbeiten wurden meinem Vorschlage gemäß in Angriff genommen.

Mit dem Führer der Unteroffiziere, Hirschmann, einem äußerst tüchtigen Mann, begann ich in jenen Tagen die ersten Besprechungen wegen der Aufstellung einer Truppe aus aktiven Leuten, die nötigenfalls eines Tages mit mir nach Berlin gehen würden. Die gleiche Bereitwilligkeit zur Mitarbeit dabei fand ich bei dem Vorsitzenden der Deckoffiziervereinigung Ahlbold; beide haben damals der Regierung und dem Lande wertvolle Dienste geleistet. Da die Regierung in Berlin kein zuverlässiges Machtmittel in der Hand hatte, sah ich schwere Wirren voraus. Am 10. Januar des nächsten Jahres konnte ich vor den Toren Berlins die Kieler Eiserne Brigade begrüßen. Diese aktiven Kieler Berufssoldaten haben mir treue Anhänglichkeit bewahrt und mir nie Schande gemacht.

Weihnachten

Die Kieler Soldaten wollten sich einen vergnügten heiligen Abend machen. Wochen vorher hatten einige Vertrauensleute mir dargelegt, von den großen Schnaps- und Weinbeständen des Offizierskasinos müsse den Mannschaften ein Anteil werden. Die Offiziere hätten lange genug von den Sachen gehabt, jetzt müßten die Soldaten sich einmal einen guten Tropfen leisten können. Es ist fast wunderbar, daß in den ersten stürmischen Tagen die großen Vorräte unangetastet blieben. Das war ein großes Glück. Betrunkene Scharen hätten sicher furchtbares Unheil angerichtet.

Einer meiner ersten Erlasse ordnete die Einstellung des Kasinobetriebes an. Die Verpflegung sollte für Mann und Offizier einheitlich sein. Auf der Station aßen die Offiziere und ich das Mannschaftsessen, das, wenn es nicht infolge Lobbrigkeit des Küchenpersonals schlecht zubereitet wurde, gut und reichlich war. Eines Tages wurde ich vom Kasino aus telephonisch befragt, ob es richtig sei, daß ich nach Champagner und Zigarren geschickt hätte. Ich befahl, den Boten festzunehmen und mir vorzuführen. Er hatte einen Zettel, mit meinem Namen unterzeichnet, auf dem mehrere Flaschen Sekt und 50 Zigarren angefordert wurden. Geschickt war er von einem der inaktiven Soldaten, die dem Großen Soldatenrat Schreiberdienste leisteten, wobei sie in der ersten Zeit auch weibliche Hilfe hatten. Nachdem ich den Schwindler dem Kriegsgerichtsrat hatte vorführen lassen, bat er seiner Familie wegen so himmelhoch um Verzeihung, so daß ich von seiner Bestrafung Abstand nahm.

Wenn ich das Verlangen nach Abgabe von Schnaps und Wein strikte ablehnte, konnte ich nicht sicher sein, daß jeder Plünderungsversuch unterblieb. Es galt also wieder einmal, wie so oft schon, zu lavieren und zu verhandeln. Unvernünftig waren die Leute übrigens nicht. Zur Zahlung des Selbstkostenpreises waren sie bereit. Nach wiederholten Verhandlungen mit dem Kasinovorstand kam ein Abkommen zustande, wonach an jede Formation gegen Zahlung eine bestimmte Anzahl Flaschen, je drei pro Kopf, geliefert werden sollten. Meinen Einwänden, es werde schwere Räusche geben, wurde mit der Versicherung begegnet, es könne absolut garantiert werden, daß eine flaschenweise Abgabe nicht in Frage komme. Am heiligen Abend solle es einen Grog geben, sonst nur Ausschank in kleinen Gläschen. Die Vertrauensleute hatten sich viel zu viel Macht zugetraut. Sobald die Schnaps- und Weinlieferung bekannt wurde, forderten viele Leute drohend das ganze Quantum. Natürlich gab es zahlreiche Räusche und Lärm auf der Straße. Ein Mann soff sich tot, ein anderer wurde im Streit von einem Unteroffizier erschossen. Das war am späten Abend.

Der Tag begann schon mit großer Aufregung. In Berlin hatten sich die Dinge in den letzten Tagen bedenklich zugespitzt. Der Gegensatz zwischen den Unabhängigen und meinen Parteifreunden in der Regierung war nicht mehr zu überbrücken. In Telephongesprächen hatte ich auf reinliche Scheidung und entschlossenes Handeln gedrängt. Dazu wurden die Volksbeauftragten schließlich durch die aufsässigen Matrosen genötigt, die das Schloß nicht räumen wollten. Am 23. Dezember drangen zur Erzwingung von Geldforderungen eine Anzahl der Leute in die Reichskanzlei ein und sperrten mehrere Volksbeauftragte ab. Der Stadtkommandant Otto Wels wurde im Marstall gefangen gehalten und mit dem Tode bedroht. Am 24. Dezember wurden unter dem Befehl des Generals Lequie vor den Toren Berlins liegende Truppen zum Angriff auf die Matrosen in Schloß und Marstall vorgeschickt.

Früh am Morgen rief mir Unterstaatssekretär Baake aus der Reichskanzlei nach einer Schilderung der Vorgänge zu, soeben falle der erste Kanonenschuß. Baake teilte mit, die rebellischen Matrosen hätten versichert, es würden besonders aus Kiel Tausende Mann ihnen zu Hilfe kommen. Das war zwar ausgeschlossen, aber eine Einwirkung auf die Leute konnte nicht schaden. In allen Kasernen ließ ich die Leute zusammenberufen und fuhr von einem Truppenteil zum anderen, brandmarkte die schändlichen Zustände in Berlin und erzielte überall einstimmige Kundgebungen der Treue für eine wirklich demokratische Regierung. Wenn es gefordert worden wäre, würden mir an dem Tage Tausende von Leuten nach Berlin gefolgt sein, um Ordnung schaffen zu helfen.

Meine Mahnung an die Berliner Freunde, kräftig durchzugreifen, hatte nicht befolgt werden können. Telegraphisch hatte ich sofort von der Stimmung der Kieler Truppen nach allen Orten berichtet. Als ich am Telephon zur etwa notwendigen Aufmunterung von dem Ergebnis meiner Rundfahrt durch die Kasernen nach der Reichskanzlei Mitteilung machte, erfuhr ich den kläglichen Mißerfolg der militärischen Aktion. Man hatte nur etwa 800 Mann einsetzen können, die nach kurzer Zeit von Tausenden Männern, Frauen und Kindern förmlich eingekeilt waren. Es wurde verhandelt und die Truppe zog unverrichteter Sache ab. Sie war vorerst nicht wieder zu gebrauchen.

„Du mußt sofort nach Berlin kommen", erklärte mir am Nachmittag des zweiten Weihnachtstages am Apparat mein Freund Ebert. Ausflüchte halfen mir nichts. Zur Aussprache genügte schließlich ein Tag. Also stieg ich am nächsten Morgen mit leichtem Handgepäck ins Auto.

Die Rechnung war falsch. Meine Kieler Gouverneurszeit war zu Ende!

III
Das Versagen Berlins

Ungern folgte ich dem Rufe nach Berlin. Widerwillig bin ich, als der Karren schon arg verfahren war, in die Regierung eingetreten. Freude habe ich an dem Amte nicht gehabt. Nur aus Liebe zum Vaterlande und zu unserem Volke haben meine Freunde und ich Kraft und Leben für die junge Republik eingesetzt. Meine Tätigkeit hat mir viel Lob und Anerkennung eingetragen. Das hat mich nie sonderlich berührt. Schmerzlich habe ich in jeder Stunde aber empfunden die Abneigung, dann den Zorn und schließlich den wilden Haß eines Teiles der Arbeiterschaft, aus der ich hervorgegangen bin, der ich mich nach wie vor zugehörig fühle und der ich mit jedem meiner Worte und jeder meiner Handlungen zu dienen und zu nützen bestrebt war.

Dankbarkeit in der Politik hat es nie gegeben, und ich habe sie nicht erwartet. Deshalb bringe ich nicht einmal ein bitteres Gefühl gegen diejenigen auf, die mir die härteste Bürde überließen, um mir bei einem Mißerfolg für fast übermenschliche Plage und Anstrengung mit Eselsfußtritten zu quittieren. Verunglimpfungen kann ich mit gutem Gewissen zurückweisen. Die deutsche Sprache hat nur noch wenige Schimpfworte, die mir seit dem Januar 1919 nicht nachgerufen worden sind. Bluthund und Mörder waren nicht die schlimmsten. Die am lautesten schrien, versuchten mir die Schuld für ihre falsche Politik aufzuladen. Die Richtlinien meines Handelns waren siebzehn Monate lang gerade und konsequent:

Verhütung des Chaos,

Gesundung des Volkes durch Arbeit!

* * *

Die Bildung einer republikanischen, sozialdemokratischen Regierung in Berlin zeigte ich der Garnison und der Bevölkerung von Kiel am 11. November durch einen von mir verfaßten Gouvernementsbefehl an, in dem es heißt:

„In Berlin ist eine arbeitsfähige neue Regierung gebildet worden. Eine sozialistische Mehrheit wird mit einigen Fachministern bestrebt sein, mit allem Nachdruck auf das rascheste wieder Ordnung und geregelten Verkehr in Gang zu bringen, wie mir heute morgen der Reichskanzler versichern ließ. Eine baldige ungestörte Wirtschaft auf allen Gebieten tritt wieder ein. Der Sieg der sozialistischen Arbeiter und Soldaten ist im ganzen Reiche ein vollständiger. Jede Auflehnung gegen die neue Regierung ist aussichtslos. Die Vertreter bürgerlicher Weltanschauung mögen sich mit Würde und ohne Widerstreben in das Unabänderliche fügen und im Interesse des Reiches und des ganzen Volkes daran mitarbeiten helfen, alles das wieder aufzubauen, was in mehr als vierjähriger Kriegsdauer zerstört wurde.

Arbeiter und Soldaten! Euer Sieg ist auf der ganzen Linie ein rascher und vollständiger. Erfreulicherweise ist es gelungen, die neue Ordnung rasch und fast unblutig durchzuführen. Eure Regierung ist es, die jetzt das Reich leitet. Daher ist es eure Pflicht, nicht nur jede Störung ihrer Tätigkeit zu unterlassen, sondern nur eure eigenen Interessen werdet ihr fördern, wenn ihr die Männer eures Vertrauens, die jetzt die Geschäfte führen, auf das eifrigste durch hingebungsvollste Arbeit unterstützt. Jeder Streit in der Arbeiterschaft hat aufzuhören. Neben dem Reichskanzler Ebert und dem Staatssekretär Scheidemann sitzen die bisher unabhängigen Sozialdemokraten Haase und Dittmann in der Regierung. Der unselige Streit in der Sozialdemokratie hat sein Ende erreicht. Nur eine geschlossene Arbeiterbewegung und eine einige festgefügte Sozialdemokratie darf es von jetzt ab geben."

Nur wenn diesen Anschauungen gemäß von den Sozialdemokraten und den Arbeitern gehandelt wurde, konnte es gelingen, Deutschland vor schweren Wirren, das Volk vor vermehrter Not zu bewahren und die Staatsumwälzung als segensreich erscheinen zu lassen.

Das Bürgertum machte der sozialistischen Regierung vorerst keine Schwierigkeiten. Verwirrt über die Plötzlichkeit der Umwälzung, besorgt um Leben und Besitz, war es heilfroh, daß Männer mit bekannten Namen, die Einfluß auf die Massen hatten, die Zügel in die Hand nahmen.

Als ich in Kiel an einem Tag die Bewaffneten von der Straße weggebracht hatte, schrieb das dortige konservative Blatt, man habe es „wie eine Gnade" empfunden, daß die Nacht ruhig verlief. Es wurde kein Schuß gehört, und man konnte sich nach drei Tagen voller Aufregung erstmals wieder in ununterbrochenem Schlafe für die doppelt schweren Pflichten der Stunde stärken.

In einer Eingabe versicherten mir eine Anzahl Kieler Bürger, sie hätten den festen Willen, ihre ganze persönliche und wirtschaftliche Kraft zur Schaffung geordneter Verhältnisse bei Leitung der Staatsgeschäfte durch Sozialdemokraten einzusetzen. In Berlin aber gab in der Reichskanzlei Herr Kapp, der Putschmacher vom März 1920, Loyalitätserklärungen ab. In einem der ersten Briefe aus dem Felde an mich, in dem auf die Matrosenrevolte Bezug genommen wurde, hieß es, der Schreiber lese mit Wut von dem Umsturz in den Nordseestädten. Deutschland werde ins Verderben gestürzt. Millionen sähen mit Bangen auf die Fortentwicklung in Deutschland. Aber, hieß es weiter, „ich glaube, daß Sie und Ihre Freunde die Macht dazu haben, dem Verderben Einhalt zu tun."

Die deutsche Arbeiterklasse, zu einem beträchtlichen Teile politisch geschult und organisiert in der sozialdemokratischen Partei, durch die Gewerkschaften zur Einsicht in den Wirtschaftsfragen erzogen, hatte zu zeigen, was sie leisten konnte. War sie ihrer Aufgabe gewachsen, dann gewann sie den Erdball für den Sozialismus.

Die große deutsche sozialdemokratische Partei, an deren Ausdehnung ich an meinem jeweiligen Platze dreißig Jahre lang nach Kräften mitgearbeitet hatte, war im Kriege zerrissen worden. Meinungsverschiedenheiten über die von der Partei zu verfolgende Kriegspolitik waren der Grund zur Spaltung gewesen. Jetzt sind fast anderthalb Jahre vergangen, seit das Völkermorden auf den Schlachtfeldern durch den Abschluß des Waffenstillstandes beendet wurde. Seitdem hat das Verhalten der Sieger dargetan, wie begründet die Kriegspolitik der Mehrheitssozialdemokratie war, für die ich in Wort und Schrift als ein eifriger Verfechter gewirkt hatte. Wir wünschten den Krieg zu vermeiden. Als er nicht mehr zu verhüten war, erstrebten wir seine rascheste Beendigung durch einen Frieden der Verständigung. Solange jedoch die Gegner den ehrenvollen Frieden ablehnten, mahnten wir unser Volk zum Einsatz aller Kräfte, um die Niederlage und einen Diktatfrieden übermütiger Sieger abzuwehren.

Riesige feindliche Übermacht und der Hunger zwangen unser Volk nieder. Unverzeihliche Fehler sind von den früher in Deutschland Herrschenden begangen worden. Aber auch auf der Gegenseite ist mit den schlimmsten Mitteln gewirkt worden. Unzählige Male war dem deutschen Volke von den gegnerischen Staatsmännern versichert worden, nur den Hohenzollern, den Junkern, dem Militarismus gelte ihr Kampf, nicht dem deutschen Volke. Das ist von vielen geglaubt worden. In den ersten Novembertagen stürzten die Monarchien, fielen die alten Gewalten, zerbarst, was man in der Welt deutschen Militarismus nannte. Die Matrosenrevolte verwandelte die Kriegsflotte in einen Haufen alten

Eisens; die Heere in Ost und West lösten sich in wenigen Wochen auf Zusammengebrochen, wie es kaum jemals zuvor in der Geschichte dagewesen war, mußte das deutsche Volk sich Waffenstillstandsbedingungen diktieren lassen, die schmachvoller und drückender kaum gedacht werden konnten. Alle Hoffnungen, einer demokratischen Republik Deutschland würden die Sieger versöhnt die Hand reichen, haben damals die gräßlichste Enttäuschung erfahren. Der Vertrag von Versailles vollendete, was beim Waffenstillstand begonnen worden war: die Zerstückelung, Aussaugung, tiefste Demütigung Deutschlands.

In Voraussicht dieser Entwicklung haben die Mehrheitssozialisten keine gewaltsame Revolution gewünscht. Scheidemann war mit Zustimmung der Partei in das Kabinett des Prinzen Max eingetreten, um eine Katastrophe vermeiden zu helfen.

Am 24. Oktober 1918 habe ich in meiner letzten Rede im alten Reichstag gesagt:

„Das Haus brennt, und der Herr Abgeordnete Haase hat nach meinem Empfinden gestern Öl ins Feuer geschüttet und dazu beigetragen, daß die Rettungsmannschaft einander in die Haare gerät. Meine Fraktion will, daß dem deutschen Proletariat das Dach über dem Kopfe erhalten bleibt. Ich teile die Auffassung des Herrn Haase, daß große Teile der deutschen Wirtschaft für die Sozialisierung reif sind. Deshalb wollen wir sie aber nicht durch den Bürgerkrieg erst zugrunde richten, und dann anfangen, sie neu zu schaffen, sondern wir sind der Überzeugung, daß die Kraft der deutschen Arbeiterklasse, die reichen Zuzug aus den Kreisen der Angestellten und aus den Kreisen des ruinierten Mittelstandes erhalten wird, groß genug sein wird, um sehr bald eine Mehrheit in Deutschland zu schaffen, die an einem organischen, geordneten Aufbau der sozialistischen Weltordnung arbeiten kann...

Im Augenblick betrachten wir die Mitarbeit der Sozialdemokraten an der Regierung als eine Notstandsaktion. Volk und Reich sind in höchster Gefahr. Wir wollen mit dem Aufgebot aller Kraft dem völligen Zusammenbruch vorbeugen. Es ist uns daran gelegen, zu verhüten, daß ein Kampf aller gegen alle in Deutschland entbrennt, während draußen ebenfalls das Haus von allen Seiten bestürmt wird."

Reformarbeit großen Stils sollte begonnen werden. Wenn jetzt auch Mehrheitssozialdemokraten sich als die erfolgreichen Revolutionäre aufspielen, zeugt das nur von der Fähigkeit vieler Leute, sich schwunghaften Schlagworten des Tages anzupassen.

Die Ausrufung der deutschen Republik ging in Berlin am Sonnabend, dem 9. November, vor sich. Die alten Machthaber wagten auch in der Reichshauptstadt keinen Kampf. Bestürzt, kopflos traten sie von der Bildfläche ab. Unabhängige Sozialdemokraten haben sich gerühmt, sie hätten die Revolution vorbereitet und zum Kampf gerüstet. Ihrer Agitation ist eine Wirkung aber nur deshalb nicht versagt geblieben, weil Hunger, Not und Tod den Boden bei den Massen vorbereitet hatten. Die Beschaffung von ein paar hundert oder tausend Pistolen war eine Kinderei. Der russische Geschäftsträger in Berlin, Herr Joffé, hat sich gerühmt, daß er das Geld für solche Waffenkäufe hergegeben habe. Gegen ein paar tausend fest zusammengefaßte Soldaten, die in Berlin mit Leichtigkeit zu haben gewesen wären, war damit aber nichts auszurichten. Sie waren nicht zur Hand, und Berlin fiel als letzte, überreife Frucht, nachdem die Revolution im Reiche vor sich gegangen war. Die Leitung der Geschicke des Reichs ging in die Hände von Männern über, die in den beiden sozialdemokratischen Parteien an der Spitze standen. Die im Amte belassenen bürgerlichen Fachminister unterordneten sich willig der politischen Führung der Sozialdemokraten. Ein vollerer innerpolitischer Erfolg war nicht denkbar. Von einer deutschen sozialistischen Republik wurde stolz gesprochen.

In Kiel und vielen anderen Orten hatten sich Mehrheitssozialdemokraten und Unabhängige wie mit Selbstverständlichkeit zu gemeinsamer Arbeit zusammengefunden. Man redete nicht über Einigkeit, sondern nahm sie als Tatsache hin, wenn auch die getrennten Organisationen weiter bestanden. Obwohl die Unabhängigen weit an Zahl hinter den Sozialdemokraten zurückblieben, wurde in den Ämtern Parität geübt. Anders in Berlin. Dort setzte der Krakeel — nicht zwischen den Arbeitern, sondern den Führern — sofort ein. Wortführer der Unabhängigen versuchten, wie es z. B. in Hamburg vorübergehend gelungen war, das Heft allein in die Hand zu bekommen. Es bedurfte des Gebots der Soldaten, die keinen Zank zwischen den Parteien und Führern wollten, um eine paritätische Regierungsbildung herbeizuführen. Sechs Volksbeauftragte traten als politische Reichsleitung zusammen, Ebert, Scheidemann, Landsberg von den Mehrheitssozialdemokraten, Haase, Dittmann, Barth von den Unabhängigen.

Ende Dezember ging diese Verbindung in die Brüche und hatte den wahnwitzigen, verbrecherischen Bruderkampf zur Folge, der schwersten politischen und wirtschaftlichen Schaden für Reich und Volk bewirkte und das Vertrauen zur Arbeiterklasse und ihren politischen Organisationen erschütterte. In der Schicksalsstunde des deutschen Volkes versagte ein großer Teil des sozialdemokratisch gesinnten Proletariats und seiner Führer, zeigte es sich der zu lösenden Aufgaben nicht gewachsen. Wirtschaftliche Einsichtslosigkeit, politische Borniertheit und die Phrase triumphierten gegenüber den politischen und wirtschaftlichen Lebensnotwendigkeiten des Volkes. Seinen besten Freunden hat ein Teil des deutschen Proletariats die bitterste Enttäuschung bereitet.

* * *

Die Erfüllung aller politischen, demokratischen Wünsche erfolgte nach dem 9. November umgehend. Dekretiert kraft revolutionären Rechtes wurde die Republik, Wahlrecht vom 20. Jahre ab für beide Geschlechter in Reich, Staat und Gemeinde, weitestgehende Amnestie. Wofür jahrzehntelang gekämpft worden war, fiel als reife Frucht dem Volke in den Schoß. Die Freiheit war da!

Auf wirtschaftlichem Gebiete allerdings gab es keine reifen Früchte zu ernten. Die Forderung nach mehr Brot und Speck, sowie Kaffee, Tabak und all den tausend Dingen, die das Volk nun schon jahrelang entbehren mußte, war im Augenblick nicht erfüllbar. Der Achtstundentag, die alte Gewerkschaftsforderung, freilich wurde dekretiert. Vorerst war das für die Hauptindustrien nicht von wesentlicher Bedeutung. Alle Fabriken waren für die Erzeugung von Kriegsmaterial eingerichtet worden. Die Umstellung auf Friedensarbeit erforderte einige Zeit. Massen von Arbeitern mußten neuer Beschäftigung zugeführt werden. Manche Industrien konnten erst wieder in Gang kommen, wenn Rohstoffe eingeführt wurden. Eine Atempause war den Arbeitern der Industrie zuzubilligen. Was der Körper herzugeben vermochte bei ständig schlechter werdender Nahrung, das hatten sie aus sich herausgeholt. Einige Tage Taumel nach der ungeheuerlichen Leistung während des Krieges waren zu verstehen. Wenn dem Elend entgegengewirkt werden sollte, mußte dann jedoch an die Arbeit gegangen werden. Kein Warenlager war gefüllt, Maschinen fehlten, Wohnungen waren zu schaffen, die Äcker wieder sorgsam zu düngen und zu bearbeiten, um ihnen reichere Erträge abzugewinnen. Kali und Stickstoff mußten gewonnen, Ziegel gebrannt werden. Für jede Tätigkeit aber war endlich Voraussetzung, daß die Kohlenproduktion so rasch wie möglich gesteigert wurde. Waren und Nahrung konnten nur durch Arbeit, durch vermehrte Leistung beschafft werden.

Und was geschah? Statt alle Kräfte des Volkes straff zusammenzufassen, begann eine wahnwitzige Selbstzerfleischung, die noch immer nicht ihr Ende erreicht hat. Marx hat uns gelehrt, das politische Verhalten der Völker werde in der Hauptsache von ihren materiellen Interessen oder

Zielen bestimmt. Wie oft leider politische Bestrebungen durch persönliche Interessen, Empfindlichkeit, Streberei, Herrschsucht, Lust am Ruhm und Herostratentum bestimmt werden, habe ich an genug Einzelfällen studieren können.

Nach russischem Vorbild

„Alle Macht den Arbeiter- und Soldatenräten!" — lautete das Schlagwort, mit dem die Berliner Arbeiter aufgerufen wurden zum Kampf gegen die rasche Wiederherstellung gesetzmäßiger, von einer neugewählten Volksvertretung gebilligter Verhältnisse. Mit diktatorischer Gewalt, richtiger gesagt, nach dem Diktat des Berliner Vollzugsrats, sollten die sechs Volksbeauftragten die Geschäfte so lange führen, bis die Errungenschaften der Revolution gesichert und der Sozialismus verwirklicht sei. Im Reiche sollten die Arbeiter- und Soldatenräte alle Gewalt in der Hand behalten. Das bedeutete die Übertragung des russischen Bolschewismus auf Deutschland. Die Wirkung der Rätewirtschaft mußte aber in Deutschland unendlich verheerender sein, als sie in Rußland abschreckend genug in Erscheinung getreten war.

Gemäß ihrem Namen, ihrem Programm und ihrer Tradition mußte die Sozialdemokratie sich für die baldige Vornahme von Wahlen einsetzen. Nach dem baldigen Zusammentreten einer Nationalversammlung verlangte auch die große Masse der Bevölkerung im ganzen Reiche. Die Unabhängigen dagegen wollten die Wahlen, die sie nicht zu verweigern wagten, möglichst lange hinausschieben. Einen Zeitpunkt gaben sie nicht an, ein Programm, das rasch verwirklicht werden sollte, stellten sie nicht auf. Zur Neuregelung der gesamten Verwaltung waren Jahre erforderlich. Die Sozialisierung der Wirtschaft erheischte noch mehr Zeit. Sozialisierung soll verbesserte und gesteigerte Produktion zur Folge haben, damit den Volksmassen vermehrter Verbrauch und Genuß ermöglicht wird. Schon bei der Umgestaltung einer saft- und kraftstrotzenden Wirtschaft würde mit Vorsicht und Umsicht zu verfahren sein. Unüberlegtes Experimentieren an dem kranken Wirtschaftskörper Deutschlands mußte verhängnisvolle Wirkungen haben.

Ein tiefer Gegensatz tat sich also zwischen Unabhängigen und Mehrheitssozialisten wegen der Wahlen zur Nationalversammlung auf. Der erste Kongreß der Arbeiter- und Soldatenräte im Dezember machte dem Streit ein Ende. Er beschloß, daß am 19. Januar 1919 gewählt werde.

Ein zweiter Gegensatz, innerhalb des Rats der Volksbeauftragten, der schließlich den Bruch zur Folge hatte, bestand wegen der Regelung der militärischen Verhältnisse.

Die alten Berliner Regimenter hatten sämtlich nach dem 9. November versichern lassen, daß sie sich hinter die neue Regierung stellten. Die gewählten Führer hatten die Soldaten jedoch nicht in der Hand. Es war mit den Truppen nichts anzufangen. Wenn sie gebraucht wurden, kamen sie nicht. Die Polizei war ebenfalls unbrauchbar geworden. Man hatte sie entwaffnet. Der zum Polizeipräsidenten ernannte Unabhängige Eichhorn schuf eine Sicherheitswehr, die nichts taugte und von Anfang an zu einem Machtinstrument der Unabhängigen gemacht werden sollte.

Ehemalige Marinemannschaften, aus denen die Volksmarinedivision gebildet wurde, wurden unter Leitung gewissenloser Führer bald zu einer Gefahr. Die Geschäfte der Berliner Kommandantur hatte der Abgeordnete Otto Wels übernommen, ein Mann von großer Tatkraft. Er bildete mit Unterstützung mehrerer Offiziere aus gedienten Mannschaften für Berlin die Republikanische Soldatenwehr, die unter gewählten Führern, von denen keiner Offizier war, Ordnung und Sicherheit in Berlin aufrechterhalten wollten. Für etwas Wacht- und Patrouillendienst langten sie notdürftig aus. Da sie aus Mehrheitssozialisten und Unabhängigen bestanden, versagten sie, als es zum Kampf zwischen beiden Parteien kam.

Auf solchen Kampf wirkten schon im November Liebknecht, Ledebour, Eichhorn und andere hin. Nach Aussage des Erich Prinz, eines jungen, lebhaften Mannes, der gleich nach der Revolution Kommandant der Eichhornschen Sicherheitswehr war, sind am 6. und 7. Dezember vom Polizeipräsidium aus Waffen an die Schwarzkopfschen Arbeiter ausgeteilt worden. Aus verschiedenen Waffenfabriken sind wiederholt große Mengen Waffen auf Veranlassung des Polizeipräsidiums geholt und an kommunistische Hauptquartiere zur Verteilung an ihre Anhänger geliefert worden. Nach Aussagen früherer Führer der Volksmarinedivision vor einem Untersuchungsausschuß der Preußischen Landesversammlung hat sich ergeben, daß auf Betreiben ihres Führers Dorenbach die Volksmarinedivision beschlossen hatte, für den Fall, daß die Regierung Ebert-Haase auseinanderfiele, geschlossen mit Waffenmacht auf die Seite Haases zu treten. Dieser Beschluß ist in das Protokoll der Sitzung vom 12. Dezember nicht aufgenommen, sondern streng geheimgehalten worden.

Am 23. Dezember unternahmen Leute der Volksmarinedivision den Handstreich gegen das Reichskanzlerhaus und sperrten die mehrheitssozialistischen Volksbeauftragten ein. Dorenbach hat später versichert, er habe die Festnahme der Volksbeauftragten am 23. Dezember auf eigene

Faust unternommen. Vom Polizeipräsidium habe er dazu allerdings 200 Mann Verstärkung erhalten. Am 24. Dezember erfolgte dann der mißglückte Angriff auf das Schloß und den Marstall. Daraus machten die drei Volksbeauftragten der Unabhängigen einen Konfliktsfall. Die Unabhängigen haben nach ihrem Austritt aus der Regierung erklärt, sie wollten unter keinen Umständen eine Gewaltpolitik mitmachen. Grundsätzlich erklärten sie, daß keine Regierung, auch keine sozialistische, republikanische Regierung, Gewalt ruhig dulden solle, daß sie vielmehr das Recht habe, gegen Gewalt sich mit Gewalt zu wehren. Als Machtmittel dürfe aber keine Truppe mit alten Offizieren dienen, sondern zu diesem Zweck stünden die Arbeitermassen zur Verfügung. Das waren faule Ausreden. Es hat sich gezeigt, daß gegen bewaffnete Scharen nur mit einer disziplinierten Truppe etwas auszurichten ist.

Eintritt in die Regierung

Am 27. Dezember fuhr ich nach Berlin. Mein Begleiter auf der Fahrt war der Konteradmiral von Trotha, der im Reichsmarineamt das Personalamt übernommen hatte, der nachmalige Chef der Admiralität. In der Reichskanzlei wurde ich kurz über die Sachlage informiert. Ich konnte nur meine Meinung sagen, die dahin ging, daß man im Reiche einen wahren Ekel vor der unleidlichen Berliner Wirtschaft habe, und daß unter allen Umständen der Versuch gemacht werden müsse, Ordnung zu schaffen. Meinem Wunsche, am nächsten Tage wieder nach Kiel zurückkehren zu können, widersprachen die drei Volksbeauftragten meiner Partei auf das entschiedenste.

Die nächsten Tage brachten die Klärung des Verhältnisses zu den Unabhängigen. Haase, Dittmann, Barth traten aus dem sechsköpfigen Regierungskollegium aus. Als ihre Nachfolger wurden mit Zustimmung des vom Rätekongreß eingesetzten Zentralrates der Arbeiter- und Soldatenräte, der Kontrollinstanz für die Volksbeauftragten sein sollte, bis die Wahl zur Nationalversammlung stattgefunden hatte, Löbe-Breslau, Rudolf Wissel und ich in Aussicht genommen. Löbe teilte mit, daß er in Breslau unabkömmlich sei. Mein Sträuben nützte mir nichts. Meinem Einwand, daß ich keine Neigung verspürte, in kurzer Zeit abzuwirtschaften, wie das jedem Manne passieren müsse, der jetzt in die Regierung eintrete, wurde von den Freunden entgegengehalten, persönliche Rücksichten dürften keine Geltung haben, ich würde gebraucht und hätte deshalb zu bleiben. Man kam überein, das Regierungskollegium solle nur aus fünf Köpfen bestehen. Zur Bearbeitung wurden mir alle Marine- und Heeresangelegenheiten überwiesen.

In der Reichskanzlei war ein ewiges Kommen und Gehen. Eine Deputation drängte die andere, wer kam, wollte mindestens von einem der Volksbeauftragten angehört werden. Zeit zu Kabinettssitzungen blieb kaum, obwohl die wichtigsten Dinge zu erledigen waren. Wiederholt mußten wir an einem anderen Ort zusammentreten, um nur eine Stunde ungestört beraten zu können.

Während meiner ganzen Amtsdauer hat die Überlastung mit Empfängen nicht aufgehört. Der Minister sollte für jedermann zur Verfügung stehen. Wer abgewiesen oder zu einem Dezernenten geschickt wurde, fühlte sich gekränkt oder machte in der Öffentlichkeit Lärm, ich würde von meiner Umgebung abgesperrt. Dabei sind Tausende von Menschen bei mir gewesen. Kein Tag ist vergangen, wo nicht um 9 Uhr morgens der erste Besuch empfangen wurde, und häufig habe ich spätabends noch Leute im Zimmer gehabt. An kritischen Tagen stand ich selbstverständlich auch in der Nacht zur Verfügung. Andere wichtige Arbeiten mußten darunter leiden, daß ich derart überlaufen wurde. Den anderen Ministern ist es nicht besser gegangen. Viele Amtsgeschäfte konnten nur in den Nachtstunden erledigt werden. Es hat wenige Tage gegeben, an denen ich vor Mitternacht vom Schreibtisch aufgestanden bin.

Bei der allgemeinen Aufgeregtheit in den letzten Tagen des Dezember 1918 und den ersten Januartagen 1919 war der Menschenandrang besonders groß und das Verhandeln besonders schwierig. Aus der Leitung der Berliner Kommandantur schied Otto Wels aus. Der Versuch, den Posten mit einem Obersten zu besetzen, mißlang wegen des Widerspruches des Soldatenrates der Kommandantur. Als Kommandant tauchte der Feldwebel Klabunde aus Potsdam auf, der dort ein Regiment leidlich gut in Ordnung gehalten hatte. Ein ganz klares Bild habe ich nie gewinnen können, wie er auf den Posten gekommen ist. Das Durcheinander in jenen Tagen war zu groß. Die Hauptarbeit auf der Kommandantur haben dann lange der Generalstabshauptmann Marcks und der Intendanturrat Bongartz geleistet. Für den ausscheidenden General Scheüch wurde der im Kriegsministerium tätige württembergische Oberst Reinhardt, der im Felde Chef des Generalstabes einer Armee gewesen war, als Kriegsminister gewonnen.

Im Marstall

Wenn ich in Berlin etwas für die Herstellung geordneter Zustände leisten sollte, mußte ich rasch in Fühlung mit den Soldaten kommen, um sie in der Hand zu haben. Darin hatte das ganze Geheimnis meines Kieler Erfolges gelegen, daß ich das unbedingte Vertrauen aller Schichten der Soldaten besessen hatte. Aber in der Reichskanzlei saß ich in Sitzungen und beim Empfang von Deputationen wie eingekeilt. Es war meinen Kollegen in den beiden verflossenen Monaten zum Verhängnis geworden daß sie zu wenig in die Kasernen gekommen waren.

Den ersten Besuch machte ich in früher Morgenstunde der Volksmarine-Division im Schloß und Marstall. Im Schloß war man bei der Räumung; ich blickte in einige der freigemachten unteren Zimmer, in denen es wüst aussah. Von den Führern war niemand da. Im Marstall wurde ich in die Wachtstube geführt. Sie war gestopft voller Menschen, die eine schlaflose Nacht hinter sich hatten, ungewaschen und ungepflegt, einen ziemlich wilden Eindruck machten. Im Nu war ich, nachdem ich meinen Namen genannt hatte, von der ganzen Schar umringt und in eine lebhafte Auseinandersetzung verwickelt, bei der ich anfänglich wenig zu Worte kam. Gemütlich war der Empfang, den man mir bereitete, gerade nicht. Dafür fehlte es mir aber nicht an Verständnis. Vor einigen Tagen erst hatten meine jetzigen Regierungskollegen Marstall und Schloß mit Kanonen beschießen lassen, und es hatte Tote und Verwundete gegeben. Die Erregung darüber zitterte noch nach und machte sich in wenig freundlichen Bemerkungen Luft. Als ein kleiner wilder Kerl mir gegenüber drohende Äußerungen tat, wurde er von Kameraden ernstlich zurechtgewiesen. Die Mehrzahl in der Division waren brave Menschen, die nur mißbraucht wurden. Man gab mir schließlich einen Führer mit, um einen der Kommandeure aufzusuchen. Ich schied mit der Bemerkung, nach meinen Kieler Erfahrungen hoffe ich auch in Berlin mit den Marineleuten bald in ein gutes Verhältnis zu kommen.

Das ist leider nicht gelungen. Wo der Befehlshaber steckte, wußte niemand. Bei der Wanderung durch den ausgedehnten Marstall kam ich schließlich in eine Kompanieschreibstube, wo ich in ein sauber geführtes Verzeichnis der Mannschaft Einsicht nahm. Mindestens drei Viertel aller Leute wohnten in Berlin, waren in ihrer Garnison entlassen, hatten jedoch keine Arbeit gefunden und darum bei der Volksmarinedivision eingetreten. Die Unterhaltung in der Schreibstube wurde unterbrochen, da ein Unterführer erschien und mißtrauisch fragte, warum ich versuchte, auf die Kompanien einzuwirken. Er ließ sich von der Redlichkeit meiner Absichten überzeugen und geleitete mich zum Marstall hinaus. Den Führer Dorenbach habe ich nicht kennengelernt.

Ein böser Sonntag

Eichhorn wurde von der preußischen Regierung seines Amtes als Polizeipräsident entsetzt, weigerte sich aber, den Posten aufzugeben. Also mußte er aus dem Hause am Alexanderplatz herausgebracht werden. Die Kommandantur sollte das besorgen. Am Sonntag, dem 5. Januar vormittags, ersuchte mich in der Reichskanzlei der preußische Minister Heine, nach dem schräg gegenüberliegenden Gebäude des Staatsministeriums mitzugehen, wo wegen der Absetzung Eichhorns Näheres vereinbart werden solle. Dort trafen wir Eugen Ernst, der Polizeipräsident werden sollte, und den Leutnant Fischer, der militärischer Berater von Otto Wels auf der Kommandantur gewesen war und dort weiter wirkte. Er setzte uns auseinander, er werde mit Ernst zum Polizeipräsidium fahren, um ihn ins Amt zu führen. Auf unseren Einwand, wie er sich das denke, beteuerte er, es werde ganz glatt gehen, denn Eichhorn räume sicher das Feld, wenn er sehe, daß ernst gemacht werde. Auf weiteren Hinweis, was geschehen solle, wenn Widerstand geleistet werde, versicherte er, auch für den Fall seien alle Vorbereitungen getroffen; die dann erforderlichen Mannschaften ständen bereit. Weiterer Erörterung suchte Fischer ein Ende zu machen, indem er drängte, Ernst möge mit ihm fahren, die Zeit eile. Trotz aller Bedenken gegen den Plan konnte ich einen anderen Vorschlag nicht machen, da mir Machtmittel nicht zur Verfügung standen.

Die Sache ging gründlich schief. Eichhorn machte keine Anstalt, seinen Posten aufzugeben. Wo Fischer seine Leute aufgebaut hatte, habe ich nie erfahren. Eingesetzt wurden sie jedenfalls nicht. Nach einer Auseinandersetzung mußten Ernst und Fischer das Polizeipräsidium unverrichteter Sache verlassen. Eichhorn amtierte noch eine ganze Woche lang als Berliner Polizeipräsident. Der mißglückte Versuch seiner Absetzung hat aber wahrscheinlich zur Zuspitzung der Dinge erheblich beigetragen.

Dieser Sonntag war wieder einmal ein großer Demonstrationstag. Unter den Linden wälzte sich der Zug der Männer, Frauen, Soldaten, rote Fahnen und Plakate tragend. Immer wieder erhob jemand seine Stimme zu dem schönen Wechselruf: Liebknecht, Haase: Hoch, der Chorus stimmte dröhnend ein und dann: Ebert, Scheidemann: Nieder, nieder, nieder! Auf dem Promenadenweg Unter den Linden sah ich mit anderen Spaziergängern dem Trubel zu. Noch war ich in Berlin so wenig bekannt, daß ich als Volksbeauftragter unbesorgt auf der Straße sein konnte. Stundenlang dauerte der Zug an. Wenn ein von der Front heimgekehrter Soldat mit einer Kokarde an der Mütze entdeckt wurde, riß man sie ihm ab. Sonst aber ging es vorerst noch leidlich friedlich zu.

Etwas Abwechselung gab es, als Liebknecht vom Verdeck eines Autos herab eine seiner Brandreden zum besten gab. Ein paar Minuten lang hörte ich ihm zu und fand ihn noch exaltierter, als ich ihn von früher her kannte.

An der persönlichen Lauterkeit des unheilvollen Mannes kann kein Zweifel bestehen. Er war überzeugt von dem, was er redete. Seit Jahren war er aber ein nervös überreizter Mann, dem ich bei Auseinandersetzungen in der Fraktion wiederholt über den Tisch herüber erklärt hatte, daß ich ihn als Hansnarren einschätze.

Da es in der Wilhelmstraße Tumult geben konnte, hatten die Regierungsmitglieder sich zu einer Zusammenkunft an anderer Stelle verabredet. Ebert und Baake traf ich dort an, als ich meinen Bedarf an Nieder-Rufen reichlich gedeckt hatte. Nach den uns zugehenden Meldungen schien es gegen Abend, als wenn der Tag ohne Zwischenfälle vorübergehen würde. Baake ging in seine Wohnung, wollte aber wiederkommen. Bald darauf kam eine Meldung, das Vorwärtsgebäude sei von Spartakusleuten besetzt worden. Etwas später wurde die Besetzung anderer Zeitungen berichtet. In gedrückter Stimmung saßen wir beieinander. In die Wohnung zu gehen, war wegen der fortgesetzten Drohungen nicht ratsam. Zum Abendessen ein Lokal zu besuchen, war unmöglich, denn die Kellner streikten. Darauf rief ich einen Bekannten an, der uns stärkte. In seiner Wohnung trafen spätabends dann noch Scheidemann und Baake ein. Es wurde viel gesprochen, doch war zu keinem Resultat zu kommen, da gar nicht vorauszusehen war, wie wir am nächsten Morgen Berlin finden würden. Während die anderen berieten und tranken, legte ich mich auf dem Sofa lang und schlief, denn der andere Tag würde ruhige Nerven erfordern. Nachts 2 Uhr war die Wilhelmstraße menschenleer. Ins Kanzlerhaus waren nur ein paar Deputationen gekommen und wieder abgezogen. Ich schlief in meiner kleinen Wohnung, die ich seit Jahren in Berlin hatte, zum letzten Male.

Oberbefehlshaber

Montag, den 6. Januar, war ich gegen 8 Uhr in der Reichskanzlei. Eine Menge Menschen gingen schon aus und ein. Namhafte Berliner Sozialdemokraten äußerten sich zu mir in den heftigsten Ausdrücken darüber, daß meine Kollegen viel zu lange gezögert hätten, dem Treiben der Liebknecht und Genossen entschlossenen Widerstand zu leisten. Sie erwarteten von mir, daß jetzt mannhaft gehandelt werde. In der Wilhelmstraße sammelten sich zu vielen Tausenden unsere Parteigenossen an, die aus den Betrieben dorthin geschickt worden waren, um eine Besetzung des Reichskanzlerhauses durch die Spartakusleute zu verhindern. Die Straße wurde von der Menge gefüllt, damit kein Demonstrationszug hineinkomme.

Zu den Mitgliedern der Regierung gesellte sich der Zentralrat, um die Lage zu besprechen. Fast alle Zeitungen waren von den Spartakusleuten und Unabhängigen besetzt, ebenso Wolffs Telegraphisches Bureau. Dagegen war im Augenblick nichts zu unternehmen. Die Eichhornsche Sicherheitswehr war selbstverständlich nicht zu haben. Die Kommandantur erklärte, daß auch sie nicht in der Lage sei, mit der republikanischen Soldatenwehr zu helfen. Diese Leute machten nicht mit. Von den Soldaten in den Kasernen redete man gar nicht. Meiner Meinung, daß nun versucht werden müsse, mit Waffengewalt Ordnung zu schaffen, wurde nicht widersprochen. Der Kriegsminister, Oberst Reinhardt, formulierte einen Befehl, durch den die Regierung und der Zentralrat den Generalleutnant von Hoffmann, der mit einigen Formationen nicht weit von Berlin war, zum Oberbefehlshaber ernannte. Dagegen wurde eingewendet, daß die Arbeiter gegen einen General die größten Bedenken hegen würden.

In ziemlicher Aufregung, denn die Zeit drängte, auf der Straße riefen unsere Leute nach Waffen, stand man im Arbeitszimmer Eberts umher. Ich forderte, daß ein Entschluß gefaßt werde. Darauf sagte jemand: „Dann mach' du doch die Sache!" Worauf ich kurz entschlossen erwiderte: „Meinetwegen! Einer muß der Bluthund werden, ich scheue die Verantwortung nicht!" Reinhardt meinte, auf den Vorschlag habe er eigentlich immer gehofft. Ein Beschluß wurde mündlich so formuliert, daß Regierung und Zentralrat mir weitgehendste Vollmachten zum Zweck der Wiederherstellung geordneter Verhältnisse in Berlin übertrugen. Reinhardt durchstrich den Namen Hoffmann und schrieb dafür den meinen nieder. Meine Ernennung zum Oberbefehlshaber war vollzogen. Den Wortlaut der mir erteilten Vollmachten habe ich nie gelesen und die Bestallung als Oberbefehlshaber nie in der Hand gehabt.

Zeit war nicht zu verlieren. Mit einem jungen Hauptmann in Zivil sollte ich nach dem Generalstabsgebäude gehen, um dort mit einigen Offizieren die erforderlichen Maßnahmen zu besprechen. Auf der Straße wurde ich stürmisch begrüßt. Man hob mich hoch, und ich teilte kurz mit, daß ich zum Befehlshaber ernannt sei. Wie es gemacht werden sollte, wußte ich noch nicht, doch erklärte ich voller Zutrauen: „Verlaßt euch darauf, ich bringe euch Berlin in Ordnung."

Als wir die Massen, mit denen die Wilhelmstraße gefüllt war, hinter uns hatten, stießen wir Unter den Linden auf das Aufgebot der Unabhängigen und Spartakusleute. Diesmal handelte es sich nicht um eine friedliche Demonstration. Ledebour hat im Januar 1920 ausgeplaudert, daß am Sonntag, dem 5. Januar 1919, in einer Sitzung der revolutionären Obleute mit 80 gegen 6 Stimmen der Beschluß für die Aufnahme des Kampfes gefaßt worden war. Einigkeit unter den Führern bestand jedoch nicht. Däumig und Leichenmüller hielten das Unternehmen für aussichtslos und blieben ihm fern. Große Massen von Arbeitern waren trotzdem dem Ruf zum Kampfe gefolgt. Sie ließen wieder ihr liebliches Nieder, Nieder, Nieder ertönen. Am Brandenburger Tor, im Tiergarten und vor dem Generalstabsgebäude mußte ich den Zug durchschreiten. Zahlreiche Bewaffnete marschierten mit. Einige Lastautomobile mit Maschinengewehren standen an der Siegessäule. Höflich bat ich wiederholt darum, mich durchzulassen, denn ich hätte eine bringende Besorgung. Es wurde mir bereitwillig der Weg freigegeben. Wenn die Scharen entschlossene, zielklare Führer gehabt hätten, an Stelle von Schwadroneuren, hätten sie am Mittag dieses Tages Berlin in der Hand gehabt.

Ein Jahr später, als Ledebour sich rühmte, diese Revolution gemacht zu haben, schrieb höhnend das Kommunistenblatt „Die rote Fahne":

„Was am Montag in Berlin sich zeigte, war vielleicht die größte proletarische Massentat, die die Geschichte je gesehen hat. Wir glauben nicht, daß in Rußland Massendemonstrationen dieses Umfanges stattgefunden haben. Vom Roland zur Viktoria standen die Proletarier Kopf an Kopf. Bis weit hinein in den Tiergarten standen sie. Sie hatten ihre Waffen mitgebracht, sie ließen ihre roten Banner wehen. Sie waren bereit, alles zu tun, alles zu geben, das Leben selbst. Eine Armee von 200 000 Mann wie kein Ludendorff sie gesehen.

Und da geschah das Unerhörte. Die Massen standen von früh um 9 Uhr in Kälte und Nebel. Und irgendwo saßen die Führer und berieten. Der Nebel stieg, und die Massen standen weiter. Aber die Führer berieten. Der Mittag kam, und dazu die Kälte, der Hunger. Und die Führer berieten. Die Massen fieberten vor Erregung: sie wollten eine Tat, auch nur ein Wort, das ihre Erregung besänftigte. Doch keiner wußte, welches. Denn die Führer berieten. Der Nebel fiel wieder, und mit ihm die Dämmerung. Traurig gingen die Massen nach Hause: sie hatten Großes gewollt und nichts getan. Denn die Führer berieten. Im Marstall hatten sie beraten, dann gingen sie weiter ins Polizeipräsidium und berieten weiter. Draußen standen die Proletarier auf dem leeren Alexanderplatz, die Knarre in der Hand, mit leichten und schweren Maschinengewehren. Und drinnen berieten die Führer. Im Präsidium wurden die Geschütze klargemacht; Matrosen standen an jeder Ecke der Gänge, im Vorderzimmer ein Gewimmel, Soldaten, Matrosen, Proletarier. Und drinnen saßen die Führer und berieten. Sie saßen den ganzen Abend und saßen die ganze Nacht und berieten, sie saßen am nächsten Morgen, als der Tag graute, teils noch, teils wieder, und berieten. Und wieder zogen die Scharen in die Siegesallee, und noch saßen die Führer und berieten. Sie berieten, berieten, berieten.

Nein! Diese Massen waren nicht reif, die Gewalt zu übernehmen, sonst hätten sie aus eigenem Entschluß Männer an ihre Spitze gestellt, und die erste revolutionäre Tat wäre gewesen, die Führer im Polizeipräsidium aufhören zu machen zu beraten." -

Die Retter Berlins

Legendenbildung setzt bald bei geschichtlichen Ereignissen ein. Nachdem Oberst Reinhardt vom früheren 4. Garde-Regiment aus dem Heeresdienst entlassen worden war, ist er von den deutsch-nationalen Treibern immer wieder als „der Retter Berlins" bezeichnet worden. Durchaus zu Unrecht, trotzdem nicht bestritten werden darf, daß er sich Verdienste um die Wiederherstellung der Ordnung erworben hat. Kennen lernte ich Reinhard bei meiner ersten Anwesenheit in Berlin im Dezember 1918 im Kanzlerhaus. Er hatte seine Dienste angeboten, sollte die Berliner Kommandantur übernehmen, war aber von den Soldaten abgelehnt worden und begann dann eine Anzahl Leute, darunter die Unteroffiziere seines Regiments, in der Moabiter Kaserne um sich zu sammeln. Mit der Zeit hat er zwei Regimenter aufgestellt und als Brigade geführt. So mutig er als Soldat war, so groß war seine Unerfahrenheit in politischen Dingen. Der Einwirkung deutsch-nationaler Drahtzieher, die sich an ihn herandrängten, ist es zuzuschreiben, daß er sich in Ausdrücken über Regierungsmitglieder erging, die sein Verbleiben in einer Kommandostelle nicht zuließen.

Zur Rettung Berlins waren ganz andere Truppenmengen erforderlich, als die paar hundert Leute, über die der Oberst am 6. Januar höchstens verfügen konnte. Einen Teil davon hatte der Offiziersstellvertreter Suppe zusammengebracht und hielt damit das Reichskanzlerhaus während der kritischen Januarwoche. Er wurde von mir später mit anderen Unteroffizieren, die sich damals besonders bewährten, zum Offizier befördert.

In einem Zimmer des Generalstabsgebäudes fanden sich bei mir am Mittag dieses Januartages neben anderen Offizieren die Generalstabsmajore von Hammerstein und von Stockhausen ein, die von nun an monatelang meine pflichteifrigsten Mitarbeiter waren und sich außerordentlich verdient gemacht haben. Auf dem Platze vor dem Gebäude wogten die demonstrierenden Massen. Wenn sie Entschlossenheit gehabt hätten, das Haus zu nehmen, hätte es kaum mit einiger Aussicht auf Erfolg verteidigt werden können. Daß hier nicht unseres Bleibens sein konnte, war klar. Rasch wurde erörtert, ob im Augenblick militärisch etwas unternommen werden könnte. Es wäre möglich gewesen, einige hundert Mann bis an den Zoologischen Garten in Charlottenburg heranzuführen. Eine Verzettelung von Kräften lehnte ich aber ab und fand für den Vorschlag lebhafte Zustimmung, aus Berlin herauszugehen und erst dann zu handeln, wenn genügend starke Kräfte einen vollen Erfolg garantierten. Als Hauptquartier wurde das freiliegende, daher leicht zu verteidigende Luisenstift in Dahlem in Aussicht genommen, ein Pensionat für mehr als 12jährige Mädchen.

Nachmittags gegen 3 Uhr traf ich dort als erster ein und konnte nun selbst der würdigen Vorsteherin mitteilen, daß ihr Haus für militärische Zwecke gebraucht werde. Die Schülerinnen waren in den Ferien, unser Einzug konnte sofort beginnen. Eine Stunde später dröhnten die Betonwände von den stampfenden Schritten mit Nägel beschlagener Stiefel und dem Hämmern der Abteilung, die Telephonleitungen legte. Die Zimmer füllten sich mit geschäftigen Soldaten. In ein Klassenzimmer wurde mir ein kleiner Tisch gestellt, in die Ecke eines der schmalen Betten der Pensionäre, dicht dabei ein Telephon angebracht, und mein Hauptquartier war fertig. Gegen Abend schickte der Kriegsminister den Major von Gilsa zu meiner Unterstützung, der mir bis zum Ausscheiden aus dem Amte ein ebenso eifriger wie gewandter und treuer Mitarbeiter geblieben ist.

In der Nacht hat es nicht viel Schlaf gegeben, weil dringende Unterschriften zu leisten, mündliche und telephonische Meldungen entgegenzunehmen waren. Vom frühen Morgen des Dienstags an glich das Haus einem Ameisenhaufen. Ein Bureau nach dem andern wurde eingerichtet. Scharen von Freiwilligen kamen, um sich Truppenteilen zuweisen zu lassen; Gewehre brachten eine ganze Anzahl mit. Auf Lastautomobilen wurden Waffen herangefahren, Maschinengewehre bald darauf eingeschossen. Fuhrwerke aller Sorten wurden aus Kasernen und Depots

entführt und wuchsen zu einem Park an. Eine Funkenstation wurde auf
dem Felde in der Nähe des Hauses errichtet. Nach drei Tagen glich die
Gegend einem Kriegslager. Es wurde mit fabelhaftem Eifer und großer
Schnelligkeit gearbeitet. Einer der rührigsten Offiziere war der Hauptmann Pabst, Generalstabsoffizier der Garde-Kavallerie-Schützen-Division,
von der Generalleutnant von Hoffmann Restbestände nach Berlin herangeführt hatte, die nun rasch aufgefüllt wurden. Im Zossener Lager war
General Maercker mit den Landesjägern eingetroffen, die er im Sennelager
begonnen hatte zu formieren. In märkischen Dörfern lagen andere kleine
Truppenteile, Gerippe zu militärischen Verbänden, die nun Mannschaftszulauf erhielten; Studenten, Angestellte, Arbeiter eilten nach Dahlem
und zogen den Waffenrock wieder an. Von einer Formation fuhr ich zur
anderen, um in Ansprachen den Leuten klarzumachen, welche Aufgabe
ihrer harre.

Maercker und andere Offiziere hatten wegen der bringenden Hilferufe
aus dem Osten, wo die russischen roten Truppen den zurückflutenden deutschen Heeren auf dem Fuße folgten und die Polen deutsches Land an sich
rissen, versucht, Soldaten zusammenzuhalten. Dabei war allerdings auch
daran gedacht worden, daß die Regierung eines Tages zuverlässige Leute
brauchen könnte. In Kiel war inzwischen die Aufstellung einer Brigade
in Stärke von etwa 1600 Mann fertig geworden. Auch dort war gesagt
worden, die Truppe solle nach dem Osten geschickt werden. Nun beorderte
ich sie schleunigst in die Nähe Berlins. Die Abfahrt versuchten radikale
Elemente, die nach meinem Weggang lauter wurden, ohne Erfolg zu
stören. Als die Fahrtrichtung in Kiel bekannt geworden war, erhielt ich
Depeschen, die Brigade dürfe unter keinen Umständen gegen Berlin angesetzt werden, sondern sei sofort nach dem Osten an die Grenze weiterzuleiten. In der Nacht vom Donnerstag, den 9., auf Freitag, den 10. Januar bezogen die Kieler trotzdem in sechs märkischen Dörfern Quartier.
Am Freitag früh begrüßte ich sie in ihren Orten. Vorher fand eine Besprechung statt mit den wenigen Seeoffizieren, die bei der Brigade waren,
und den Kompanieführern, die sämtlich Deckoffiziere resp. Feldwebel
waren. Es galt, einige Unstimmigkeiten wegen der Offiziersfrage zu
schlichten.

Mir ist in den letzten Monaten heftig zum Vorwurf gemacht worden,
daß ich die Truppen in die Hand der alten Offiziere gegeben habe. Die
Kieler, die bis auf wenige Kapitulanten sämtlich Unteroffiziere und
Deckoffiziere waren, aber ohne Ausnahme den feldgrauen Mannschaftsrock trugen, forderten damals Offiziere von mir, da sie nur in erfahrenen
Führern einen Schutz vor unnötigen Verlusten sahen. An die Spitze

sämtlicher Kompanien traten Frontoffiziere, nur die Zugführer stellten die Leute aus den eigenen Reihen. Von den Protesten gegen ihre Verwendung gegen Berlin gab ich der Brigade Kenntnis. Die Leute brannten darauf, als erste nach Berlin zu kommen. Die Volksmarinedivision hatte es ihnen besonders angetan.

Nicht nur zu den Truppen hatte ich neben der Erledigung einer Unmenge von Arbeit zu fahren, sondern fast täglich wurde ich auch nach Berlin zu Besprechungen ins Kanzlerhaus berufen. Die Zustände in der Stadt waren unerträglich. Bewaffnete Banden beherrschten die Stadt. Im Wagen konnte ich nicht in die Wilhelmstraße fahren. Am Potsdamer Bahnhof, in der Budapester Straße, am Brandenburger Tor, am Wilhelmplatz knatterten Gewehre. Selbst wenn man sich an den Häusern entlang drückte, war man vor einer Kugel nicht sicher. Die Bevölkerung war mit Recht empört über solche Zustände. Die Zeitungen wurden von den Spartakusleuten weiter besetzt gehalten. Meine Regierungskollegen waren nicht viel besser daran als in einer Mausefalle. An geregeltes Arbeiten war bei der Schießerei in unmittelbarer Nähe nicht zu denken. In begreiflicher Ungeduld wurde ich jeden Tag gedrängt, schleunigst mit den vorhandenen Truppen einzurücken. Das lehnte ich ab, weil ich einen Mißerfolg für viel unerträglicher hielt als die Fortdauer der Unsicherheit in Berlin um einige Tage.

Die Unabhängigen schickten Unterhändler in die Reichskanzlei, damit ein Abkommen wegen der Freigabe der Zeitungen getroffen werde, die natürlich von der Regierung mit Konzessionen hätte erkauft werden müssen. Sie haben später mit Recht die Vermutung ausgesprochen, daß ich mich fortgesetzt auf das nachdrücklichste gegen ein Kompromiß ausgesprochen habe.

Mit beträchtlicher Sorge war bei der Besprechung der Lage in dem Dahlemer Hauptquartier der Verhältnisse in Spandau gedacht worden. Dort terrorisierten Maulhelden, die bis zur Revolution nicht gewagt hatten, sich irgendwie mausig zu machen, nun als die radikalsten die besonnenen Arbeiter der großen staatlichen Militärwerkstätten. Das Rathaus hatten Leute dieses Schlages besetzt. Bei dem Marsch auf Berlin bestand die Gefahr einer Bedrohung der linken Flanke durch Spandauer Scharen. Eines Tages erschienen in Dahlem bei mir ein Offizierstellvertreter und ein paar andere Männer aus Spandau, um mir die dortigen Verhältnisse zu schildern. Es wurde gesagt, wenn man schießen dürfe, wären so viele Leute aufzubringen, wie erforderlich seien, um das Rathaus zu entsetzen und den Terror zu brechen. Darauf befahl ich den Angriff, der am nächsten Morgen erfolgte und zu einem vollen Erfolge führte. Bald darauf erschienen die Spandauer Radikalen bei mir, um zu geloben, daß sie Maß halten würden. Bei dem Angriff auf das Rathaus sind einige Menschenleben vernichtet worden. Einige Verhaftete, die nach Berlin ins Gefängnis übergeführt werden sollten, wurden erschossen, weil sie nach Angabe der Begleitmannschaft einen Fluchtversuch machten. Ein Beweis vom Gegenteil ist nicht erbracht worden.

Ein Angriff von Spandau aus bei dem Einmarsch in Berlin war nicht mehr zu befürchten. Es war in den westlichen Vororten nur noch für Rückendeckung zu sorgen. Sie wurde durch die schleunige Bildung von Einwohnerwehren geschaffen, die nach dem Abmarsch der Truppen für Ruhe und Ordnung am Orte zu sorgen hatten. Der Eintritt stand den Sozialdemokraten nicht nur frei, sondern war sogar dringend erwünscht. Unabhängigen habe ich selbstverständlich kein Gewehr aushändigen lassen. Leider haben sich vielfach meine Parteigenossen nicht zum Eintritt in die Einwohnerwehren entschließen können. Hinterher haben sie die bittersten Klagen erhoben, daß in den Wehren das bürgerliche Element überwiege. Für ihre eigenen Unterlassungssünden machten sie in ungerechter Weise den preußischen Minister des Innern, Heine, und mich verantwortlich.

Am Freitag, dem 10. Januar, wurde ich wieder zu einer Kabinettsitzung nach Berlin berufen. Die Ungeduld war in der Reichskanzlei aufs höchste gestiegen. Man nahm die ungünstigste Entwicklung der Dinge als wahrscheinlich an, wenn ich nicht am nächsten Tage mit Truppen käme. Kein Einwand dagegen wurde als stichhaltig angesehen. Schließlich erklärte ich mich bereit, während der Nacht eine Anzahl Formationen, darunter als Kerntruppe die Kieler Brigade, zum Marsch antreten zu lassen. Die Befehle dazu gingen sofort hinaus. Inzwischen waren auch einige Berliner Formationen und ein Potsdamer Regiment verwendungsbereit geworden. In der Nacht vom Freitag zum Sonnabend, dem 11. Januar, wurde das Vorwärtsgebäude gestürmt.

Am Sonnabend vormittag, es war ein übler Regentag, setzte ich mich neben dem Kommandeur, Oberst Deetjen, an der Spitze von rund 3000 Mann zu Fuß nach Berlin hinein in Marsch. Kein Mensch konnte wissen, wie die Sache ausgehen würde. Ein böser Straßenkampf war nicht ausgeschlossen. Der Weg ging durch die Potsdamer Straße, wo bald lauter Jubel ertönte, als der Charakter der Truppe erkannt wurde, die Leipziger Straße, durch die Wilhelmstraße und den Tiergarten wieder nach den Vororten. Den Teilnehmern, denen eine große Marschleistung zugemutet wurde, ließ ich eine Extrazulage zahlen. Der Alpdruck, der eine Woche lang auf Berlin gelastet hatte, wich.

Der Montag galt noch militärischen Vorbereitungen. Dienstag früh besetzte die Marinebrigade den Stadtteil Moabit. Am Mittwoch, dem 15. wurden weitere Teile von Berlin besetzt. Am Sonntag, dem 19. fand die Wahl zur Nationalversammlung statt. Am Vormittag durchfuhr ich große Teile des Nordens, Neukölln usw. Das Wahlgeschäft ging glatt vonstatten. Wohl standen an manchen Straßenkreuzungen Geschütze, Plätze wurden von Maschinengewehren beherrscht, Automobile voller Soldaten und Tanks patrouillierten, aber es fiel kein Schuß. Der Wahlsonntag ging ohne jeden Zwischenfall vorüber.

Die Sozialdemokratie erlebte bei den Wahlen eine Enttäuschung. Unabhängige und Mehrheitssozialdemokraten hatten vielfach gegeneinander einen heftigeren Kampf geführt wie gegen die alten gemeinsamen bürgerlichen Gegner. Zudem hatten politische Torheit und Unvernunft in wirtschaftlichen Dingen eines Teiles des Proletariats viele Wähler, die gefühlsmäßig im November der Sozialdemokratie sich zugewendet hatten, bedenklich gestimmt. Die vielfach erwartete Mehrheit in der Nationalversammlung erlangten die Sozialdemokraten nicht. Damit war die zwingende Notwendigkeit der Koalition mit Demokraten und Zentrum zum Zweck der Regierungsbildung gegeben.

Liebknechts Tod

Die Genugtuung des Kabinetts über die beinahe reibungslos erfolgte Besetzung Berlins erfuhr am Donnerstag, dem 16. Januar, eine sehr starke Beeinträchtigung durch die Kunde von der Tötung Karl Liebknechts und Rosa Luxemburgs. Als ich vormittags ins Kanzlerhaus kam, fand ich den Unterstaatssekretär Baake und meinen Kollegen Landsberg ganz verstört vor. Beide waren der Ansicht, das sei überhaupt nicht zu überstehen. Sehr viel kühler habe ich die Lage beurteilt. Die Art, wie die beiden Führer der Spartakisten ums Leben gekommen waren, war gewiß erschütternd. Wegen der Tat war zudem ein Höchstmaß von Agitation und Aufreizung durch die eben geduckten Unabhängigen und Spartakusleute zu erwarten. Endlich wurde die Erregung der Gemüter durch einen Teil der bürgerlichen Presse gesteigert, die mit sensationeller Mache über die Tat am Edenhotel berichtete.

Zu erklären ist der Mord an Rosa Luxemburg und die Tötung Liebknechts nur aus der wahnwitzig erregten Stimmung jener Tage in Berlin. Wie ein Ruheloser war Liebknecht ein paar Wochen lang in der Stadt herumgerast. Er und Frau Luxemburg waren Hauptschuldige daran, daß die unblutig begonnene Umwälzung zum Bürgerkrieg mit allen seinen Scheußlichkeiten ausartete. In Angst und Schrecken hatten in den ersten beiden Januarwochen Hunderttausende in Berlin gelebt. Das Leben hatte bei den Januarkämpfen eine ganze Anzahl Menschen verloren. Wahrheit ist, daß in jenen Schreckenstagen Tausende die Frage aufgeworfen hatten, ob denn niemand die Unruhestifter unschädlich mache. Von denen, die so frugen, hätte keiner die Tat begangen. Als sie grauenerregend geschehen war, gewann das Mitgefühl mit den Toten wieder die Oberhand. Jeden Mord verabscheue ich. Über den Tod Liebknechts und Luxemburgs haben sich aber diejenigen zu Unrecht am lautesten entrüstet, die bei nicht weniger bösen Fällen eine heitere Gemütsruhe an den Tag legten.

Mord bleibt Mord! Unabhängige und Spartakisten, die verbrecherisch immer wieder Menschenleben aufs Spiel setzten, schäumten vor Entrüstung und Schmerz nur, wenn Leute ihrer Gesinnung von der Revolution verzehrt wurden. Oberstleutnant Klüber wurde in Halle am 2. März in bestialischer Weise hingemordet. Als gegen die Mörder abgeurteilt wurde, berichtete das Berliner Blatt der Unabhängigen mit keinem Wort über die Gerichtsverhandlung. Hinterher log es den in Unwissenheit gehaltenen Lesern vor, den Tätern sei gar nichts nachgewiesen und das Urteil gegen sie ein gemeines Klassenurteil. Den Mord erklärte das Blatt damit, die Provokationen der tags zuvor in Halle eingerückten „Nosketruppen" habe die Volkswut zur Siedehitze gesteigert und so die furchtbare Tat veranlaßt.

Wenn von einem Mord an Liebknecht gesprochen wird, für den keineswegs ein Beweis erbracht worden ist, so lassen sich dafür aber in noch höherem Maße als Erklärung maßlose Empörung und Hypnose anführen.

Das Urteil in dem Prozeß wegen der Tötung Liebknechts und Rosa Luxemburgs habe ich als Oberbefehlshaber in den Marken bestätigt, nachdem die ersten Autoritäten der zivilen und der Militär-Gerichtsbarkeit Gutachten erstattet hatten, daß bei einer Wiederholung der Beweisaufnahme eine härtere Strafe für keinen der Angeklagten zu erwarten wäre.

Junge Soldaten und Deserteure

In den Kasernen hausten beim Eintritt des Waffenstillstandes neben Landsturmleuten der älteren und ältesten Jahrgänge auch die jüngsten Wehrpflichtigen. Bei der Demobilisierung sollten die Jahrgänge im allgemeinen der Reihe nach entlassen werden. Schon in Kiel hatte ich die

Beobachtung machen können, daß die ganz jungen Leute, die wenig oder gar keine militärische Ausbildung hatten, das unbotmäßigste Element waren. In Berlin trat das noch schärfer in die Erscheinung, Versammlungen der jungen Soldaten fanden statt. Deputationen von jungen Burschen kamen zu mir und redeten mit einer Frechheit, die man erlebt haben muß, um sie für möglich zu halten, die sofortige Entlassung fordernd. Bei Demonstrationen bildeten die jungen Soldaten eine besondere Abteilung. Es wurde deshalb beschlossen, sie vor allen anderen Jahrgängen wegzuschicken, weil nicht daran zu denken war, sie in eine ordentliche militärische Erziehung nehmen zu können.

Wie viele Deserteure in Berlin waren, ist schwer zu schätzen. Es sind mir riesige Ziffern genannt worden. Klein war die Zahl sicher nicht. Im Dezember hatte sich ein Rat der Deserteure gebildet, der im Abgeordnetenhaus Quartier aufschlug und ein Bureau einrichtete. Ob das mit Zustimmung oder gar auf Veranlassung des Berliner Vollzugsrates geschehen ist, der das Haus mit Beschlag belegt hatte, wird nicht mehr festzustellen sein. Der Rat der Deserteure erschien wiederholt in der Reichskanzlei, um weitgehende Forderungen für die von ihm vertretenen Leute zu stellen. Man hielt ihn hin. Bald wurde er aber zudringlicher. Einige Tage, nachdem ich meine Tätigkeit begonnen hatte, erschienen drei uniformierte Herren mit großer roter Kokarde und stellten sich als Rat der Deserteure vor. Nun seien sie, so wurde mir bedeutet, lange genug an der Nase herumgeführt worden. Erstattung der Kosten für die Einrichtung ihres Bureaus forderten sie, 25 Mark Tagegelder für jedes Mitglied des Rates, Bezahlung von Hilfskräften, Entlassungsgeld und Entlassungsanzug für jeden Deserteur. Hinzugefügt wurde, das seien Mindestforderungen; manche Kameraden träten für Nachzahlung der Löhnung vom Tage der Desertierung ein. Rasch habe sich die Regierung jetzt zu entscheiden, denn, fügte der Sprecher hinzu: „Wir sind eine Macht!"

Für den Augenblick mußte ich mir eingestehen, daß der Mann nicht ganz unrecht hatte. Jedenfalls hatte ich keine Macht, die mir gestattet hätte, mit den Deserteuren aufzuräumen, die ich in stattlicher Zahl in einem der Demonstrationszüge als geschlossene Abteilung hatte aufmarschieren sehen. Also machte ich gute Miene zum bösen Spiele, erwiderte, diese Fragen kämen überraschend an mich heran und müßten wegen ihrer finanziellen Tragweite gründlich überlegt werden, aber in einigen Tagen würde ich bindende Antwort geben. In drei Tagen wollte der Rat wieder vorsprechen. Er mußte sich etwas länger gedulden, weil ich am 6. Januar vorübergehend Berlin verließ. Bald nach meiner Rückkehr fanden sie sich wieder ein. Diesmal konnte ich kurzen Prozeß mit ihnen machen. Rundheraus eröffnete ich ihnen, daß Desertieren schändlich sei, daß nicht ein Pfennig gezahlt werde; Deserteure, die sich noch länger in Berlin herumdrückten, ohne schleunigst ihre Entlassungspapiere in Ordnung zu bringen, würden festgenommen werden, denn jetzt sei ich eine Macht. Als Massenerscheinung oder als organisierte Gruppe sind die Deserteure danach nicht mehr in die Erscheinung getreten. Der Vorsitzende ihres Rats wußte sich der veränderten Situation anzupassen. Ganz bescheiden erbot er sich, helfen zu wollen, daß die Deserteure von der Bildfläche verschwänden, wenn ihm die bisherigen baren Auslagen in Höhe von 1000 Mark ersetzt würden. Mit einem Handgeld, das aus privater Quelle stammte, ist er beglückt davongegangen.

Bremen

Nennenswerte Autorität hatte die Berliner Regierung der Volksbeauftragten im Reiche nicht. Jede Stadt hatte ihren Arbeiter- und Soldatenrat oder getrennt einen Arbeiterrat, der die Behörden beaufsichtigte, manchmal auch selber das Regiment ausübte, und, wenn Garnison vorhanden war, einen Soldatenrat, der die militärischen Dinge kontrollierte falls er nicht die Kommandogewalt an sich gerissen hatte. Die Kontrolle hatte, wenn sie vernünftig ausgeübt wurde, während der Übergangszeit bis zur Neuregelung der Verhältnisse einen Sinn. Vielfach ist von den Arbeiter- und Soldatenräten, die manchmal durchaus zu Unrecht in Bausch und Bogen verurteilt wurden, ganz Hervorragendes geleistet worden. In manchen Orten wurde aber eine nichtswürdige Gewaltherrschaft von einer Minderheit, die sich bewaffnet hatte, ausgeübt.

Die erste Stadt, gegen welche ein Einschreiten erforderlich wurde, war Bremen. Die eben erst errungenen politischen Freiheiten wurden dort gröblich verletzt. Die Unabhängigen raubten gleich nach der Revolution die Zeitung der Mehrheitssozialisten. Schärfste Eingriffe in die Preß- und Versammlungsfreiheit wurden verübt. Bürgerliche Blätter wurden mehrere Male vergewaltigt. Arbeiter wurden verschiedentlich gegen ihren Willen zum Streik gezwungen. Der Kassenbestand der sozialdemokratischen Partei wurde geraubt. Der Bank wurde ein Guthaben der „Bremer Bürgerzeitung" abgepreßt. Unter schändlichem Treubruch wurde das aus dem Felde heimkommende Bremer Regiment entwaffnet. Vor den Toren der Stadt war verhandelt und der Truppe ehrenvoller Einzug zugestanden worden. Als das Regiment den Kasernenhof betrat, wurde es von Spartakisten mit Maschinengewehren empfangen und mußte die Waffen niederlegen. Auf der Weserwerft wurden Betriebsbeamte derartig eingesperrt, daß sie bei einem in Aussicht stehenden Kampfe hilflos den Geschossen ausgesetzt waren. Die Bremer Banken waren wiederholt bedroht. Der Belagerungszustand wurde verhängt und Todesstrafe angedroht.

Ein Hilferuf der geängstigten Bevölkerung nach dem anderen gelangte zur Regierung. Die absolute Unsicherheit der Bremer Verhältnisse war geeignet, die Lebensmittelzufuhr nach Deutschland ernstlich zu beeinträchtigen. Vorstellungen bei den Bremer Radikalen fruchteten nicht. Es blieb nichts anderes übrig, als unter Androhung von Waffengewalt Ordnung zu schaffen. Das Detachement Gerstenberg, dem die Kieler Marinebrigade zugeteilt war, wurde gegen Bremen vorgeschickt. Da mischten sich die Hamburger Sozialdemokraten und der Soldatenrat des IX. A.-K. in Altona ein, bei dem ein Mann namens Pohl sich wie größenwahnsinnig gebärdete. Der Soldatenrat ließ uns erklären:

„Die Delegierten des Korpsdelegiertentages der Soldatenräte IX. A.-K. protestieren mit aller Schärfe gegen die Entsendung von Truppen in den Bereich des IX. A.-K.

Die Soldatenräte sind entschlossen, mit allen Mitteln für die Ordnung selbst einzustehen.

Wir sehen in dem beabsichtigten Schritt der Regierung eine Kriegserklärung an das IX. A.-K. und sind bereit, die letzten Konsequenzen daraus zu ziehen. Die Soldatenräte des IX. A.-K. sind entschlossen, die revolutionären Errungenschaften gegen jeden Eingriff zu verteidigen, und sind überzeugt, die überwiegende Mehrheit der Soldatenräte Deutschlands hinter sich zu haben.

Wir verlangen, daß die in den Bereich des IX. A.-K. entsandten Truppen sofort zurückgezogen werden."

Der Soldatenrat meinte, Bremen gehöre zum Korpsbezirk, in dem der Soldatenrat die Kommandogewalt ausübe. Also hänge eine militärische Aktion von seiner Zustimmung ab. Als ich eine solche Anmaßung zurückwies und die Vorbereitungen zum Angriff auf Bremen fortsetzen ließ, wurde von Hamburg aus gedroht, dann werde man dort mobil machen und Bremen entsetzen.

Auf einem Kongreß der Korpssoldatenräte, der in den ersten Februartagen stattfand, bramarbasierte ein Mann namens Ewers-Hamburg wie folgt:

„In Hamburg seien 40 000 Arbeiter bewaffnet worden. Wenn die Division Gerstenberg in Hamburg etwa einziehen wolle, so sei Vorsorge getroffen, daß beim ersten Kanonenschuß alle Lebensmittelschiffe in die Luft fliegen und alle Brücken gesprengt werden. Die Arbeiter seien in Regimenter und Bataillone eingeteilt. Man habe die jungen Jahrgänge entlassen und die älteren zurückbehalten. Im Bereich des IX. A.-K. ständen dem Korpssoldatenrat etwa 100 000 Mann zur Verfügung."

In Cuxhaven wurde durch ein Flugblatt folgenden Inhalts zur Mobilmachung für den Marsch nach Bremen aufgefordert.

„Soldaten, Arbeiter, Hüter der Volksrechte! Soldaten, ein bringender Ruf geht an Euch:

Rettet, schützet die Freiheit, die Rechte des Volkes!

Die Reaktion hat zu einem entscheidenden Schlage ausgeholt, um alle Errungenschaften der Revolution niederzuschlagen.

Ihr sollt wieder unter die alte, von Euch so schmählich empfundene Offiziersherrschaft gezwungen werden. Wollt Ihr wieder unter die Fuchtel der blinden Unterwürfigkeit Euch beugen?

Die Stunde drängt! Die Kapitalisten und die Offiziere haben ihre schandbaren Pläne enthüllt:

Die Soldaten- und Arbeiterräte sollen abgeschafft werden!

Hat man Euch dieser Revolutionserrungenschaften beraubt, dann seid Ihr dem alten System der absoluten Offiziersgewalt vollständig wieder ausgeliefert!

Der Kampf gegen Bremen soll die Entscheidung, soll die vollständige Niederlage der Arbeiterschaft und der vom Militarismus befreiten Soldaten besiegeln. So haben die reaktionären Gewalten des Kapitals und der Militärautokratie beschlossen. Darum hat man ein starkes militärisches Aufgebot von Offizieren und Söldnern, von Weißgardisten aufgeboten.

Fällt Bremen, dann will man die Soldatenräte der Reihe nach in allen Städten und Orten an der Wasserkante, im ganzen Reiche abwürgen.

Starke Hilfstruppen aus dem ganzen Bereich des IX. A.-K. befinden sich bereits auf dem Marsche nach Bremen. Weitere Kampftruppen aus Soldaten und Arbeitern werden gebildet. Stürmisch verlangten 30 000 Werftarbeiter Bewaffnung! Der Soldatenrat hat selbst die Bewaffnung beschlossen. Ein kampfbegeistertes, gut ausgerüstetes Heer von entschlossenen Revolutionären wird in ganz kurzer Zeit bereitstehen und losstürmen zur Niederwerfung der weißgardistischen Söldnertruppen unter konterrevolutionärem Befehl.

Nieder mit der Knechtschaft unter Kapitalistenherrschaft und Militärdiktatur!   Der Soldatenrat Cuxhaven.
                                                          J. A. gez. Schütte."

In Cuxhaven hatte der Soldatenrat ein bürgerliches Blatt für seine Zwecke beschlagnahmt. Es mußte unter dem Namen „Die neue Zeit" erscheinen, führte den Untertitel „Amtliches Organ des Cuxhavener Arbeiter- und Soldatenrats" und als Motto die Worte:

„Freiheit, Wahrheit, Recht!"

Darin wurden am 5. Februar folgende Berichte gebracht:

Bremen, 3. Februar 1919. Es ist doch zu Zusammenstößen gekommen. Die Regierungstruppen verhalten sich — weichend. Eine Anzahl von ihnen wurde gefangen, andere liefen über. Waffen, Munition und Bagage gaben die Regierungstruppen an Verteidiger Bremens ab. Genosse Liby leitete die Aktion.

Bremerhaven, 4. Februar. Der Soldaten- und Arbeiterrat hat ein stattliches Hilfskorps, aus Soldaten und Arbeitern bestehend, mit Munition und Waffen gut versorgt, in Bremen einmarschieren lassen.

Kiel, 3. Februar. Von hier aus ist eine überraschend große Truppe Freiwilliger nach Bremen zum Entsatz der Belagerer aufgebrochen.

Hamburg, 4. Februar. Das IX. A.-K. hat gestern eine Hilfstruppe für Bremen in Marsch gesetzt; ein stärkeres Aufgebot folgt heute noch.

Düsseldorf, 4. Februar. Die Hartnäckigkeit der Regierung, ihre Rücksichtslosigkeit als Vertreterin kapitalistischer Interessen, der klar erkennbare Wille, das Rätesystem zu vernichten, hat den Bogen zum Zerspringen gespannt. Die Regierung trägt eine furchtbare Verantwortung. Läßt sie die Weißgardisten gegen das Bremer Proletariat los, dann hat sie verspielt. Das revolutionäre Proletariat des Industriegebiets hat den Beschluß gefaßt, mit einem Schlage den Kapitalismus Deutschlands zu vernichten, es will alle Kohlengruben unter Wasser setzen, falls die Regierung ihren verbrecherischen Plan durchführen will.

Am Sonntag den 2. Februar kam von Hamburg die Mitteilung, in einem Sonderzug sei eine Deputation des Arbeiter- und des Soldatenrates abgefahren, um einen letzten Versuch zu machen, die Regierung von dem Angriff auf Bremen abzuhalten. Die Besprechung fand gegen Abend in der Reichskanzlei statt. Die Hamburger und Altonaer schilderten in den stärksten Tönen, was sie alles tun würden, wenn die Regierung nicht zurückweiche. Man werde im IX. Korpsbezirk 50 000 Mann aufbieten, furchtbares Blutvergießen werde erfolgen und so fort. Schließlich zogen sie sich auf den Vorschlag zurück, die Bremer sollten ihre Waffen unter die Kontrolle des Korpssoldatenrates von Altona stellen.

Als die vier anwesenden Regierungsmitglieder sich zu einer Besprechung zurückzogen, wurde mir eine Depesche des Inhalts überreicht, falls die Expedition gegen Bremen nicht abgebrochen werde, würden am nächsten Tage 150 000 Bergarbeiter in den Streik treten. Das Telegramm steckte ich in die Tasche. Bei unserer Überlegung kamen wir zu dem Resultat, wenn Bremen nicht in Ordnung gebracht werde, könne die Regierung sich als erledigt betrachten, weil niemand sie respektiere. Also sei jedes Risiko zu übernehmen. Alle Hamburger Vorschläge wurden abgelehnt. Wir aber forderten:

„Der Bremer Rat der Volksbeauftragten tritt sofort zurück. Es ist im Laufe des Montag eine neue Bremer Regierung zu bilden auf Grund des Stimmenverhältnisses bei den Nationalwahlen. Ablieferung der Waffen hat sofort an die neugebildete Regierung zu erfolgen, die sie der Division Gerstenberg überliefert. Sind die Bedingungen einwandfrei erfüllt, wird die Division Gerstenberg Bremen nicht besetzen."

Nach den unheilvollsten Ankündigungen gingen die Hamburger und Altonaer ab.

Die Bremer Volksbeauftragten schlugen am nächsten Tage vor:

1. Rücktritt der jetzigen Bremischen Regierung und Bildung einer neuen Regierung, die paritätisch zusammengesetzt ist unter Mitwirkung aller sozialistischen Parteien nach dem Verhältnis der abgegebenen Stimmen zur Wahl der Arbeiter- und Soldatenräte.

2. Die bewaffneten Arbeiter erklären sich bereit, die Waffen abzugeben an die anrückenden Hamburger und Bremerhavener Truppen, die alsbald die Sicherung Bremens übernehmen und den Sicherheitsdienst organisieren. Die Division Gerstenberg verpflichtet sich, in ihren Stellungen zu verbleiben und den Einmarsch der Hamburger und Bremerhavener Truppen nicht zu verhindern. Nach dem Einmarsch dieser Truppen rückt die Division Gerstenberg ab."

Diesem Vorschlag hatten Vertreter der Soldatenräte von Hamburg und Bremerhaven zugestimmt. Gerstenberg hatte Befehl erhalten, jede weitere Verhandlung zu unterlassen und auf unverzüglicher Unterwerfung zu bestehen.

Die Gesinnungsfreunde der Bremer suchten uns einzuheizen. In Berlin versammelte Soldatenräte schickten mir folgendes Telegramm:

„Die versammelten Zentralräte von 21 Armeekorps legen dem Oberkommandierenden nahe, die Vermittelungsvorschläge, die der Soldatenrat des IX. Armeekorps gemacht hat, anzunehmen, andernfalls die Regierung für das kommende Blutvergießen voll verantwortlich gemacht wird."

Aus Leipzig erging an uns folgende Drohung:

„An die Reichsregierung Berlin!

Der Arbeiter- und Soldatenrat in Leipzig protestiert gegen die Gewaltmaßnahmen, die die Reichsregierung gegen die Bremer Revolutionäre unternommen hat, und gegen die Absicht, sie auch gegen andere Städte noch anzuwenden. Sie führt damit den Bürgerkrieg in Deutschland herbei und zeigt, daß sie nicht gewillt ist, die Errungenschaften der Revolution zu erhalten. Sie hat damit ihr Urteil über sich selbst gesprochen. Fünf Versammlungen am 3. Februar in Leipzig haben sich diesem Protest angeschlossen und versprochen, sich mit den Revolutionären in den anderen Städten solidarisch zu erklären.

Der Arbeiter- und Soldatenrat.
J. A. gez. Schroers."

Die Machtmittel des Hamburg-Altonaer Korpssoldatenrates hatte ich richtig eingeschätzt. Zwar erließ er einen Mobilmachungsbefehl, doch kamen nur einige Hundert Mann. Das Eisenbahnpersonal ließ den Zug unterwegs in der Heide stehen. Als dann ein Gewehr losging, wähnte die Heldenschar sich angegriffen, warf die Waffen weg und kehrte zu Fuß nach Hamburg zurück. Nach einem Kampftag wurde Bremen eingenommen. Der Hamburger Kommunist Dr. Laufenberg, der mit in Berlin gewesen war, nannte hinterher das Regiment seiner Bremer Gesinnungsgenossen ein Gemisch von Schwäche, Unfähigkeit, Dilettantismus und Putschismus übelster Art. Die Bremer Führer, von denen die Dinge auf die Spitze getrieben worden waren, benahmen sich, als es zum Kampfe kam, unglaublich feige. Sie flohen; als erster brachte sich der Bremer Abgeordnete Henke in Sicherheit. Hamburger Soldaten, ältere, erfahrene Leute, urteilten über das Verhalten der Bremer Führer auf Grund eigener Wahrnehmung in der abfälligsten Weise. Sie erklärten, es sei wirklich eigenartig, daß gerade Henke in den kritischsten Tagen von Bremen abwesend und nach Weimar gefahren war. Sie versicherten, unter den Bremer Führern der radikalen Richtung war kein Mensch, der eine Organisation aufbauen konnte, nicht einmal ein Kommando konnte man den Leuten anvertrauen. Aus Anlaß der Aktion gegen Bremen schrieb das Hamburger Echo:

„Das Bremer Ereignis ist für uns Sozialisten schwer zu tragen. Wir werden die Sorge um die Konsequenzen nicht los. Noch einige solcher

Siege wie in Berlin und Bremen, und das Offizierkorps und die bürgerlich-aristokratische Reaktion hat das, was sie braucht: ein mit neuem Selbst- und Kraftbewußtsein ausgerüstetes Instrument."

Das war nicht unzutreffend. Das Selbstbewußtsein der Offiziere erfuhr in jenen Tagen und den folgenden Monaten, als sie sahen, wie sie gebraucht wurden, eine kräftige Wiederbelebung. Wenn die Unabhängigen nicht von allen guten Geistern verlassen gewesen wären hätten sie Ruhe halten und die Kräfte des Proletariats zusammenzufassen helfen müssen.

Unmittelbar nach der Besetzung von Bremen sprach ich in der Nationalversammlung, provoziert durch den Redner der Unabhängigen, Haase, über die Aktion. Wie sehr der Regierung und mir daran gelegen war ohne Gewaltmaßnahmen auszukommen, beweist der Schluß meiner Rede vom 15. Februar der lautete:

„Meine Damen und Herren, es gibt noch manchen Bezirk im Reich, in dem es nicht so aussieht, wie gewünscht werden muß. Von der Masse des deutschen Volkes wird nach so viel Not und Schrecken, nach den gräßlichsten Blutopfern ein friedlicher Zustand im Innern ersehnt, ja, gebieterisch gefordert, und aus allen Teilen des Reiches wird die Regierung bestürmt, nicht zuletzt von Arbeitern und Arbeiterführern und Arbeiterorganisationen, dem Wirrwarr, der Unordnung und Gewalttätigkeit ein Ende zu machen. Wir haben den lebhaften Wunsch, daß das durch Verhandlungen und Mahnungen zu erreichen ist. Deshalb mahnen und bringen wir auch von dieser Stelle aus zur Einsicht und Vernunft. Deutschland kann nicht gesunden, kann sich nicht aus Elend und Not herausarbeiten, wenn der Wirrwarr in einem großen Teile des Landes andauert. Es ist nur eine ganz geringe Minderheit, die zum Bruderkampf hetzt. Wollen die Verblendeten oder Böswilligen nicht hören und sich dem Willen der großen Mehrheit des Volkes nicht fügen, so muß und soll ihnen mit aller Kraft entgegengetreten werden. Wir hoffen und haben das Vertrauen in den gesunden Sinn unseres Volkes, der nicht verlorengegangen ist, daß die Androhung weiterer Gewaltmaßregeln in Deutschland hoffentlich für alle Zeiten unterbleiben kann."

Unsere Hoffnungen sind in der schmählichsten Weise vernichtet worden!

Der Besetzung von Bremen folgte eine Expedition nach Bremerhaven, von wo Bewaffnete nach Bremen gefahren waren, und nach Cuxhaven, wo sich der Soldatenrat besonders rabiat benommen, u. a. einmal Cuxhaven als kommunistischen Freistaat proklamiert hatte. Die Führer flohen, Kämpfe fanden nicht statt.

IV
Nach Weimar

Die Frage, wo die Nationalversammlung tagen solle, ist häufig Gegenstand der Erörterung gewesen, nachdem sich die Verhältnisse in Berlin so unerfreulich gestaltet hatten. Schon für die Regierung war es unmöglich, sachgemäß und ruhig die Geschäfte zu führen. Sie stand dauernd unter dem Druck der Straße. Demonstranten durchzogen die Wilhelmstraße, eine Deputation nach der anderen wollte empfangen sein. In den kritischen Tagen ist besonders von Ebert ernsthaft erwogen worden, das Berliner Regierungsviertel zwar unter allen Umständen zu halten, den Sitz des Kabinetts aber nach außerhalb zu verlegen. Potsdam wurde auf sichere Unterkunftsmöglichkeit hin angesehen. Nach der Besetzung Berlins konnte darauf gerechnet werden, daß nun etwas ungestörteres Arbeiten möglich sein werde. Der Gedanke, aus Berlin herauszugehen, wurde deshalb für die Regierung aufgegeben.

Daß die Nationalversammlung in Berlin ungestört werde tagen können, war dagegen ganz ungewiß, trotz des erfolgten Truppenaufgebotes. Der Gedanke nach Weimar zu gehen, wurde immer ernster ventiliert. Scheidemann und Landsberg waren dagegen. Ebert ließ sich von der rein praktischen Erwägung leiten, daß man nicht gut monatelang die Volksvertretung vor dem Druck von Demonstrationen durch Gewehre schützen könne. Die Erinnerung daran, wie der erste Rätekongreß wiederholt Vergewaltigungsversuchen ausgesetzt wurde, war noch lebendig. Unterstaatssekretär Baake erging sich gern in Betrachtungen darüber, wie der alte Geist von Weimar wieder in Deutschland lebendig zu machen sei. Am Montag, dem 20. Januar, gab ich den Ausschlag für Weimar, in voller Klarheit über die großen Unbequemlichkeiten, die daraus entstehen mußten daß Volksvertretung und Regierung monatelang vom Sitz der Regierungsämter getrennt sein würden. Mein Grund war, daß mir Generale an dem Morgen eröffnet hatten, die agitatorische Bearbeitung der Soldaten durch Unabhängige und Spartakusleute sei derartig intensiv, daß sie für den Bestand der Truppen keine Garantie übernehmen könnten, wenn man längere Zeit in Berlin bleibe. Die Formationen müßten auf die Übungsplätze und auf die Dörfer zurück. Garantie, daß die Nationalversammlung in Berlin genügend geschützt werden würde, vermochte ich demnach nicht zu bieten. Danach blieb nichts weiter übrig, als nach Weimar zu gehen.

Der Beschluß ist durchaus richtig gewesen. Was man im März während der Kämpfe mit dem Parlament in Berlin hätte anfangen sollen, ist nicht auszudenken. Bestenfalls wären Angstbeschlüsse zustande gekommen. Bei reiflicher Überlegung finde ich sogar, daß es klug gewesen wäre, die Volksvertretung viel länger außerhalb Berlins zu belassen. Der Einfluß der nervös überreizten Großstadt ist kein günstiger, ja ist zur Zeit direkt gefährlich im allgemeinen Reichsinteresse.

Weimar war militärisch verhältnismäßig leicht zu schützen. Ängstliche Gemüter waren zwar nicht ganz ohne Sorge, weil in einer Anzahl thüringischer Städte zahlreiche unabhängige Stimmen abgegeben worden waren, besonders in Gotha und Halle. Den Auftrag, Weimar militärisch zu sichern, erhielt General Maercker. Verabredet wurde mit ihm, nach Weimar selbst wenig Truppen zu legen, dafür aber die Stadt in weitem Bogen zu zernieren. Als die Quartiermacher nach Weimar kamen, gab es einen schweren Konflikt. Der Soldatenrat von Weimar ließ die Leute entwaffnen und schickte mir nach Berlin ein Telegramm, man wolle in Thüringen keine landfremden Truppen haben. Meine Antwort war, daß schwerste Vergeltung geübt werde, falls noch ein Soldat angetastet oder behindert werde. Darauf unterblieben weitere Übergriffe.

Gleich nachdem wir im Schloß zu Weimar am Montag, dem 3. Februar, nachmittags Quartier gemacht hatten, war der Soldatenrat bei mir, dem sich Vertreter aus Eisenach und einigen anderen Orten angeschlossen hatten. Die Unterhaltung fing etwas gereizt an, weil die Soldatenräte sich als Herren von Thüringen fühlten. Das Selbstbewußtsein wurde geringer, als ich erklärte, noch sei nicht sicher, daß der Weimarer Soldatenrat wegen der Entwaffnung der Quartiermacher nicht noch heute festgesetzt und schwerer Bestrafung zugeführt werde. Einigen Eindruck machte auch die Mitteilung, daß ich um Weimar rund 7000 Mann hatte zusammenziehen lassen. Die Unterredung führte dazu, daß ich die feierliche Versicherung erhielt, niemand denke daran, etwas gegen die Nationalversammlung unternehmen zu wollen. Die alten Soldaten der Thüringer Garnisonen seien gekränkt, daß man ihnen nicht traue. Sie hätten Weimar genügend schützen können. Wir kamen überein, daß mit General Maercker verabredet werde, wie Truppen der benachbarten Städte zum Sicherungsdienst mit heranzuziehen seien. Das ist in der Folge in geringem Umfange geschehen. Der umfangreiche Schutz für Weimar erwies sich als unnötig. Die Freiwilligen bekamen leider in anderen Orten zu tun.

Blutsaat

Kein Mittel der Verhetzung, keine Lüge ist den gewissenlosen Menschen zu gemein gewesen, die anstatt das zertretene Deutschland aufrichten zu helfen, neues Elend über die Volksmassen brachten, weil sie die Revolution weiter vorantreiben wollten. Dabei waren sich wenigstens die leiblich gescheiten Führer der Unabhängigen darüber klar, daß es kein Mittel gab, die materiellen Wünsche des darbenden Volkes bald zu erfüllen. Trotzdem wurden die Massen, die unter schwerem Mangel litten, in skrupellosester Weise aufgepeitscht und in den Wahn versetzt, sie würden von der Regierung verraten und an die Kapitalisten verkauft. Das blöde Geschwätz dieser Art fand zahlreiche Gläubige, die völlig urteilslos, die Beute jedes Schandmaules wurden.

Am 5. Februar veröffentlichte die Zentrale der Kommunistischen Partei in der „Roten Fahne" einen Aufruf, in dem es hieß:

„Die Regierungstruppen sind in Bremen eingedrungen. Kein Zugeständnis hat geholfen. Die Bremer Arbeiterschaft ist bis an die Grenze des Möglichen gegangen. Sie hat dem Rücktritt der Volkskommissare zugestimmt, sie hat in die Abgabe der Waffen und Munition gewilligt.

Aber den Ebert-Scheidemann-Noske war es nicht genug. Sie wollen dem Proletariat den Fuß in den Nacken setzen. Tiefer als je soll es jetzt gebeugt werden. Mit Blut und Eisen wollen die Ebert-Scheidemann-Noske dem Kapitalismus den Triumph sichern.

Nie in der Geschichte der Klassenkämpfe aller Zeiten ist frivoler, brutaler, mit zynischerer Frechheit Blut vergossen worden als von den Ebert-Scheidemann in Bremen.

Die Gewalthaber glauben, sie könnten Euch in den Staub treten!

Schon beginnt planmäßig eine neue Hetze, die nur das Vorspiel sein soll für die Einführung des Belagerungszustandes.

Schon haben die Ebert-Scheidemann-Noske angekündigt, daß sie das Schandgesetz wieder einführen wollen.

Arbeiter, Proletarier heraus!

Versammelt Euch in den Betrieben! Nehmt Resolutionen an, die den Gewaltmenschen Euren Willen zeigen.

Wählt sofort neue Arbeiterräte!

Heraus mit den Ebert-Scheidemännern, mit den Bluthunden und ihren Vertretern aus den Arbeiterräten!

Arbeiterräte! Auf die Schanzen! Eure Existenz steht auf dem Spiele!

Versammelt Euch! Tretet der Gewalt und dem Terror entgegen!

Soldatenräte heraus! Rechnet ab mit den Mördern Euerer Brüder! Wählt neue Soldatenräte!

Heraus mit den Ebert-Scheidemännern, die Euch an die Offiziere verraten haben, aus den Soldatenräten.

Wir verlangen, daß auch der Berliner Arbeiterrat sofort sich versammle und Gericht halte über die Bluthunde!

Massenproteste gegen die Mörder! — Nieder mit Ebert-Scheidemann! Es lebe die soziale Revolution!"

Zwei Tage später folgte in demselben Blatt ein weiterer Aufruf:

„Der Verrat der Ebert-Scheidemann an dem Proletariat wird von Tag zu Tag offenkundiger. Das Blut, das sie in diesen Wochen vergossen haben, kommt über ihr schuldiges Haupt.

Das Proletariat erwacht. Es durchschaut die Lüge. Ihre eigenen irregeführten Anhänger fallen von den Verrätern ab.

Arbeiter! Parteigenossen! Tretet sofort zusammen in den Betrieben! Wählt sofort neue Arbeiterräte!

Kein Verräter, kein Anhänger von Ebert-Scheidemann darf in den Räten sitzen. Es klebt Arbeiterblut an ihren Händen. Alle Arbeiterräte müssen die örtliche Gewalt wieder anstreben, die ihnen seit dem 9. November gestohlen wurde.

Arbeiterräte, tretet provisorisch zusammen, vereinigt Euch nach zusammenhängenden Wirtschaftsgebieten! Nehmt die Leitung der Bewegung in die Hand.

Tretet sofort für das Reich zusammen! Der Zentralrat hat Euch an die Nationalversammlung verraten: Schafft eine neue Zentralinstanz.

Die Ebert-Scheidemann wollten Euch in Staub drücken, sie wollten die Nationalversammlung als Stein aufs Grab der Revolution setzen.

Mit doppelter Kraft erhebt Ihr Euch! Die proletarische Revolution muß siegen.

Nieder mit der Nationalversammlung!

Alle Macht den Arbeiter- und Soldatenräten!"

In Berlin wurden Soldaten von demonstrierenden Arbeitslosen angegriffen. Bei der Abwehr mußte leider geschossen werden. Das gab am 9. Februar für die „Rote Fahne" zu folgendem Erguß Anlaß:

„Noskes Blutbad unter Arbeitslosen.

Wehrlose, unbewaffnete Arbeitslose werden von Truppen Noskes überfallen und niedergemacht. Arbeitslose! Ihr hungernden Proletarier! Ihr seid eine stumme Anklage gegen den Kapitalismus! Anklagen kann der Kapitalismus nicht vertragen. Drum zwingt er seine Henkerknechte, die Ebert-Scheidemann, Euch zu Paaren zu treiben. Die Ebert-Scheidemann haben Euch die Unterstützung entzogen. Die Ebert-Scheidemann schwingen die Sklavenpeitsche des Arbeitszwanges über Euch. Die Ebert-Scheidemann wollen Euch die Lebensmittel verkürzen. Sie wollen Euch langsam verhungern lassen.

Und weil der Hungertod nicht schnell genug arbeitet, um Euch zu beseitigen, helfen die Maschinengewehre nach. Mit Eurem Tod will der Kapitalismus, will die Regierung Ebert-Scheidemann sich das Leben erkaufen. Arbeiter in den Betrieben! Arbeitslose in den Straßen! Genossen! Die Bluthunde Ebert-Noske glauben, sie könnten sich alles erlauben. Sie werden sich täuschen! Die Arbeiterschaft darf, sie kann diesen Überfall nicht schweigend hinnehmen. Ihr Soldaten von den Regierungstruppen! Seht Ihr, wozu man Euch mißbraucht? Wollt Ihr weiter auf Eure wehrlosen Brüder schießen? Bedenkt: Macht Ihr Eure Brüder heute zu Knechten — morgen werdet Ihr dieselben Knechte sein. Nieder mit den mordenden Offizieren! Nieder mit den Bluthunden Ebert-Scheidemann-Noske!

Alle Macht den Arbeiter- und Soldatenräten!"

Solchen Glanzleistungen der Spartakusleute konnten die Unabhängigen nicht ruhig zusehen. Ihre Blätter im Lande wetteiferten mit denen der Kommunisten in verlogenster Hetzerei. Am 11. Februar erschien die Parteileitung und die Fraktion der Unabhängigen in der Nationalversammlung mit einem Aufruf auf dem Plan, in dem gegen die Koalitionsregierung geschürt und für die Beibehaltung der Arbeiter- und Soldatenräte Stimmung gemacht wurde. Die politische und wirtschaftliche Lage im Reiche wurde wie folgt dargestellt:

„In der Novemberrevolution 1918 haben die Arbeiter und Soldaten sich der Staatsgewalt bemächtigt, um die sozialistische Gesellschaftsordnung herbeizuführen. Jetzt, drei Monate später, sind wir von diesem Ziele weiter entfernt als damals. Wachsende Empörung ergreift daher das Proletariat.

Diese Verfälschung der Revolution ist nur möglich geworden, weil die Führer der Rechtssozialisten niemals den Mut zu einer sozialistischen Politik besessen haben. Sie haben der werdenden Revolution bis zum letzten Tage Widerstand geleistet. Als der Zusammenbruch des Alten nicht mehr aufzuhalten war und sie selbst zu begraben drohte, sprangen sie behend beiseite und schlossen sich der revolutionären Bewegung an. Aber sie führten und führen die Regierung in ständige Anlehnung an ihre bürgerlichen Freunde aus der Kriegszeit, von denen sie sich mit jedem Tage mehr das Gesetz des politischen Handelns vorschreiben lassen. Während der ersten Epochen der Revolution haben die Vertreter der Unabhängigen Sozialdemokratie in der Regierung diese verderbliche Politik gehemmt, bis die Rechtssozialisten dem bürgerlich-militaristischen Einfluß völlig erlagen, und dadurch den Unabhängigen das weitere Zusammenarbeiten mit ihnen unmöglich wurde.

Die völlige Niederwerfung des Militarismus war das erste Gebot der Revolution; die Rechtssozialisten haben es preisgegeben. Die Forderung des Kongresses der Arbeiter- und Soldatenräte nach Abschaffung der alten Kommandogewalt und nach sofortigem Beginn der Sozialisierung, haben sie mißachtet. Wie die Regierenden im alten Staate, stützen sich die Ebert, Scheidemann, Noske, Landsberg in der ‚sozialistischen Volksrepublik' nur auf die Gewalt der Waffen. Gewalt war ihr einziges Mittel, streitende Arbeiter und revolutionäre Kämpfer zur Ruhe zu bringen. Im Namen von ‚Ordnung, Ruhe und Sicherheit' verweigerten sie Verhandlungen und gütlichen Ausgleich, bewaffneten sie Offiziere und Studenten, bewaffneten sie das Bürgertum gegen die Arbeiter und führten in Berlin und Bremen die schrecklichen Tage des Brudermordes herauf, den sie auch anderen Orten androhten.

Wie der Militarismus, so triumphiert wieder der Kapitalismus. Wer immer geglaubt hat, daß noch vor dem Zusammentritt der Nationalversammlung die Grundlagen für die Sozialisierung der Betriebe geschaffen würden, er ist bitter enttäuscht worden. Stärkung des Kapitalismus ist die Losung der Bourgeoisie, deren Diktat die rechtssozialistischen Führer auch hier gehorchen. Sie planen die Einführung des Arbeitszwanges unter Aufrechterhaltung des kapitalistischen Systems. Sie verdächtigen die Arbeiter, die durch Unterernährung, Überarbeit, Kriegsleiden körperlich geschwächt und erschöpft sind, der Trägheit und der Arbeitsscheu. Aber sie dulden es, daß Kapitalisten trotz vorhandener Bestellungen und Rohstoffe die Produktion einschränken."

In einer Anzahl von Städten wurde im Februar ein Flugblatt verbreitet, das folgende Sätze enthielt:

„Die Gegenrevolution dürstet nach Arbeiterblut.

Die Henkersknechte des Kapitals, die Ebert-Scheidemann-Noske, haben den weißen Schrecken proklamiert.

Die Revolution soll niedergeworfen, soll im Blute erstickt werden, damit die kapitalistische Ausbeutung weiterbestehen kann, damit die Arbeiterklasse zum versklavten Arbeitsvieh werde, damit Hunger und

Verelendung der Arbeiter die Orgien der kapitalistischen Schmarotzer sicherstellen.

Die Angst vor dem Kommunismus treibt die Ebert-Scheidemann-Noske zu verzweifelten Ausbrüchen des Wahnsinns.

Der Blutwahn treibt die Zuhälter des Kapitals, die Ebert-Scheidemann-Noske zu immer scheußlicheren Gewaltakten. Nachdem die Berliner Arbeiterschaft scheinbar niedergeschlagen, kam Bremen an die Reihe.

Nie wird die Regierung Ebert-Scheidemann-Noske die Blutschuld von ihren Händen abwaschen können. Unverwischbar ist ihr das Kainsmal des Brudermordes aufgedrückt. Das Gewalt- und Blutregiment muß gestürzt werden.

Entfacht im ganzen Lande einen Massensturm. Geht auf die Straßen.
Tretet in Streiks ein!
Treibt die Revolution vorwärts!
Nieder mit den Henkern der Arbeiterklasse!
Nieder mit Ebert-Scheidemann-Noske!
Nieder mit der Nationalversammlung!
Alle Macht den Arbeiter- und Soldatenräten!"

Die Wirkung dieser tollhäuslerischen Propaganda blieb nicht aus. Gewalttätigkeiten, Unruhen, Plünderungen kamen in einer Stadt nach der anderen vor.

Die maßlose Hetze gegen die freiwilligen Soldaten bewirkte, daß die Arbeiter schon empört waren, wenn irgendwo eine Truppe erschien.

In Gotha weigerten sich Teile des dortigen Bataillons einem Marschbefehl nachzukommen. Um dem Befehl Nachdruck zu verleihen, wurden Truppen nach Gotha geschickt. Sie wurden von den zur Partei der Unabhängigen gehörigen Arbeitern beschimpft und attackiert. Als darauf ein Mann verwundet wurde, gab es einen Generalstreik, der bis zum Abmarsch der Truppen dauern sollte. Um dieser Forderung mehr Nachdruck zu verleihen, drohten auch Erfurter Arbeiter mit dem Streik. General Maercker wurde in Erfurt auf der Straße angegriffen, am Kopf bedenklich verwundet und seiner Aktentasche beraubt. Von jetzt an wurde aber in keinem Falle wegen eines Streiks eine für erforderlich gehaltene Aktion eingestellt.

Im mitteldeutschen Kohlengebiet hetzten die Unabhängigen die Arbeiter der Braunkohlengruben in einen Generalstreik. Bei Halle wurde der Eisenbahnverkehr fast eine Woche lang unterbunden. In der Stadt Halle herrschte der Terror. General Maercker erhielt deshalb den Auftrag, dort die Autorität der Regierung wieder herzustellen. Die einziehenden

Truppen wurden angegriffen und es gab blutige Kämpfe. Oberstleutnant von Klüber wurde in bestialischer Weise ermordet, nachdem er mißhandelt und in die Saale geworfen worden war. Solche und ähnliche Mordtaten wurden von der Presse der Unabhängigen als Bagatelle behandelt. Vom Einzug der Regierungstruppen in Halle berichtet die „Leipziger Volkszeitung" ganz pomadig:

„Ein Auto mit zwei Offizieren wurde umgestürzt. Die Insassen, die berüchtigten Offiziere Hirsch und Schmidt vom Artillerieregiment wurden von der Menge gelyncht. Hirsch wurde in die Saale geworfen und ertränkt. Schmidt ist es später gelungen, zu entwischen."

Der Lynchmord wurde also wie eine Selbstverständlichkeit behandelt. Gingen erbitterte Soldaten bei der Abwehr über die Grenzen des Zulässigen hinaus, wurde wochenlang ein ungeheueres Geschrei gemacht, in das nicht selten Mehrheitssozialisten und Berliner Blätter einstimmten.

In Mitteldeutschland mußte in einem Ort nach dem anderen die Autorität der Regierung durch den Einmarsch von Truppen hergestellt werden.

Als im März 1919 auch in Mannheim von Anhängern der Unabhängigen und Kommunisten schwere Ausschreitungen verübt wurden, bat die badische Regierung um Hilfe. Ich konnte das eben für den Osten fertig gewordene Detachement Pfeffer senden. Ende März schrieb mir der badische Ministerpräsident:

„Euer Hochwohlgeboren hat durch die Zurverfügungstellung von Truppen zur Wiederherstellung der Ordnung in Mannheim dem badischen Lande einen großen Dienst erwiesen. Nur auf die Mitwirkung dieser Truppen, deren tadellose Haltung ich mit Freuden anerkenne, ist es zurückzuführen, daß der Einmarsch des badischen Freiwilligen-Bataillons in Mannheim sich reibungslos vollziehen konnte. Im Namen des badischen Gesamtministeriums behre ich mich Euer Hochwohlgeboren zu bitten, den verbindlichsten Dank für die schnelle und tatkräftige Hilfe entgegennehmen zu wollen."

Unruhen und Gewalttätigkeiten waren auch in Magdeburg wiederholt vorgekommen. Am 8. April wurde der Minister Landsberg in Magdeburg gefangen genommen und von den Aufrührern verschleppt, aber noch am gleichen Tage wieder befreit. Darauf wurde die Stadt am 9. April von Truppen besetzt. Bei Magdeburg wurden zum ersten Male auf Booten Marineleute verwendet, die den Stamm des späteren Wasserschutzes auf der Elbe bildeten.

Die Zahl der Menschen, die infolge der Treiberei der Unabhängigen und Kommunisten den Tod fand, wird kaum festzustellen sein. Die Führer dieser Parteien haben eine ungeheure Blutschuld auf sich geladen.

Abbau der Soldatenräte

Als in den ersten Novembertagen die alte, behördliche Autorität über den Haufen geworfen worden war, haben die Arbeiter- und Soldatenräte, die sich nach russischem Muster bildeten, das Chaos verhütet. Manche waren bösartig, viele ungeschickt, die Mehrzahl hatte aber guten Willen. Der neuen Regierung konnten sie vorerst noch, wenn sie sich in dem zulässigen Rahmen gehalten hätten, eine wertvolle Unterstützung sein, bis die Nationalversammlung und andere neugewählte gesetzgebende Körperschaften ihnen die Verantwortung abnahmen. Mit einer solchen Regelung war auch die Mehrzahl der Mitglieder der Arbeiter- und Soldatenräte einverstanden. Der erste Kongreß hat in dem Sinne Beschlüsse gefaßt. Der von dieser Tagung gewählte Zentralrat, der die Volksbeauftragten kontrollieren sollte, erließ denn auch, als die Nationalversammlung zusammentrat, folgende Erklärung:

„In der Erwartung, daß die Nationalversammlung ihre volle Souveränität durchführt, legt der Zentralrat die ihm vom Reichskongreß der Arbeiter- und Soldatenräte übertragene Gewalt in die Hände der Deutschen Nationalversammlung und wünscht ihren Arbeiten jeglichen Erfolg zum Glück und zum Heil des gesamten deutschen Volkes und aller im neuen Deutschen Reich vereinigten deutschen Stämme."

Die Unabhängigen und noch mehr die Kommunisten aber plärrten damals wie noch heute das Sprüchlein her:

Alle Macht den Arbeiter- und Soldatenräten!

Der Zentralrat wurde von ihnen scharf angegriffen: „Mit dieser Erklärung krönt der Zentralrat sein Verräterwerk an den Arbeiter- und Soldatenräten.

Er verfügt aus eigener Machtvollkommenheit über die ihm übertragene Gewalt, um sie wegzuwerfen.

Er enthauptet die Arbeiter- und Soldatenräte, indem er sich in blauen Dunst auflöst.

Der Zentralrat hat damit sein Mandat verwirkt! Seine Beschlüsse und Erklärungen sind null und nichtig!

Es muß schleunigst ein neuer Kongreß der Arbeiter- und Soldatenräte einberufen werden, der einen neuen Zentralrat wählt."

Da besann sich der Zentralrat, daß er die preußische Regierung vorläufig noch zu kontrollieren habe. Einen zweiten Rätekongreß hat er auch noch einberufen. Als dann die preußische Landesversammlung gewählt war, blieb der Zentralrat als Spitze aller Arbeiterräte. Er soll noch jetzt existieren.

Die Soldatenräte hatten „kraft revolutionären Rechts" vielfach die militärische Kommandogewalt für sich beansprucht. Das bedeutete die Atomisierung der Militärmacht, so weit von einer solchen überhaupt noch gesprochen werden konnte. Der Soldatenrat jeder Formation konnte schließlich machen, was er wollte, d. h. so lange die Mannschaft es sich gefallen ließ. Der Berliner Zentralstelle, dem Kriegsministerium, wurde nur eine gewisse Beachtung geschenkt, weil es Geldanweisungen zurückhalten konnte. Eigenmächtige Geldabhebung bei Kassen und Banken ist doch nur in einer nicht gar zu großen Zahl von Fällen vorgekommen.

Absolut unerträglich war, daß zahlreiche Soldatenräte sich der Werbung von Freiwilligen für den Ostschutz und die heimischen Verbände widersetzten, die Ausrüstung und den Transport manchmal sogar gewaltsam zu verhindern suchten.

Unter dem Druck von zahlreichen improvisierten Militärdeputationen hatte der erste Rätekongreß im Dezember 1918 über Kommandogewalt und andere militärischen Dinge die sogenannten Hamburger Punkte beschlossen. Danach konnte man sich unmöglich richten. Die Machtbefugnisse der Soldatenräte mußten deshalb eine Einschränkung erfahren. Wie weit dabei auf den ersten Anlauf gegangen werden konnte, mußte sorgfältig überlegt werden.

Zu unterscheiden war zwischen den neuen Freiwilligenverbänden und dem abzubauenden alten Heer. Soweit die neuen Formationen überhaupt Soldatenräte statt Vertrauensleuten hatten, war ihnen doch von Anfang an keinerlei Einwirkung auf die Kommandogewalt zugestanden worden. Bei der vorläufigen Reichswehr hat es keine Soldatenräte mehr gegeben. Bei den alten Verbänden und Kommandostellen waren sie außerordentlich zahlreich. Ein Bataillon kannte ich, das ein Kollegium von 25 Soldatenratsmitgliedern hatte.

Wegen der Einschränkung der Machtbefugnisse der Soldatenräte war auch mit dem Zentralrat, dem eine Anzahl Vertreter der Soldaten angehörten, zu einer Verständigung zu gelangen. Das Produkt langer Besprechungen und Erwägung war der Erlaß vom 19. Januar 1919 über die vorläufige Regelung der Kommandogewalt und Stellung der Soldatenräte im Friedensheer. Er ordnete an:

„Die oberste Kommandogewalt hat die Regierung, vorerst die Volksbeauftragten, die Ausübung wird übertragen auf den Kriegsminister; bei den höheren Verbänden wie bei Truppen und sonstigen Formationen üben die Führer die Befehlsgewalt aus." Wesentlich war ferner die Bestimmung:

„Die Soldatenräte sind nicht befugt, Führer selbst abzusetzen oder auszuschalten."

Der Erlaß rief bei den Soldatenräten einen Sturm der Entrüstung hervor. Eine Flut von Verwünschungen und Protestresolutionen brach gegen mich los. Andererseits waren die Offiziere unzufrieden, weil die Soldatenräte den Betrieb noch immer bei mangelndem guten Willen wesentlich beeinträchtigen und Schwierigkeiten machen konnten.

Für die Stimmung mancher Soldatenräte seien einige Beispiele angeführt:

Die Soldatenräte des 3. Armeekorps beschäftigten sich mit der Verordnung über die Kommandogewalt. Über ihre Tagung veröffentlichten sie folgenden Bericht: „Von allen Seiten wurden schwerste Anklagen gegen Noske erhoben. Noske wurde als Ludendorff bezeichnet; man sollte ihm keine Gefolgschaft mehr leisten. Mit seiner Amtsführung habe er Verrat an der Revolution geübt. Ein Vertreter der Garnison Kottbus forderte zum Sturz der Regierung auf. Fast einstimmig wurde von den Rednern erklärt, daß die Verfügung über Regelung der Kommandogewalt eine Erdrosselung der Soldatenräte, des Fundaments der Revolution, bedeutete und nicht anerkannt werden würde. In einer Resolution wird das zum Ausdruck gebracht und aufgefordert, der Regierung jede Gefolgschaft zu versagen. Von verschiedenen Seiten wurde der Antrag gestellt, die in den Provinzartilleriedepots untergebrachten Waffen und Munition der Regierung nicht auszuliefern. Der Vorsitzende empfahl, nicht zu sprechen, sondern zu handeln."

Der General-Soldatenrat in Münster beschloß:

„Der General-Soldatenrat erkennt die Verfügung des Armee-Verordnungsblattes in bezug auf die Kommandogewalt und Stellung der Soldatenräte nicht an und gibt folgende Richtlinien heraus, deren strikte Durchführung den Bezirks-Soldatenräten zur Pflicht gemacht wird: Die Kommandogewalt im 7. Armeekorps liegt in den Händen des General-Soldatenrates. Die Verordnung der Regierung im Armee-Verordnungsblatt betr. Kommandogewalt findet vorläufig keine Anwendung. Bezüglich der Kommandogewalt steht der General-Soldatenrat auf dem Boden der Hamburger Punkte, deren Durchführung verlangt wird."

Ferner wurde beschlossen:

„Im Bereich des 7. Armeekorps darf kein Freiwilligenbataillon gebildet werden. Die Bezirks-Soldatenräte sind gehalten, alle Werbebureaus und jede Werbetätigkeit unter Umständen mit Zwangsmitteln zu unterbinden. Die Abreise von Freiwilligen ist zu verhindern."

Diesen Soldatenrat ließ ich, als er gemäß dem Beschlusse handeln wollte, absetzen; einige der rabiatesten Mitglieder wurden in Haft genommen. Die Folge war die Drohung mit einem Generalstreik in dem Bezirk.

Eine zirka 800 köpfige Soldatenversammlung der Garnison Hannover nahm mit allen gegen zwei Stimmen folgende Resolution an:

„Wir erheben schärfsten Protest gegen den Versuch, die kaum abgeschüttelte Sklaverei durch die Offiziere wieder einzuführen. Wir weigern uns, die konterrevolutionäre Neuregelung der Kommandogewalt anzuerkennen.

Wir verlangen die Einstellung der Freiwilligenwerbung. Wir fordern alle Garnisonen auf, ihren Widerstand mit dem unseren durch einen neuen Kongreß der Soldatenräte zu vereinen."

Solche und ähnliche Beschlüsse wurden mir zu vielen Dutzenden zugeschickt. Häufig wurde hinzugefügt, daß ich sofort mein Amt niederzulegen hätte.

Auf einer Tagung der Korps-Soldatenräte Anfang Februar, wo die Unabhängigen Däumig und Barth Referate hielten, wurde zum lebhaftesten Kampf gegen die Regierung aufgerufen. Einer der 53 von dem früheren großen Marinerat, Kirchhöfer, den ich von Kiel her kannte, wetterte, man müsse einen festen Willen zeigen und unter Umständen auch bereit sein, diesen Willen mit seinem Blute zu besiegeln.

Es wurde ein Antrag angenommen, der folgendermaßen lautete:

„Die Verordnung vom 19. Januar 1919 betreffend die Regelung der Kommandogewalt im Heere ist auf rechtsungültiger und revolutionsverfassungswidriger Grundlage erlassen worden. Die Anwendung der erlassenen Verordnung muß daher abgelehnt werden. Die Verordnung ist zwar technisch als Gesetz anzusehen, da die Gesetzgebungsgewalt dem Rat der Volksbeauftragten vom Reichskongreß der Arbeiter- und Soldatenräte übertragen war und der Rat der Volksbeauftragten sie als Gesetz verkündet hat. Materiell dagegen ist die Verordnung ungesetzlich."

Ein Teil der anwesenden Delegierten lehnte dieses Treiben ab. Die Vertreter des 8. Armeekorps erklärten sich mit dem Beschluß nicht einverstanden und verließen unter folgender Erklärung den Saal:

„Da der Kongreß der Zentral-Soldatenräte sich durch Annahme des Antrages Doebbecke außerhalb des Gesetzes gestellt hat, erklären die Vertreter des 8. Armeekorps, daß sie diesen Beschluß des Kongresses nicht anerkennen und nicht durchführen werden. Sie verlassen den Kongreß unter Protest gegen derartige Beschlüsse, die lediglich dazu angetan sind, Konflikte heraufzubeschwören und Ruhe und Ordnung aufs neue zugefährden."

Trotzdem das alte Heer rasch abbaute, versuchten diese Soldatenräte ihren Einfluß auszudehnen. Es wurde auf dieser Tagung beschlossen, daß ein Reichs-Soldatenrat zu bilden sei, der die Kommandogewalt paritätisch mit den anderen Kommandogewalten bei der Regierung ausübe. Er sei Mitbestimmungsorgan in allen militärischen Angelegenheiten und habe das Recht, alle militärischen Verfügungen gegenzuzeichnen, die erst dadurch Gesetzeskraft erhielten. Neun Mann von diesem Reichssoldatenrat sollten dauernd ihren Sitz im Kriegsministerium haben. Die etwa 30 Köpfe starke Körperschaft sollte mindestens alle zehn Tage am Sitz der Regierung zusammentreten.

Es hat bei dem frommen Wunsche sein Bewenden gehabt. Wenn ich mich recht erinnere, ist der Reichs-Soldatenrat gewählt worden, doch habe ich ihn nicht in Funktion treten lassen.

Dem Kongreß der Soldatenräte folgte unmittelbar ein Marinekongreß in Hamburg. Drei Tage lang saßen 175 Mann zusammen.

Kurz vorher hatte ich die Auflösung des Großen Marinerats, der sich auf 25 Mann verringert hatte, durch nachstehende Anweisung verfügt:

„Nachdem auf Grund des Beschlusses des Reichskongresses der Arbeiter- und Soldatenräte die Reichsregierung im Einvernehmen mit dem Zentralrat der deutschen Republik eine wesentliche Reduzierung des Zentralrats der Marine anordnete, wird folgendes bestimmt: Der Zentralrat der Marine in seiner bisherigen Form wird aufgelöst. Es ist umgehend in den Stationsbereichen ein Ausschuß zu wählen, der als beratender Ausschuß die Stelle des Zentralrats der Marine im Reichsmarineamt vertritt und sich wie folgt zusammensetzt: Ostseestationsbereich zwei Soldaten, Nordseestationsbereich zwei Soldaten, aus beiden Stationsbereichen zusammen ein Arbeiter und ein Angestellter. Die Wahl hat durch das gesamte Soldaten- bzw. Arbeiter- und Angestelltenpersonal, nicht durch die Arbeiter- und Soldatenräte, zu erfolgen. Die Soldatenvertreter auf jeder Station sollen mindestens einen Deckoffizier oder einen Unteroffizier umfassen. Der neue Ausschuß tritt sofort nach erfolgter Wahl in Berlin zusammen. Bis zu diesem Zeitpunkt versehen sechs Mitglieder des bisherigen Zentralrats die Funktionen des neuen Ausschusses."

Der Kongreß nahm einen Antrag einstimmig an, demzufolge der Zentralrat der Marine nach Berlin zurückkehren sollte. Lehne die Regierung ein Entgegenkommen auf die Entschließungen des Kongresses ab, und träten anderweitige Folgen nicht ein, so sollten sechs Mitglieder des Zentralrats in Hamburg die Verbindung mit den einzelnen Stationen aufrechterhalten, die übrigen sich ihren Stationen zur Verfügung stellen.

Da ich die Tagegelder für den Marinerat bis auf sechs Mann sperrte, was auf dem Kongreß bekannt gegeben wurde, und mir arge Beschimpfungen eintrug, hatte der Beschluß gar keine Folgen. Auch Kirchhöfer hat nicht geblutet, wie er bei den Soldaten in Aussicht stellte, sondern verließ mit den übrigen unter Protest das Haus.

Vor dem festen Willen der Regierung wichen die Soldatenräte zurück, weil die Soldaten ihnen nicht folgten. Das zeigte sich besonders deutlich bei dem Korpssoldatenrat in Altona, der wegen des Vormarsches gegen Bremen Mobilmachung angeordnet hatte. Sofort nach der Einnahme Bremens legte der Vorsitzende Pohl sein Amt nieder und floh, weil er die Verhaftung fürchtete. Die Kampfansage des IX. Armeekorps war völlig auf dem Papier geblieben. Zahlreiche Soldatenräte, so der Grenzschutz in Hadersleben, die Garnison Schleswig, die Garnison Neu-Strelitz, hatten sich sofort gegen die Eigenmächtigkeit des IX. Armeekorps gewendet und der Regierung ihre Ergebenheit ausgedrückt. Darauf hat das IX. Armeekorps selbst die Unhaltbarkeit seines Standpunktes eingesehen und folgende Depesche an die Regierung gesandt:

„Nachdem die sachlichen Differenzen wegen der Kommandogewalt in der Besprechung im Herrenhause behoben sind, stellt sich der Soldatenrat des IX. Armeekorps geschlossen hinter die Reichsregierung. Im Bereich des IX. Armeekorps werden keinerlei militärische Maßnahmen gegen die Regierung getroffen. Wir sorgen für Ruhe und Ordnung und für die Durchführung der Anordnungen der Reichsregierung."

Für nicht wenige Soldatenräte war ihr Verbleiben in dieser Stellung allmählich zur Existenzfrage geworden. Konnten sie nicht bleiben, so wollten sie versorgt werden. Von einer Anzahl örtlicher und Korpssoldatenräte wurde der Beschluß gefaßt:

„Die Soldatenräte verlangen, daß die Nationalversammlung diese Körperschaften teils in das neue Volksheer, teils in die Verwaltung eingliedert."

Als ich eines Tages auf diese Tatsachen hinwies, war ein erneuter Entrüstungssturm die Folge. Der Korps-Soldatenrat des Gardekorps veröffentlichte folgenden Protest:

„Gegen die Äußerung Noskes in den Tageszeitungen erhebt der Korps-Soldatenrat energisch Protest.

Er weist auf die Unterstellung Noskes, daß die Soldatenräte ihre Tätigkeit als eine Versicherung gegen Arbeitslosigkeit betrachten, als eine unerhörte und jeder Tatsache hohnsprechende Beleidigung zurück.

Die niedere Entlohnung der Soldatenräte mit 5 Mark pro Tag widerlegt allein schon diese Äußerung, denn die Arbeitslosenunterstützung ist höher als die Entschädigung, die die Soldatenräte für ihre aufopferungsvolle Tätigkeit erhalten.

Die Ausführungen Noskes sind erneut ein Beweis dafür, wie derselbe mit Unterstützung der reaktionären Elemente versucht, die revolutionäre Einrichtung der Arbeiter- und Soldatenräte für seine Zwecke auszuschalten.

Wir erklären laut und vor aller Welt, daß der Grad des Mißtrauens gegen die Tätigkeit Noskes den Soldatenräten gegenüber seinen Höhepunkt erreicht hat."

In den Soldatenräten, die sich in Ost- und Westpreußen gebildet hatten, saßen vielfach Leute aus dem Westen, besonders auch aus Groß-Berlin, die nach den Garnisonen im Osten eingezogen worden waren. Eine starke sozialdemokratische Bewegung hatte es dort in den kleineren Städten noch nicht gegeben. Von den Soldatenräten wurde die Wahl zur Nationalversammlung stark beeinflußt. Zimperlich sind sie dabei, gelinde ausgedrückt, nicht verfahren. Aber auch in anderen Dingen schossen sie stark über das Ziel hinaus, so daß ihrem Treiben entgegenzutreten war. Besonders lebhafte Klagen waren mir aus Allenstein und Thorn zugegangen. Telegraphisch bestellte ich die beiden treibenden Männer nach Berlin. Der Thorner roch Lunte und antwortete, er könne im Augenblick nicht abkommen. Der Allensteiner Mann erschien. Seinen Wohnsitz hatte er in einem Berliner Vorort, er war Unabhängiger, politisch wenig unterrichtet, ziemlich wortgewandt, und hatte sich als Herrscher in seinem Bezirk ein gehöriges Maß von Selbstbewußtsein zugelegt. Auf meine Vorhaltungen antwortete er grob, die Regierung habe ihm keine Vorschriften zu machen. Da alles Zureden keinen Eindruck machte, erklärte ich ihm ruhig, da er sich nicht fügen wolle, werde er nicht nach Allenstein zurückkehren. Da wurde der bisher pazige Mann blaß und stammelte, er hätte sich eigentlich denken können, daß er eine Kugel vor den Kopf bekommen solle; Kameraden hätten ihn auch gewarnt, nach Berlin zu fahren. Wegen der Kugel beruhigte ich ihn und versicherte, es würde genügen, ihn in Berlin in Gewahrsam zu behalten. Diese Ankündigung genügte, ihn gefügig zu machen. Ganz traute er dem Frieden offenbar nicht, denn er verließ das

Zimmer mit unsicherem Blick. Neue Klagen nennenswerter Art kamen aus seinem Bezirk nicht mehr.

Zu gleicher Zeit mit den beiden Männern aus dem Osten hatte ich mir den Vorsitzenden des Wilhelmshavener Soldatenrates, Kuhnt, den Präsidenten von Oldenburg und Ostfriesland, nach Berlin bestellt. Seine Reise wurde durch einen kommunistischen Putsch in Wilhelmshaven verzögert, der unter Leitung eines Bremers Jöhel stattfand. Die Wilhelmshavener Bank wurde um eine große Summe beraubt. Den Putsch schlugen Berufssoldaten nieder. Daß Kuhnt an der Affäre direkt beteiligt war, ist nicht anzunehmen. Daß ein Putsch geplant war, hat er nach eigenem Eingeständnis gewußt. Kurz bevor von den Kommunisten losgeschlagen wurde, setzte er sich in ein Auto und fuhr aus Wilhelmshaven davon. Als die Sache erledigt war, tauchte er wieder auf. Schuld war er daran, daß unter seinen Augen sich außerordentlich bedenkliche Zustände herausbildeten. Sein Ansehen war rasch gesunken, wie das bei seinen Qualitäten nicht anders sein konnte. Wilhelmshavener Deckoffiziere hatten schon seit einiger Zeit mit mir Fühlung genommen und Vorarbeiten für die Aufstellung einer Truppe nach Art der Kieler Brigade waren in die Wege geleitet worden. Nach dem Kommunistenputsch hatte Kuhnt ausgewirtschaftet. Als er depeschierte, er trete die Reise nach Berlin an, hatte ich schon Nachricht aus Wilhelmshaven, er wolle einen Monat Urlaub nehmen.

Am Freitag den 31. Januar frug mich einer meiner Kollegen, ob ich an Kuhnt ein Interesse habe. Als ich bejahte, berichtete er, Kuhnt habe, von Berlin kommend, zwischen Burg und Magdeburg eine schwere Panne gehabt, sei offenbar auf der Fahrt nach Braunschweig und habe ein Auto in Burg angefordert. Es erschien nicht unwahrscheinlich, daß er einer Auseinandersetzung aus dem Wege gehen wollte. Abends gegen acht Uhr brachten zwei Soldaten Kuhnt nach der Reichskanzlei. Als er wegen seiner Festnahme sehr ungemütlich tat, bedeutete ich ihm, daß er wegen Mißwirtschaft und Auflehnung gegen die Regierung längst hätte belangt werden müssen. Da er offenbar nach Berlin hatte kommen wollen, ließ ich ihn bis zum nächsten Vormittag gehen. Über die Unterredung hat er mit der Unwahrhaftigkeit, die ich seit Jahren an ihm kannte, geschrieben.

Am nächsten Vormittag hielt ich ihm sein Sündenregister vor. Da er behauptete, krank zu sein, nahm ich ihm das Versprechen ab, während der nächsten vier Wochen nicht nach Wilhelmshaven zurückzukehren. Dessen war ich gewiß, daß er dann keinen Schaden bei der Truppe mehr stiften könnte, denn die Vorbereitungen zur militärischen Sanierung des Hafens waren schon getroffen. Da ich sehr nachdrücklich zu ihm sprach, protzte er auf, er sei Präsident der Republik Oldenburg und doch nicht mein Gefangener, worauf ich ihm prompt erwiderte: „Noch nicht!" Vor meiner Tür hatte er eine Wache gesehen, die nur auf den Befehl wartete, ihn festzunehmen. Die geforderten Zusagen erhielt ich, und sie sind eingehalten worden. Vier Wochen später war Kuhnt in Oldenburg und präsidierte einer Ministersitzung. Nach derselben wurde er verhaftet und nach Berlin überführt. Als während der Märzkämpfe wieder einmal Gefängnisse geöffnet wurden, entkam er und hielt sich lange Zeit unter angenommenen Namen verborgen. Die Oldenburger haben, nachdem sie Handlungsfreiheit erlangt hatten, seiner Präsidentschaft sofort ein Ende gemacht.

Die Berliner Märzwoche

Unabhängige und Kommunisten rüsteten in Berlin zu einer neuen Kraftprobe. Abermals wurden die Arbeiter zum Generalstreik aufgerufen, der den Sturz der Regierung bezweckte. In wahnwitzig verbrecherischer Weise wurden die Arbeiter von den Blättern der beiden Parteien aufgepeitscht. Am Sonnabend dem 2. März war ich von Weimar nach Berlin zurückgekehrt, weil ich die Lage recht ernst beurteilte. Auch die preußische Regierung war besorgt. Im Staatsministerium trat sie am Sonntag vormittag zu einer Sitzung zusammen, zu der ich gebeten wurde. Für den Fall, daß es zu Ruhestörungen kommen sollte, wurde die Verhängung des Belagerungszustandes und meine Ernennung zum Oberbefehlshaber in den Marken in Aussicht genommen.

Am Montag dem 3. März erschien die „Rote Fahne", das Organ der Spartakisten mit einem Aufruf, der von allen kommunistischen Organisationen und Funktionären unterzeichnet war, in dem es u. a. hieß:

Arbeiter, Proletarier!

Wieder ist die Stunde gekommen. Wieder stehen die Toten auf. Wieder reiten die Niedergerittenen.

Die Ebert-Scheidemann haben geglaubt, ganz anders Euch niedergeritten zu haben als jener wahnwitzige Hohenzoller in den Januarwahlen 1907. Dieser glaubte mit Wahlstimmen Euch niedergebüttelt zu haben. Jene aber glaubten ein anderes. Sie glaubten Euch in Bande geschlagen zu haben mit der Komödie der Nationalversammlungswahlen. Sie glaubten Euch in hypnotischen Schlaf zu versetzen durch das endlose Geschwätze der Nationalversammlung. Sie glaubten, der deutsche Proletarier lasse sich um die Früchte der Revolution betrügen durch die Klopffechterei des Parlaments und durch den Kuhhandel der Parteien.

Und wer sich nicht betrügen lassen wollte, der sollte durch die eiserne Faust an den Boden gedrückt werden. Haushoch hat der „Arbeiter" Noske die Proletarierleichen in Deutschland geschichtet. Seit Wochen haust er wie der Barbar mit seinen Scharen in den Stätten des deutschen Arbeiters. Das, was die Hindenburg und Ludendorff unter dem Fluch einer Welt und zur Schande vor der Mit- und Nachwelt verbrochen haben in Belgien und Nordfrankreich und in Polen und in Finnland, der tausendfache Mord fremder Proletarier, das wiederholt ein Noske an den deutschen Arbeitern. Die „sozialistische" Regierung Ebert-Scheidemann-Noske ist zum Massenhenker des deutschen Proletariats geworden.

Sie lauerten nur auf die Gelegenheit, „Ordnung zu schaffen". Wo immer Proletarier sich regten, da sandte Noske seine Schergen hin. Berlin, Bremen, Wilhelmshaven, Curhaven, Rheinland-Westfalen, Gotha, Erfurt, Halle, Düsseldorf: das sind die blutigen Stationen des Noskeschen Kreuzzuges gegen das deutsche Proletariat.

Tausende Eurer Brüder sind mißhandelt, gefangen, geschändet, gemordet, schamlos, niederträchtig gemordet, viehisch dahingemetzelt wie tolle Hunde!

Seid Euch klar. Die Ebert-Scheidemann-Noske sind die Todfeinde der Revolution. Sie haben um ihrer Ministersessel willen Euch an die Bourgeoisie verkauft. Sie haben Euch verraten vom ersten Tage an, sie haben um Euch die Stricke der Nationalversammlung gelegt, sie haben Euch täglich morden lassen.

Arbeiter! Parteigenossen!

Seid Euch bewußt! Die Revolution kann nur voranschreiten über das Grab jener Mehrheitssozialdemokratie. Nieder mit Ebert, Scheidemann, Noske! Nieder die Verräter!

Nieder mit der Nationalversammlung!

Eure Brüder streiken!

Die Kapitalisten wanken!

Die Regierung ist am Stürzen!

Arbeiter! Proletarier! Zaudert nicht!

Auf zum Generalstreik!

Auf zum neuen Kampf für die Revolution!

Laßt die Arbeit ruhen! Bleibt vorläufig in den Betrieben, auf daß Euch die Betriebe nicht entwunden werden. Versammelt Euch in den Betrieben! Klärt die Zagen und Zurückgebliebenen auf! Laßt Euch nicht in unnütze Schießereien ein, auf die der Noske nur lauert, um neues Blut zu vergießen.

Bleibt in den Betrieben beieinander, damit Ihr aktionsfähig seid in jedem Augenblicke!

  Höchste Disziplin!
  Höchste Besonnenheit!
  Eiserne Ruhe!
  Aber auch eiserner Wille!
  Auf zum Kampfe!
  Auf zum Generalstreit!
Nieder mit Ebert-Scheidemann-Noske, den Mördern, den Verrätern!
Nieder die Nationalversammlung!
Alle Macht den Arbeiterräten!"

Noch war ein formeller Streikbeschluß nicht gefaßt und die Arbeiter weilten in den Betrieben, als auf den Straßen der Rabau und das Rauben schon begann. Das hätten die Macher des Streiks voraussehen müssen, nach den in den letzten Monaten gemachten Erfahrungen. Plünderungen großen Umfanges begannen in den Straßen, die an den Alexanderplatz grenzen, am Montag nachmittag. Eine erhebliche Anzahl von Läden wurden ausgeräumt, ein Schaden in Höhe von Millionen Mark angerichtet. Die ersten Schüsse fielen. Nun wurde die Verhängung des Belagerungszustandes durch folgende Verfügung proklamiert:

„Um die werktätige Bevölkerung Groß-Berlins vor den terroristischen Anschlägen einer Minderheit zu schützen und vor Hungersnot zu bewahren, hat das Preußische Staatsministerium auf Grund der §§ 2ff. des Belagerungszustandsgesetzes beschlossen:

Verordnung:

Für den Landespolizeibezirk Berlin, den Stadtkreis Spandau und die Landkreise Teltow und Niederbarnim wird mit dem heutigen Tage der Belagerungszustand erklärt. Die vollziehende Gewalt geht auf den Oberbefehlshaber in den Marken, Reichswehrminister Noske, über. Die Artikel 5, 6 (persönliche Freiheit und Unverletzlichkeit der Wohnung), 7 (ordentliche Gerichtsbarkeit), 27, 28 (Freiheit der Presse), 29, 30 (Vereins- und Versammlungsrecht) und 36 (Beschränkung militärischer Befugnisse) der Preußischen Verfassungsurkunde bzw. die an ihre Stelle getretenen reichsgesetzlichen Vorschriften werden außer Kraft gesetzt.

Berlin, den 3. März 1919.
  Das Preußische Staatsministerium.
gez. Hirsch.   Braun.   E. Ernst.   Fischbeck.   Hoff.   Haenisch.
  Dr. Südekum.   Heine.   Reinhardt."

Folgende Verordnung erließ ich sofort:

„Nachdem das preußische Staatsministerium durch Verordnung vom 3. März 1919 über den Landespolizeibezirk Berlin, den Stadtkreis Spandau und die Landkreise Teltow und Niederbarnim den Belagerungszustand verhängt hat und die vollziehende Gewalt auf mich übergegangen ist, verordne ich, was folgt:

§ 1. Die Zivilverwaltungs- und Gemeindebehörden verbleiben in ihren Funktionen, haben jedoch erforderlichenfalls meinen Anordnungen und Aufträgen zu folgen.

§ 2. 1. Alle Versammlungen unter freiem Himmel sind verboten, alle öffentlichen Versammlungen in geschlossenen Räumen bedürfen meiner Genehmigung.

2. Öffentliche Aufzüge sowie Ansammlungen und Zusammenrottungen auf öffentlichen Straßen und Plätzen sind verboten.

3. Der Verkehr auf öffentlichen Straßen und Plätzen ist im Interesse der persönlichen Sicherheit der Bevölkerung auf das unbedingt notwendige Maß zu beschränken.

§ 3. Das Erscheinen neuer Zeitungen unterliegt meiner Genehmigung.

§ 4. Die Befolgung vorstehender Anordnungen wird nötigenfalls mit Waffengewalt erzwungen, außerdem werden Zuwiderhandlungen gemäß § 9b des Belagerungszustandsgesetzes bestraft.

§ 5. Für das Gebiet des Belagerungszustandes werden außerordentliche Kriegsgerichte eingesetzt, und zwar je eins für die Landgerichtsbezirke I, II und III Berlin, die ihre Tätigkeit mit dem dritten Tage nach Erlaß dieser Verordnung aufnehmen.

Berlin, den 3. März 1919.

Der Oberbefehlshaber in den Marken.

gez. Noske, Reichswehrminister."

Daran knüpfte ich folgende Warnung:

„Nachdem der Belagerungszustand über Berlin verhängt ist und außerordentliche Kriegsgerichte eingesetzt sind, werden von diesen Gerichten im beschleunigten Verfahren abgeurteilt alle Straftaten des Hochverrats, Landesverrats, Mordes, Aufruhrs, der tätlichen Widersetzung, der Zerstörung von Eisenbahn und Telegraphen, der Befreiung von Gefangenen, der Meuterei, des Raubes, der Plünderung, der Erpressung, der Verleitung von Soldaten zur Untreue, der vorsätzlichen Brandstiftung, der vorsätzlichen Verursachung von Überschwemmung und endlich alle Zuwiderhandlungen gegen die von mir im Interesse der öffentlichen Sicherheit erlassenen Verbote."

In der Nacht vom Montag zum Dienstag kam es am Lichtenberger Polizeipräsidium zu einem regelrechten Feuergefecht. Am Dienstag früh wurden mir Berichte vorgelegt, daß in der vergangenen Nacht in 32 Revieren die Polizeiwachen gestürmt und die Polizeimannschaften ausgehoben worden waren.

Am Dienstag früh gab der Vollzugsrat der Streikleitung als Ersatz für die nichterscheinenden Zeitungen ein Mitteilungsblatt heraus, in dem über die Vorgänge am Montag geschrieben wurde:

„Wie bei allen großen Massenbewegungen heften sich auch bei diesem politischen Generalstreik allerlei unsaubere Elemente an die Fußspuren der ehrlichen und klassenbewußten Arbeiterschaft. Wie im Kriege den Hyänen des Schlachtfeldes und den Kriegsgewinnlern ein reiches Betätigungsfeld sich eröffnet, so bleiben auch den freiheitlichen Bewegungen des Volkes die Hyänen der Revolution nicht erspart. Leider hat am Montag abend derartiges lichtscheues Gesindel dem ehrlichen Kampf der Arbeiterschaft dadurch geschadet, daß sie Plünderungen und Radauszenen hervorgerufen haben."

Die Forderungen der Streikenden waren nach dem „Mitteilungsblatt" der Streikleitung folgende:

1. Anerkennung der Arbeiter- und Soldatenräte.
2. Sofortige Durchführung der Hamburger Punkte, die Kommandogewalt betreffend.
3. Freilassung aller politischen Gefangenen, insbesondere Freilassung Ledebours. Niederschlagung aller politischen Prozesse, Aufhebung der Militärgerichtsbarkeit, Verweisung aller militärischen Vergehen an die Zivilgerichte, insbesondere sofortige Aufhebung aller militärischen Standgerichte, sofortige Verhaftung aller Personen, die an politischen Morden beteiligt waren.
4. Sofortige Bildung einer revolutionären Arbeiterwehr.
5. Sofortige Auflösung aller durch Werbung zustande gekommenen Freiwilligenverbände.
6. Sofortige Anknüpfung der politischen und wirtschaftlichen Beziehungen zur Sowjetregierung Rußlands.

Die wirtschaftlichen Forderungen bezogen sich auf die Anerkennung und Festlegung der Rechte der Arbeiter- und Soldatenräte.

Wegen dieser Forderungen fanden in Weimar mit der Regierung Besprechungen statt. Scheidemann erklärte in einer Sitzung der Nationalversammlung, daß die Regierung dem Druck der Berliner Straße in keiner Weise nachgegeben habe, sondern nur solche Maßnahmen in Aussicht stelle, die in ihrem Programm vorgesehen seien.

Ende Januar war der größte Teil der Truppen aus Berlin heraus verlegt worden. Am Sonntag, den 2. März, waren selbstverständlich Befehle hinausgegangen, wonach die Truppen sich verwendungsbereit zu halten hatten. Das Regierungsviertel war am Montag völlig gesichert. Der Marschbefehl wurde erst erteilt, nachdem es zu großen Ausschreitungen gekommen war. Der Einmarsch erfolgte am Dienstag vormittag. In der Nacht vom Montag zum Dienstag wurde auch die Besetzung des dauernd etwas unruhigen Spandau vorbereitet und am Dienstag morgen durchgeführt. Im Depot lagen dort beträchtliche Mengen Maschinengewehre. Am Montag hatte der Arbeiterrat geglaubt, den Abtransport solcher Waffen durch Soldaten verhindern zu dürfen. Die Besetzung Spandaus erfolgte kampflos. Das unzuverlässige Pionierbataillon wurde entwaffnet und in den nächsten Tagen aufgelöst.

Am Dienstag, den 4. März, kam es in der Gegend des Polizeipräsidiums am Alexanderplatz zu ernsteren Schießereien. Dort hatte sich gegen zwölf Uhr nach und nach eine große Menschenmenge angesammelt, die bald den ganzen Platz besetzte und grobe Ausschreitungen verübte. So wurden zweimal je ein Offizier, die mit der Droschke des Weges gefahren kamen, angehalten, überfallen und aus dem Wagen gerissen. Das Gesindel fiel dann über die Offiziere her, warf sie zu Boden, bearbeitete sie mit Fußtritten und riß ihnen die Uniformstücke buchstäblich vom Leibe. Truppen, die in dem Polizeipräsidium bereitgestellt waren, schritten kurz nach zwölf Uhr zur Säuberung des Platzes und machten, als die Menge nicht gutwillig wich, von ihrer Waffe Gebrauch. Sie fuhren mit Panzerautomobilen in die Menge hinein und gaben, um die Zusammenrottung, die immer drohenderen Charakter annahm, zu zerstreuen, Maschinengewehrfeuer auf sie ab. Hierdurch wurden sechs Personen, vier Männer und zwei Frauen getötet und mehrere verwundet. Die Toten wurden, nachdem die Menge sich verzogen hatte, auf Bahren in das Polizeipräsidium gebracht, ebenso zu ihrem Schutz auch die gemißhandelten Offiziere.

Am Mittwoch verschlimmerte sich die Lage beträchtlich. Teile der Republikanischen Soldatenwehr und der Volksmarinedivision gingen zum Kampf gegen die Truppen über. Mit der Marinedivision hatte es vom Januar fortlaufend Verdruß und Schwierigkeiten gegeben. Ein Teil davon hatte sich in den Ausstellungshallen am Lehrter Bahnhof einquartiert, wo sie sich als eine unbequeme Nachbarschaft der in der danebenliegenden Kaserne befindlichen Soldaten erwiesen. Diese Abteilung wurde eines Morgens entwaffnet. Wegen der Räumung des Marstalls gab es unendliche Verhandlungen. Gutwillig gingen die Leute nicht. Gewaltanwendung war wegen der Rückwirkung auf die R. S. W. nicht unbedenklich. Endlich war Ende Februar die Übersiedelung in ein großes, an der Spree gelegenes Lokal, das Marinehaus, durchgesetzt worden und die Leute zählten nun als ein Depot der R. S. W.

Um das Polizeipräsidium zu entsetzen, das von großen Menschenmassen förmlich belagert wurde, sollten von verschiedenen Richtungen aus Truppenabteilungen vorstoßen. Das konnte zu schweren Zusammenstößen führen. Die Einzelheiten des Planes waren mir vorgetragen worden, und ich hatte sie gebilligt. Bald darauf erschienen bei mir Vertreter des Berliner Vollzugsrates und einige andere Männer, die in den verflossenen Revolutionsmonaten eine mehr oder weniger bedeutsame Rolle gespielt hatten. Die militärische Aktion sollte ich abstoppen. In den düstersten Farben wurde mir geschildert, daß die Regierung an den Berliner Vorgängen scheitern müsse. Wenn ich nicht einlenkte, würden in den nächsten Stunden Ströme von Blut fließen. Die Regierung würde das nicht überstehen können.

Dem hielt ich entgegen, die Truppen seien im Anmarsch. Ihre Bewegung jetzt abzustoppen, sei nicht möglich. Schlimm könne es am Alexanderplatz werden, wenn Widerstand geleistet werde. Das brauche jedoch nicht zu sein. Die Massen müßten auseinandergehen, dann flösse kein Blut. Vor mir säßen prominente Leute der Berliner Bewegung. Sie sollten nach dem Alexanderplatz gehen und die dort schießenden Leute zur Vernunft bringen.

Niemand machte Anstalten zu gehen, sondern es wurde weiter geredet. Nach einer reichlichen Viertelstunde mahnte ich: „Ihr sagt, auf dem Alexanderplatz kann es sehr blutig zugehen, also eilt, es ist keine Zeit zu verlieren!" Nach einer weiteren Viertelstunde habe ich die Mahnung vergeblich wiederholt. Dann brach ich die weitere zwecklose Diskussion ab. Nach dem Alexanderplatz ist keiner der Mahner gegangen. Zum Glück ist es dort lange nicht so schlimm geworden, wie sie erwartet hatten.

Am Mittwoch über den Alexanderplatz marschierende Leute der Volksmarinedivision glaubten sich angeblich vom Polizeipräsidium aus unter Feuer genommen. Darauf kehrten sie die Waffen gegen die Truppen und vermischten sich mit den Schießenden auf dem Alexanderplatz. Ein Teil versuchte, das Polizeipräsidium zu stürmen. Andere waren dabei, als Geschütze in Stellung gebracht wurden, mit denen die Aufrührer das Polizeipräsidium schwer beschossen. Der Führer der R. S. W., Müller, ein verständiger Mann und sehr aufgeregte Leute von der Marinedivision kamen zu mir zu einer Besprechung. Dabei erklärte mir einer der Männer, wenn ich nicht sofort den Rückzug der Truppen veranlaßte, gäbe es am nächsten Tage ein furchtbares Blutbad.

Um jeder Reibung zwischen den Truppen und der R. S. W. vorzubeugen, wollte ich sofort eine möglichst scharfe Abgrenzung der Betätigungsgebiete der Truppen und der R. S. W. veranlassen. Nachts 4 Uhr wurde mir mitgeteilt, daß die Matrosen sämtlich ins gegnerische Lager übergegangen seien. Am Donnerstag morgen wurden am Marinehaus Waffen an die Zivilbevölkerung ausgegeben, trotzdem ich die feierliche Zusage erhalten hatte, aus dem Marstall werde die Division nur so viele Waffen mitnehmen, als zur normalen Ausrüstung erforderlich ist. Das Marinehaus wurde am Donnerstag eingenommen. Damit hörte die unheilvolle Volksmarinedivision zu bestehen auf. Um der Marinedivision Hilfe zu leisten, war u. a. auch ein Teil des Neuköllner Depots der R. S. W. ausgerückt. Mehrere unsichere Depots der R. S. W. wurden noch am Donnerstag entwaffnet. Am Freitag wurde die Verminderung der Wehr auf 6500 Mann befohlen.

Nach der Besetzung des Stadtteils am Alexanderplatz wurde der Kampf von zahlreichen Aufständischen in andere Stadtviertel verlegt. Die Zahl der Toten und Verwundeten stieg rasch. In bestialischer Weise wurden einzelne Soldaten abgeschlachtet. Greuelgeschichten tauchten wieder auf wie in der ersten Kriegszeit. In Lichtenberg wurden einige Polizeibeamte getötet; die Zahl wurde um das Zehnfache aufgebauscht. Nachdem seit Dienstag das Schießen andauerte unter Verwendung von Geschützen und Minenwerfern, geriet die Bevölkerung in einen Zustand äußerster Erregung. Die Soldaten wurden beim Anblick ihrer gemordeten Kameraden in höchste Wut versetzt. Eine Greueltat, die durch Zufall im photographischen Bilde festgehalten werden konnte, wurde später vor Gericht in allen Einzelheiten erörtert.

Am 7. März ging eine Patrouille durch den Kampfplatz der Spartakisten in der Schönhauser Allee. Ein Soldat war von den übrigen Kameraden getrennt worden und war allein. Da wurde er von der mehr als tausendköpfigen Menschenmenge erkannt, unter Gejohle stürzte man sich auf ihn und schlug auf ihn ein, so daß er zu Boden fiel. Ein Schneider Dill hetzte die Menge durch brüllende Rufe: „Schlagt das Aas tot!" und „Erschießt den Halunken!" immer wieder zu Roheiten, und so wurde der Soldat arg mißhandelt. Es gelang ihm, obgleich er wie ein Stück Wild durch eine Meute Hunde gehetzt wurde, die Fehrbelliner Straße entlang zu fliehen und sich in ein Eckhaus zu retten, das einen zweiten Ausgang hatte, durch den er zu entkommen hoffte. Er wurde aber wieder erkannt, und die aus Aufständischen bestehende Menschenmenge stürzte sich abermals auf das bedauernswerte Opfer. Man schlug ihn wiederum zu Boden, bearbeitete ihn nicht nur mit Fäusten, sondern Dill, der immer wieder mit dem Rufe: „Schießt ihn doch nieder!" die Menge zu Gewalttaten anspornte, schlug ihn mit dem zu Boden gefallenen Stahlhelm über den Kopf und trampelte mit den Stiefeln auf seinem Körper und seinem Gesicht herum, so daß er blutüberströmt dalag. Zwei beherzte Männer nahmen den Mißhandelten auf die Schultern und trugen ihn nach dem Lazarett in der Brauerei Königstadt. Dort sollte er eben von einem Lazarettgehilfen in Empfang genommen werden, als die nachstürmende Menge ihn wieder herauszerrte. Man rief ihm zu, er solle sich auf die Bordschwelle setzen, denn er solle erschossen werden. Der Soldat gehorchte, er wurde aber nicht erschossen, man schleppte ihn vielmehr weiter und stellte ihn an die Wand eines Hauses am Senefelder Platz, wo er von einem Zivilisten aus der Menschenmenge niedergeschossen wurde. Drei Schüsse gingen über ihn hinweg, einer traf ihn und streckte ihn nieder. Vorher hatte das Opfer der Blutgier noch um sein Leben gebeten, ohne Gnade zu finden. Der Anblick dieses Vorganges war so grausig, daß viele Frauen, die unfreiwillige Zeugen desselben waren, in Weinkrämpfe verfielen.

Solche Greueltaten und die Verlegung der Kämpfe bis in die Vororte veranlaßten mich schließlich, folgenden Befehl herauszugeben:

„Jede Person, die mit den Waffen in der Hand gegen Regierungstruppen kämpfend angetroffen wird, ist sofort zu erschießen."

So hart der Befehl war, so rasch wirkte er, nachdem er allgemein bekannt geworden war. Die Aufrührer gaben das Spiel verloren. Am Mittwoch, den 13. März, erfolgte als letzte größere Aktion die Besetzung von Lichtenberg kampflos, nachdem ich Kompromißvorschläge zurückgewiesen hatte. Sie lauteten etwa folgendermaßen: Straffreiheit für alle diejenigen, die an Schießereien in Lichtenberg beteiligt waren, Bildung einer Sicherheitswehr, in die auch Spartakisten Aufnahme finden werden; Ausrüstung dieser Wehr mit den Waffen, die in der Stadt abgegeben werden. Dazu hatte mir der Oberbürgermeister noch erklärt, er habe keinerlei Machtmittel, um mir die Befolgung von Abmachungen garantieren zu können.

Nach der Niederwerfung des Aufstandes wollten weder die Unabhängigen noch die Spartakisten dafür irgendwelche Verantwortung übernehmen. Das Blatt der Unabhängigen, die „Freiheit", schrieb am 11. März:

„Fest scheint zu stehen, daß der Ausgangspunkt in der Rivalität zu suchen ist, die zwischen den einzelnen Truppenteilen seit längerer Zeit besteht. Die Republikanische Soldatenwehr und die Volksmarinedivision fühlten sich zurückgesetzt, von der Auflösung bedroht und waren von Erbitterung gegen die neugebildeten Freiwilligenformationen erfüllt. Bei den Ansammlungen vor dem Polizeipräsidium kam es zwischen Teilen der Soldatenwehr, die den Auftrag hatten, den Platz zu säubern und den Reinhardt-Truppen, die das Präsidium besetzt hielten, zu Konflikten und zu Schießereien. Es entwickelten sich heftige Kämpfe; der Mob mischte sich ein, es kam zu Plünderung und Diebstahl. Die Regierungstruppen gingen, nachdem sie Verstärkung erhalten hatten, mit aller Schärfe vor. Aber auch ihre Gegner erhielten Zuzug und seit Tagen wird unaufhörlich in den Straßen gekämpft."

In einem Flugblatt „An die Proletarier von Berlin", unterzeichnet von der Zentrale der Kommunistischen Partei Deutschlands (Spartakusbund) wurde beteuert, daß Spartakus durchaus nichts mit bewaffneten Putschen zu tun habe: „Die bewaffneten Kämpfe gingen aus von der Volksmarinedivision und von Teilen der Republikanischen Soldatenwehr. Das sind, mögen sie auch Proletarier sein, keine Körperschaften, die unserer Partei nahestehen. Im Gegenteil: sie waren es, die im Januar sich dazu hergaben, unseren Genossen in den Rücken zu fallen und die mindestens tatenlos beiseite standen in jenen Tagen. Aber nicht nur das, sie kämpften auch jetzt für ein anderes Ziel als wir. Wir kämpften für den Sozialismus gegen den Kapitalismus und seine Vertreter, diese kämpften für ihre militärischen Posten gegen ihre Soldherren, mit denen sie unzufrieden sind. Das alles und noch mehr trennt uns. Wir können also getrost sagen: zwischen uns und den Kämpfern besteht politisch keine Gemeinschaft."

Wahr ist vielmehr, daß zahlreiche Zivilisten, die bewaffnet waren, an den Kämpfen teilnahmen.

Bei den Märzkämpfen sind rund 1200 Personen getötet worden.

Entsetzlich und unverantwortlich war die Erschießung von 29 Angehörigen der Volksmarinedivision, die der Oberleutnant Marloh vornehmen ließ. Erst im Dezember ist es wegen dieser Schlächterei zu einer gerichtlichen Verhandlung gekommen. Eine solche schaurige Tat konnte nur in einer blutgeschwängerten Atmosphäre geschehen. Der Münchener Geiselmord, die Tötung der Münchener christlichen Gesellen und die Berliner Matrosenerschießungen sind Folgen der verbrecherischen Bestrebungen, in einem Lande, in dem den Bürgern jede politische Freiheit garantiert ist, die Revolution durch blutigen Bürgerkrieg weiter voranzutreiben.

Selbst bei weitgehendem Verständnis für die Situation, in der sich damals Offiziere und Soldaten während der Kampftage befunden haben

— während die Metzelei in der Französischen Straße vor sich ging, wurde wenige tausend Meter entfernt noch geschossen — ist natürlich die Bluttat, die auf Marlohs Befehl erfolgte, mit keinem Worte zu verteidigen. Mir ist ein ungenauer Bericht über die Vorgänge in der Französischen Straße noch am gleichen Tage zugegangen. Die Klärung des Sachverhalts konnte damals unmöglich von mir sofort veranlaßt werden, denn ich wurde in jenen Tagen in einem Maße in Anspruch genommen, das über die Grenzen des für einen Menschen an Leistung Möglichen beinahe hinausging. Sowie mir genauere Einzelheiten bekannt geworden sind, ist die Anweisung ergangen, den Sachverhalt festzustellen und etwaige Schuldige zur Bestrafung zu bringen. Von da ab hatten öffentliche Ankläger und Richter ihres Amtes zu walten, die größten Wert darauf legen, in ihrer Selbständigkeit und Unabhängigkeit nicht die geringste Beeinträchtigung zu erfahren. In das gerichtliche Verfahren hatte ich mich nicht einzumischen. Wenn jemand in der Regierung oder ich auf die Prozeßführung hätte einwirken wollen, dann hätte es nur in dem Sinne geschehen können, daß die Verhandlung so rasch wie möglich stattfinde. Wenn der Prozeß im März oder April 1919 verhandelt worden wäre, würde er bei weitem nicht das Aufsehen erregt haben wie im Dezember und seine politische Ausschlachtung wäre kaum möglich gewesen.

Dreiviertel Jahre nach den Märzkämpfen war die Erinnerung an den Schrecken, den die Berliner Bevölkerung ausgestanden hatte, schon stark verblaßt. Nun sollte mein vielbesprochener Standrechtserlaß verschuldet haben, daß unnötig das Blut der Matrosen vergossen worden ist. Das Unglück hat gewollt, daß ein im Kriege schwer zusammengeschossener Mann, dessen Nerven nicht in Ordnung waren, sich in besonders gefährlicher Situation glaubte. Die Freisprechung Marlohs habe ich für einen schweren Rechtsirrtum gehalten. Als Minister konnte ich das Urteil nicht schelten. In den Schreckenstagen des März hat nur die Presse der Unabhängigen an dem Standrechtsbefehl Anstoß genommen. Als ich den Wortlaut in der Sitzung der Nationalversammlung vom 13. März mitteilte, erfolgte nach dem amtlichen stenographischen Bericht: „Stürmischer Beifall bei den Mehrheitsparteien und rechts."

Nach Monaten, als die Angst gewichen war, wurden lange Betrachtungen darüber angestellt, ob der Erlaß mit dem geltenden Recht in vollem Einklang stehe. Im Dezember war ein Blatt meiner Partei so weit, wegen des Befehls eine Art von Parteigericht gegen mich zu fordern. Die Anordnung, für die ich restlos die Verantwortung trage, erfolgte in höchster Not zu dem Zweck weiterem großen Blutvergießen Einhalt zu tun. Die Staatsnotwendigkeit gebot, so rasch wie möglich Ruhe und Sicherheit in Berlin wieder herzustellen. In solcher Situation stellt nur derjenige juristische Tüfteleien an, der den Mut zur Verantwortlichkeit nicht besitzt. Noch heute stehe ich zu den Worten, die ich in der Nationalversammlung am 13. März gebraucht habe:

„Getan habe ich, was ich gegenüber dem Reiche und dem Volke für meine Pflicht hielt. Ich scheue das Urteil unserer Nation nicht!"

Die vorläufige Reichswehr

Als nach dem 9. November die sechs Volksbeauftragten die Leitung der Geschäfte des Deutschen Reiches übernahmen, war nicht die kleinste Aufgabe der Rücktransport der Millionenheere aus Ost und West in die Heimat gemäß den Waffenstillstandsbedingungen. Die früher aufgestellten Demobilisierungspläne waren durch den plötzlichen militärischen Zusammenbruch wertlos geworden. Auf schleunigster Räumung der besetzten Gebiete bestanden die Feinde. Die Gefahr planlosen Zurückflutens der Armeen war groß. Dagegen vermochte die neue Regierung von sich aus wenig zu tun. Nur mit Hilfe des alten Apparates ließ sich die ungeheure Aufgabe der Zurückführung und Demobilisierung des Heeres lösen. So baten die Volksbeauftragten, die drei Unabhängigen eingeschlossen, den letzten wilhelminischen Kriegsminister, im Amte zu bleiben, weil sie keinen anderen brauchbaren Mann zur Hand hatten. An Hindenburg wurde das Ersuchen gerichtet, er möge mit den Offizieren im Interesse des Vaterlandes die Heere nach Deutschland zurückleiten. Das Telegramm lautete:

„An Generalfeldmarschall v. Hindenburg. Wir bitten, für das gesamte Feldheer anzuordnen, daß die militärische Disziplin, Ruhe und straffe Ordnung im Heer unter allen Umständen aufrechtzuerhalten sind, daß daher den Befehlen der militärischen Vorgesetzten bis zur erfolgten Entlassung unbedingt zu gehorchen ist, und daß eine Entlassung von Heeresangehörigen aus dem Heere nur auf Befehl der militärischen Vorgesetzten zu erfolgen hat. Die Vorgesetzten haben Waffen und Rangabzeichen beizubehalten. Wo sich Soldatenräte oder Vertrauensräte gebildet haben, haben sie die Offiziere in ihrer Tätigkeit zur Aufrechterhaltung von Zucht und Ordnung rückhaltlos zu unterstützen.

gez. Ebert, Scheidemann, Dittmann, Landsberg, Barth."

Mit einer ihrer ersten Amtshandlungen taten die Volksbeauftragten der Unabhängigen dasselbe, was sie mir später dauernd zum Vorwurf machten, sie arbeiteten mit den monarchistischen Offizieren zusammen, weil sie sonst niemanden hatten, der die militärischen Angelegenheiten regeln konnte.

Die großen Heimatgarnisonen waren nur in Ausnahmefällen bei Gefahr zu gebrauchen. Die neuaufgestellten Wehren versagten. Die gewählten Führer hatten keine Autorität. In Berlin durfte bei der Republikanischen Soldatenwehr der Depotführer nur mit Zustimmung des Soldatenrates Anweisungen erteilen. Handelte er einmal selbständig, mußte er damit rechnen, daß er die Billigung des Soldatenrates nicht fand. Häufige Debatten waren in den Depots üblich. Nach späteren gerichtlichen Feststellungen wurde die Frage der Beteiligung oder Nichtbeteiligung an einem Kampf zur Debatte gestellt.

Irgend etwas mußte geschehen, um eine Truppe von leidlicher Zuverlässigkeit zu bilden. Das Wehrgesetz war zwar nicht aufgehoben, doch konnte nicht daran gedacht werden, auf Grund der allgemeinen Dienstpflicht Truppen in größerer Zahl aufzustellen. Lediglich zum Schutz der eigenen Scholle ließen sich später in den östlichen Provinzen ein paar tausend Mann auf Grund der alten Wehrpflicht einberufen. Man mußte notgedrungen die Leute auslesen, weil Männer polnischer Zunge als Soldaten eher eine Gefahr denn ein Schutz für bedrohtes deutsches Land gewesen wären. In allen militärischen Dingen waren die Unabhängigen wie verbohrt. Worauf sich die Mehrheitssozialdemokraten in der Reichsregierung mit ihren drei Kollegen schließlich einigen konnten, war ein faules Kompromiß. Im Dezember 1918 erließen die Volksbeauftragten eine Verordnung betreffend die Bildung einer Volkswehr. Die Vollmacht zur Aufstellung von Abteilungen dieser Volkswehr erteilte der Rat der Volksbeauftragten, der auch Zahl und Stärke der Abteilungen festsetzte. Die Führer sollten von der Mannschaft gewählt werden.

Nennenswerte praktische Wirkung hat die Verordnung nicht gehabt. Nur wenige Volkswehrabteilungen wurden aufgestellt. Eine wirklich gute Truppe brachte in Berlin der Major Mayn auf, die später den Grundstock für die Sicherheitspolizei bildete. Als er mit seiner Werbetätigkeit begann, war die Bildung zahlreicher Freiwilligenverbände schon im Gange, veranlaßt durch die Hilferufe aus den östlichen Provinzen, den Januarputsch der Unabhängigen in Berlin und die Unordnung in großen Teilen des Reiches.

Als am Montag, den 6. Januar, mehrheitssozialistische Arbeiter nach Waffen riefen, haben ein paar Männer mit organisatorischem Geschick kampfeslustige Leute um sich geschart, die sich in den nächsten Tagen am Brandenburger Tor betätigten und das Reichstagsgebäude besetzten.

In Ermangelung einer anderen Unterkunft machten sie das Gebäude zur Kaserne, wozu es wirklich nicht geeignet war. Es ist viel darüber gelästert, vom Regiment „Reichstag" sei in dem Hause großer Schaden angerichtet worden. Die Leute waren schlecht ausgerüstet, besaßen weder Betten noch Decken und wählten deshalb die Teppiche und Polstermöbel als Ruhestätte. Die Verlausung des Gebäudes mußte die Folge sein. Andere Unterkunft war schwer aufzutreiben, so daß es geraume Zeit dauerte, bis der Reichstag wieder frei wurde. Das Regiment „Reichstag" und eine ebenso entstandene Formation, das Regiment „Liebe", genannt nach dem Manne, der zuerst Führer war, tauften sich später in „Republikanische Schutztruppe" um. Die Leute forderten bald Offiziere. Rechter Schwung kam in die Truppe nicht hinein; sie ging teils zur Republikanischen Soldatenwehr, teils zur Ostfront.

Am 25. Februar wurde in der Nationalversammlung das Gesetz betreffend die Bildung einer vorläufigen Reichswehr beraten. Um nicht Zeit zu verlieren, hatten die drei Koalitionsparteien, denen sich die Deutsche Volkspartei anschloß, den Entwurf als Initiativantrag eingebracht. Die wesentlichen Bestimmungen lauteten:

„Der Reichspräsident wird ermächtigt, das bestehende Heer aufzulösen und eine vorläufige Reichswehr zu bilden, die bis zur Schaffung der neuen reichsgesetzlich zu ordnenden Wehrmacht die Reichsgrenzen schützt, den Anordnungen der Reichsregierung Geltung verschafft und die Ruhe und Ordnung im Innern aufrechterhält.

Die Reichswehr soll auf demokratischer Grundlage unter Zusammenfassung bereits bestehender Freiwilligenverbände und durch Anwerbung von Freiwilligen gebildet werden. Bereits bestehende Volkswehren und ähnliche Verbände können ihr angegliedert werden. Offiziere und Unteroffiziere aller Art und Beamtenpersonal des bestehenden Heeres sowie dessen Einrichtungen und Behörden können in diese Reichswehr übernommen werden."

Redner aller Parteien betonten die Dringlichkeit der Schaffung einer gut disziplinierten Truppe unter der Leitung geschulter Offiziere, die im Besitz der Kommandogewalt sein müßten. Nur der Redner der Unabhängigen verfocht den Grundsatz, es sei verwerflich, wenn die Regierung der Gewalt seiner Freunde und der Spartakisten Gewalt entgegensetze. Dieser Theorie folgen, würde bedeuten, daß eine zur Gewaltanwendung entschlossene Minderheit treiben könnte, was sie wollte.

Schon damals setzte die Denunziation des eigenen Landes bei den Feinden durch die Unabhängigen von der Tribüne der Nationalversammlung wegen der militärischen Rüstungen ein, die seitdem konsequent fortgesetzt wurde. Kein anderes Parlament der Welt ließe sich ein solches Treiben gefallen.

Wie sich die militärischen Verhältnisse Deutschlands nach dem Friedensschlusse gestalten würden, war gar nicht abzusehen. Ich führte in der Nationalversammlung aus, jetzt über Wehrfragen in fernerer Zukunft zu reden, sei unangebracht. Der Antrag der Parteien trage lediglich ernster augenblicklicher Notlage des Reiches Rechnung. Mit meiner früheren Stellungnahme zu militärischen Fragen als sozialdemokratischer Abgeordneter käme ich nicht im geringsten in Widerspruch, wenn ich mich dafür einsetzte, daß Deutschland so rasch wie möglich wieder ein gewisses Maß von Wehrhaftigkeit erhalte. Niemals wurde von den Sozialdemokraten der Wehrlosigkeit des Reiches und des deutschen Volkes das Wort geredet. Wenn Deutschland nicht durch internationale Abmachungen zu einem anderen System gezwungen werde, müsse der Satz des sozialdemokratischen Erfurter Programms zur Durchführung gelangen, der lautet: „Erziehung des Volkes zur Wehrhaftigkeit." Wenn wir über die schwersten Zeiten politischer und wirtschaftlicher Erschütterungen hinüber seien, wenn uns in hoffentlich nicht zu ferner Zeit ein Friede beschert sei, den das Volk tragen könne, dann werde an die große Erziehungsarbeit herangegangen, welche die Sozialdemokratie auch auf militärischem Gebiet glaube verwirklichen zu können.

Das was seit dem Januar auf militärischem Gebiete getan worden war, konnte als ideale Leistung beim besten Willen nicht angesprochen werden. Es galt in kürzester Frist Soldaten aus dem Boden zu stampfen. Mangel an erfahrenen Offizieren und Mannschaften bestand nicht. Nicht wenige junge Leute kamen aus Idealismus. Da die Arbeitsgelegenheit knapp war, strömten auch eine Menge Leute herbei, die keine Beschäftigung fanden.

Daß wir im Innern des Landes so viele Truppen brauchten, war lediglich der Putschtaktik der Unabhängigen und Kommunisten zuzuschreiben. Der geachtetste Mann der Unabhängigen, Karl Kautsky, schrieb am 13. Januar 1919:

„Die bürgerlichen Elemente und die Herren Offiziere fühlen sich wieder. Die Gefahr der Gegenrevolution wird nun zu einer realen. Leider ist sie heraufbeschworen worden gerade durch die Politik der Spartakusse, die auszogen, sie zu bekämpfen."

Die Unabhängigen haben später bestritten, daß sie Gewaltpolitik getrieben haben. Aber bei einer Debatte über den Belagerungszustand im preußischen Landtag lehnte noch im Oktober 1919 als Sprecher der Fraktion der Unabhängigen Dr. Rosenfeld ausdrücklich ab, zu erklären, daß für seine Partei eine Gewaltanwendung nicht mehr in Frage komme.

Der Ostschutz wurde organisiert, um die Grenzen gegen polnische und russische Einfälle zu schützen. Ferner sollte er die Ernährung einigermaßen sicherstellen. Besonders Kartoffeln mußten aus den bedrohten Gebieten herausgeschafft werden. Ostpreußen hatte 1914 zweimal den Einfall russischer Armeen erlebt. Selbst wenn den Versicherungen der Sowjetregierung Glauben geschenkt wurde, daß sie keinen Angriff auf die deutsche Grenze plane, war doch gänzlich ungewiß, ob sie genügend Autorität besaß, um den Einfall plünderungslustiger Banden verhindern zu können. Die Sorge der ostpreußischen Bevölkerung war daher erklärlich. Sie bestand gleichmäßig bei allen Bevölkerungskreisen. Aufrufe, sich zum Schutz der Provinz zur Verfügung zu stellen, trugen auch die Unterschrift der Führer der Unabhängigen Sozialdemokratie in Ostpreußen. Daß gegen die Polen äußerste Wachsamkeit am Platze war, hatten die Ereignisse in erschreckender Weise gelehrt. Gebiete, in denen wertvollste deutsche Kulturarbeit geleistet worden war, befanden sich in polnischer Gewalt.

Selbst viele meiner Parteifreunde haben mir Vorwürfe gemacht, weil mein System bei der Auswahl der Soldaten und Offiziere falsch gewesen sei. Die Ereignisse in unserem Vaterland haben sich seit der Revolution förmlich überstürzt. Was zeitweise die Gemüter auf das tiefste bewegte, ist nach wenigen Monaten fast in Vergessenheit geraten. Man lebt nur unter dem Eindruck der Tagesvorgänge. Heute empören sich Leute über Dinge, die sie vor Jahr und Tag selber durch Unüberlegtheit und kurzsichtiges Verhalten verschuldeten.

Mein Auftrag lautete, so rasch wie möglich eine Truppe zu schaffen. Sie konnte nur durch Werbung zusammengebracht werden. Bei den Werbungen sind Erscheinungen zutage getreten, die unerwünscht und unerfreulich waren. Ganze Seiten waren in den Zeitungen mit Werbeinseraten der verschiedenen Formationen bedeckt. Die einzelnen Formationen machten einander Konkurrenz. Da man sich in bezug auf die Höhe der Löhnung nicht überbieten konnte, wurden besondere Abzeichen und frühere Eliteregimenter angepriesen. Bekannte Offiziere traten als Werber für Freikorps auf, wie es zur Zeit Wallensteins nicht viel anders gewesen sein kann. Diese Methoden waren unvermeidbar, weil ein brauchbarer anderer Apparat nicht vorhanden war. Wohl bestanden noch die alten Korpskommandos und Garnisonen. Dort kommandierten jedoch die Soldatenräte und verhinderten nach Möglichkeit die Truppenaufstellung.

Auf einer Tagung der Soldatenräte wurde die Notwendigkeit der Aufstellung eines Grenzschutzes anerkannt. Zuerst wurde eine Resolution vorgeschlagen, die Soldatenräte würden alle Maßnahmen zur Verteidigung des Grund und Bodens treffen, solange die Regierung das Mitbestimmungsrecht der A.- und S.-Räte anerkenne. Ohne Kommandogewalt der Soldatenräte also kein Schutz der Grenze. Beschlossen wurde:

„Der Kongreß der Zentralsoldatenräte aller Armeekorps erkennt die Notwendigkeit, den deutschen Osten gegen fremdnationale Angriffe zu schützen, an. Den aus den Armeekorps zu entsendenden Freiwilligenformationen muß gewährleistet werden, daß sie die selbstgewählten Führer und Soldatenräte behalten und ihrer festgelegten Verwendung unbedingt direkt zugeführt werden.

Die Werbung und Zusammenstellung der Formationen erfolgt gemeinsam nur durch das betreffende Generalkommando und den Korpssoldatenrat. Werbungen durch andere Elemente sind nicht zu dulden."

Von der Mitarbeit der Soldatenräte bei der Aufstellung von Truppen war nur in Ausnahmefällen Ersprießliches zu erwarten. Wenn sie schon für den Ostschutz etwas tun wollten, waren sie doch ausnahmslos der Bildung von Freiwilligenverbänden für den Dienst im Innern des Reiches abgeneigt. Für den Grenzschutz anfänglich bestimmte Truppen waren auch bei der Unterbrückung innerer Unruhen verwendet worden. Ein Soldatenrat nach dem anderen „verbot" also das Werben. Der Korpssoldatenrat in Münster publizierte:

„Im Bereich des 7. Armeekorps darf kein Freiwilligenbataillon gebildet werden; jede Werbetätigkeit ist zu unterbinden. Die Abreise von Freiwilligen ist zu verhindern."

Der Arbeiter- und Soldatenrat in Barmen und Elberfeld verfügte:

„Die A.- und S.-Räte des Bezirks Niederrhein haben sich in mehreren Sitzungen einstimmig gegen den militärischen Grenzschutz gewandt. Wir werden der Werbung und dem Abtransport von Truppen mit allen Mitteln entgegentreten. Die Zeitungen werden nochmals verwarnt, weder im redaktionellen noch im Inseratenteil Aufrufe und Werbungen für die Bildung von Freiwilligenbataillonen für den Grenzschutz usw. zu bringen."

Der Soldatenrat Cuxhaven telegraphierte mir:

„Der A.- und S.-Rat Cuxhaven hat mit Entrüstung von dem Aufruf zur Bildung von Freikorps für den sogenannten Grenzschutz Kenntnis genommen... Wir werden in unserem Befehlsbereich alles tun, um solche gegenrevolutionären und volksfeindlichen Machenschaften zu unterbinden."

Solche und ähnliche Beschlüsse wurden in Halle, Leipzig, Kottbus und Dutzenden anderer Städte gefaßt, und vielfach handelten die Soldatenräte auch danach, bis ich ihnen das Handwerk legte. Die Soldatenräte der Lübecker Garnison forderten den Kommandeur der 81. Infanteriebrigade, der sich zwecks Rücksprache mit dem A.- und S.-Rat wegen der Neubildung des Heeres in Lübeck aufhielt, auf, die Stadt binnen 24 Stunden zu verlassen. Das Volkskommissariat für Braunschweig machte im Februar bekannt, daß der A.- und S.-Rat jeden mit schwerer Strafe bedrohe, der sich für eine Freiwilligentruppe anwerben lasse. Als die Reichsleitung eine Mahnung an alle Soldatenräte ergehen ließ, Transporte für den Grenzschutz nicht zu behindern, veröffentlichte das Berliner Organ der Unabhängigen diese Notiz unter der Überschrift: „Verhindert den Zuzug!" und knüpfte daran die Mahnung: „Die A.- und S.-Räte im ganzen Reiche haben die Pflicht, dafür zu sorgen, daß der Transport von Truppen unterbunden wird. Von der Erfüllung dieser Pflicht werden sie auch die Drohungen der Regierung der Blutsozialisten nicht abhalten können."

Von einzelnen Unabhängigen und Kommunisten wurde der Versuch gemacht, die Truppe von innen zu zersetzen. Ganz ungeniert forderte im Februar in einer Versammlung in Berlin ein Führer der Unabhängigen, Wegmann, auf, unter den revolutionären Arbeitern großzügige Propaganda für den Eintritt in die von der Regierung geworbenen Freiwilligenkorps zu machen, damit die Arbeiter in den Truppenkörpern die Oberhand bekommen und sodann durch Meuterei es verhindern sollen, daß die Truppen gegen ihre proletarischen Brüder wie in Bremen und gegen die Bolschewisten vorgehen. Sie sollten vielmehr dahin wirken, daß die Gewehre im richtigen Moment umgedreht werden. Andere Unabhängige hatten schon so gehandelt. Ein Willi Kramer erzählte, das Sicheinschmuggeln in die Regierungstruppen, wie es Wegmann befürwortet habe, sei nicht so einfach. Er selbst habe versucht, sich beim Regiment Reinhardt zu melden, sei aber abgewiesen worden, indem man ihm eine Photographie zeigte, auf der er auf dem bewaffneten Automobil der Deutschen Waffen- und Munitionsfabriken abgebildet sei. Für zukünftige Zusammenstöße und Putsche forderte er seine Gesinnungsgenossen auf, sich auf keinen Fall wieder in Verhandlungen einzulassen, sondern einfach die Parlamentäre niederzuschießen!

Zu vorübergehender Dienstleistung wurden, als Not am Mann war, Studenten und ältere Schüler aufgerufen. Am 13. März 1919 wurde von dem Minister für Wissenschaft, Kunst und Volksbildung ein „Aufruf an die akademische Jugend Preußens" erlassen, in dem es hieß: „Noch einmal heißt es: Freiwillige vor! Heute winken keine Siegeskränze, heute trägt euch nicht der Aufschwung eines in ernster Kriegsnot geeinten Volkes. Heute reißt keine Begeisterung euch fort, noch zwingt das Gebot der allgemeinen Wehrpflicht. Die gereifte Jugend ergreift freiwillig die Waffen, weil sie den furchtbaren Ernst der Lage erkennt und weiß, was die Pflicht der Selbsterhaltung von ihr fordert. Die deutsche Wehrmacht liegt in Trümmern, die Flut des Bolschewismus droht unsern Grenzwall im Osten zu durchbrechen, die Hydra der Anarchie und des Bürgerkrieges erhebt im Innern ihr Haupt. Rette dein Vaterland, deutsche Jugend! Der ganzen deutschen Jugend aller Stände gilt unser Ruf, auch auf diesem ernsten Wege führend voranzugehen. Schulter an Schulter mit euren Altersgenossen aus dem Arbeiterstande sollt ihr jungen Akademiker der Regierung helfen, die Ordnung aufrechtzuerhalten. Tretet ein in die Freiwilligenverbände. Schützt das bedrohte Kulturerbe eurer Väter, rettet eure eigene Zukunft. Hilf, deutsche Jugend!"

Ein Teil der akademischen Jugend wurde noch einmal Soldat. Größer war die Zahl derer, die sich als Zeitfreiwillige bei den örtlichen Truppenteilen für den Fall höchster Not eintragen ließen. Ein Jahr später wurden besonders die studentischen Zeitfreiwilligen als gefährlich und reaktionär erachtet. „Endlich eine Tat", überschrieben Zeitungen den Erlaß desselben Ministers vom 14. April 1920:

„Die Direktoren der höheren Lehranstalten für die männliche Jugend sind anzuweisen, den Schülern den Beitritt zur militärischen Organisation (Zeitfreiwilligen-Regimenter, Einwohner- und Ortswehren) zu untersagen. Diejenigen Schüler, die bereits derartigen Formationen angehören, haben unverzüglich ihren Austritt zu erklären bzw. um ihre Entlassung nachzusuchen."

Bei den Kämpfen in Berlin, Bremen, Halle usw. waren Ausschreitungen nicht immer zu verhüten gewesen. Die Einzelfälle wurden verallgemeinert. Die Soldaten wurden in der blödesten Art beschimpft. An der Herabwürdigung der Truppe beteiligten sich nicht wenige Intellektuelle, die erst im Kriege Purzelbäume vor Nationalismus und Annexionslust geschlagen hatten und dann, als das Unglück da war, zu den Unabhängigen und Kommunisten überliefen. Ein „Witz" war: „Es gibt einfache Hunde, Bluthunde, Schweinehunde und Noskehunde."

Von den Blättern der Unabhängigen wurde gegen die Freiwilligen ein förmliches Kesseltreiben veranstaltet. Bald folgten Boykottbeschlüsse in den Gewerkschaften und das Herausekeln ehemaliger Freiwilliger aus den Betrieben. In manchen Städten ist ein Termin festgesetzt worden, bis zu dem der Austritt aus der Truppe erfolgt sein müsse. Wer bis dahin den Soldatenrock nicht ausgezogen habe, sollte zu keiner Arbeitsstelle zugelassen werden. Im März 1919 beschloß eine Betriebsversammlung der Deutschen Waffen- und Munitionsfabrik Wittenau, angeblich 2000 Personen, das Verhalten der Freiwilligenverbände sei ein Verrat an dem gesamten Proletariat Deutschlands. „Die Versammelten beschließen daher, nie wieder mit derartigen Elementen zusammenarbeiten zu wollen, und geloben, diese Verräter am Proletariat für alle Zeiten zu boykottieren." Eine der größten Berliner Firmen schrieb mir: „Anläßlich einer Auseinandersetzung mit dem Arbeiterrat unseres Elektromotorenwerkes bezüglich Wiedereinstellung eines bei uns früher beschäftigten Revolverdrehers, der jetzt von der Republikanischen Schutztruppe entlassen wurde, gab uns der Arbeiterrat folgende Auskunft: Die Kollegen lehnen es ab, mit Angehörigen der Freiwilligenverbände zusammenzuarbeiten, und stellen sich auf den Boden der in der ‚Freiheit' vom 26. März (Abendausgabe, letzte Seite) veröffentlichten Resolution der Arbeiter der Spandauer Betriebe. Zunächst sei diese Resolution in einzelnen Werkstätten gefaßt, die übrigen würden aber heute und in den nächsten Tagen die gleiche Resolution annehmen. Die Beschlüsse der Arbeiterschaft zwingen uns, wenn wir denselben etwa nachgeben würden, zur Verletzung der erlassenen Gesetzesbestimmungen über die Wiedereinstellung von aus dem Heeresdienst entlassenen Personen, oder, wenn wir dem Ansinnen nicht nachgeben, ist jedenfalls mit dem Ausstand der gesamten Belegschaft der ... Werke zu rechnen.' Wir bringen diese Angelegenheit zur Kenntnis, da nach unserer Ansicht durch ein derartig rigoroses Vorgehen die Arbeiterschaft den entlassenen Freiwilligen das Fortkommen erschwert und rückwirkend der Ersatz dieser Verbände unmöglich gemacht wird."

Ein Essener „Zentral-Zechenrat" ließ beschließen, ehemalige Angehörige der Freiwilligentruppen seien „zu meiden wie die Pest".

Die Leitung eines der größten Berliner Warenhäuser teilte eines Tages telephonisch mit, der Arbeiterrat fordere die sofortige Entlassung zweier früherer Angestellten, die aus dem Heeresdienst gekommen waren. Zu einer Besprechung bei mir, zu der ich den Firmeninhaber und den

Arbeiterrat einlud, kamen auch die Beamten zweier Gewerkschaften. Als ich den Leuten das Unsinnige und Unmenschliche ihres Verhaltens vor Augen führte, machte das gar keinen Eindruck auf sie. Respekt vor der ehrlichen Überzeugung Andersdenkender hatten die Berliner Unabhängigen ihrer Gefolgschaft gründlich abgewöhnt. Das Herausdrängen von politischen Gegnern war in manchen Betrieben zum Sport geworden. Gedanken darüber, was aus den Geächteten und ihren Familien würde, machten die Apostel modernster Freiheit sich nicht. Gegen solche Verranntheit half nur starker Gegendruck. Diesmal trat der Arbeiterrat des Warenhauses den Rückzug an, als er merkte, daß ich gewillt sei, ihn sofort festnehmen zu lassen, falls die boykottierten Leute nicht an ihre Arbeitsstätte gelassen würden. Die Gewerkschaftsbeamten beließ ich nicht im Zweifel darüber, daß ich sie für Boykotterklärungen haftbar machen würde.

Das ist nicht ohne Eindruck geblieben. Mitglieder des Berliner Vollzugsrates und der Gewerkschaftskommission suchten um eine Aussprache nach, die in der Reichskanzlei stattfand. Die Gewerkschaftsführer machten den Einwand geltend, daß sie Beschlüsse ihrer Mitgliederversammlungen auszuführen hätten. Demgegenüber betonte ich, daß sie soviel Einfluß haben müßten, um unzulässige Beschlüsse in Versammlungen zu verhüten.

Gleich danach erließ ich eine Verfügung, die den Boykott früherer Reichswehrangehöriger unter schwere Strafe stellte. Die Berliner Schneider faßten zwar noch einen Beschluß, wonach es abzulehnen sei, „mit ehemaligen Freiwilligen der Noskegarden zusammenzuarbeiten". Die Gewerkschaftsleiter hielten es jedoch für angebracht, einzulenken. Der Boykott wurde für aufgehoben erklärt. Aufgehört hat er keineswegs, aber die Beschwerden sind selten geworden.

Nach alledem ist es begreiflich, daß die organisierten Arbeiter, von manchen rühmlichen Ausnahmen abgesehen, der Truppe fernblieben. Im Jahre 1920 entdeckten eine Menge Leute, daß eine zuverlässige, republikanische Truppe nur gebildet werden könne, wenn man sie mit organisierten Arbeitern durchsetze. Dasselbe habe ich auch in sozialdemokratischen Blättern gelesen, nicht zuletzt im „Berliner Vorwärts" im März 1920. Die Ansichten ändern sich. Am 31. März 1919 beschloß die Kreisgeneralversammlung meiner Partei für Teltow-Beskow-Charlottenburg, daß der „Vorwärts" keine Werbeinserate für die Freiwilligenkorps mehr aufnehmen solle. Diesem Antrage ist stattgegeben worden! Andere Blätter der Mehrheitssozialdemokratie folgten diesem Beispiel. Als der Grundstock zur Reichswehr geschaffen wurde, sperrten sie mir den Zugang von Sozialdemokraten; später schimpften sie mich einen leichtfertigen, unüberlegten Mann, der nicht verstanden hat, das richtige Menschenmaterial heranzuziehen.

Anarchie im Industriegebiet

Auch im rheinisch-westfälischen Industriegebiet mußten Truppen Ordnung schaffen. Im November und Dezember war bei Streiks die Lohnfrage die Hauptsache gewesen. Dann traten politische Bestrebungen in den Vordergrund. Schon im Dezember und Januar kamen aus mehreren Städten des Industriegebietes Hilferufe der drangsalierten Bevölkerung. Am schlimmsten wurde mit den Zeitungen verfahren, die nicht im Besitze der Unabhängigen waren; Stürme auf Zeitungsgebäude, Demolierung von Maschinen, Verhinderung des Drucks, Unterbindung der Expedition leiteten die unabhängig-kommunistische Freiheit ein. In Düsseldorf wurden in der Nacht vom 8. zum 9. Januar alle Zeitungen erstürmt und zum Teil zerstört; die „Düsseldorfer Nachrichten" wurden gezwungen, als „Die Rote Fahne vom Niederrhein" zu erscheinen. Am 9. Januar wurden hervorragende Männer als „Geiseln" verhaftet. Am 19. Januar wurde auf einen friedlichen Demonstrationszug der Demokraten und Mehrheitssozialisten von Autos aus Schnellfeuer abgegeben. Es blieben 14 Tote und 30 Verwundete auf dem Platz. Am 14. Januar wurden Standgerichte eingesetzt. Am 16. und 17. Januar wurden Bureaus der anderen Parteien demoliert. Der in Düsseldorf zum „Oberbürgermeister" gemachte Führer der Bande, Schmidtken, erpreßte und verschleuderte öffentliche Gelder. Eine ähnliche Schandwirtschaft wurde in einer ganzen Anzahl Orte betrieben. Innerhalb weniger Tage wurden folgende Nichtswürdigkeiten verübt. In Düsseldorf verbot der Spartakusbund den Vertrieb der „Kölnischen Volkszeitung". In Duisburg wurden die „Niederrheinischen Nachrichten" vom Soldatenrat beschlagnahmt und auf acht Tage verboten. In Hamborn verbrannten die Posten des Arbeiterrates die für dort bestimmte Ausgabe dieser Zeitung. Nach Bochum kamen bewaffnete Spartakisten, besetzten die Werke und Gruben des Bochumer Vereins für Gußstahlfabrikation und legten sie still. In Gelsenkirchen wurden die Belegschaften von auswärtigen Spartakisten gewaltsam an der Aufnahme der Arbeit gehindert. Von Zeche zu Zeche zogen bewaffnete Scharen, die sich Revolutionäre nannten und zwangen die Arbeiter zum Ausstand. In Hamborn und anderen Orten wurde eine ganze Anzahl Personen getötet. Bei der Reichsbankstelle Mülheim erschienen am 12. Februar während der Geschäftszeit ein Mitglied und andere Beauftragte des Soldatenrates und erzwangen unter Androhung von Gewalt im Weigerungsfalle die Auszahlung von fünfundsiebzigtausend Mark als Löhnungsgelder für die Sicherheitsmannschaften, ohne daß eine ordnungsmäßige Anweisung zur Zahlung vorlag oder ein Guthaben vorhanden gewesen wäre.

Die wilden Ausschreitungen können damit erklärt werden, daß eine Anzahl der Grubenherren aus aller Herren Länder Arbeiter herangezogen hatten, die in besonderen Kolonien untergebracht und den gewerkschaftlichen Organisationen und deren erzieherischem Einfluß ferngehalten worden waren. Aus diesen billigeren und willigeren Arbeitern rekrutierten sich die anarchistischen Banden, als die Autorität des Unternehmers ins Wanken geraten war und der Gendarm nicht mehr schreckte.

Im Antimilitarismus betätigten sich die A.- und S.-Räte des Industriegebietes sehr nachdrücklich, als ich den Generalsoldatenrat in Münster absetzen ließ, weil er sich gegen die Reichsregierung auflehnte. Eine am 14. Februar 1919 im Saalbau zu Essen tagende Sitzung der Vertreter der A.- und S.-Räte des 7. Armeekorps, der drei sozialistischen Parteirichtungen und der Gewerkschaften erklärte:

„Der in allen Teilen Deutschlands neu auflebende Militarismus ist eine schwere Gefahr für die Revolution. Die Absetzung des Generalsoldatenrats Münster und die damit zusammenhängenden Vorgänge reihen sich ‚würdig' an die militärischen Leistungen der Noske-Soldateska in Bremen, Berlin, Erfurt und an anderen Orten.

Die Vertreter protestieren mit aller Entschiedenheit gegen die militärischen Ausschreitungen in Münster und verlangen:

1. Sofortige Wiedereinsetzung des Generalsoldatenrats mit allen seinen Rechten und Befugnissen.

2. Sofortige Entfernung des kommandierenden Generals und der Offiziere, welche mitschuldig sind an den Vorgängen.

3. Bestrafung der Schuldigen.

4. Abbau des Generalkommandos gemäß einem früher gefaßten Beschluß.

5. In der Erkenntnis der großen Gefahren, die die Errungenschaften der Revolution bedrohen, verpflichten sich die hier versammelten Vertreter des Industriegebietes gegebenenfalls die Arbeiterschaft allerorts

zum Generalstreik aufzurufen, um ihren Forderungen Nachdruck zu verleihen.

6. Die von der erweiterten Sitzung des Generalsoldatenrats gefaßten Beschlüsse sind unverzüglich zur Durchführung zu bringen.

Die Konferenz erwartet bis spätestens Montag vormittag die Antwort der Regierung. Im Falle der Ablehnung der gestellten Forderungen wird die am Dienstag vormittag stattfindende zweite Konferenz endgültig über den Generalstreik beschließen."

Bei diesem Beschluß wirkten die A.- und S.-Räte mit, die sich Mehrheitssozialisten nannten. Deshalb ist es wohl nicht zu dem angedrohten Streik gekommen, obwohl den Forderungen nicht entsprochen wurde.

Die Verhältnisse hatten sich so übel gestaltet, daß in der Nationalversammlung betont wurde, Deutschland breche in kürzester Frist zusammen, wenn es nicht gelinge, dem Wahnsinn und Verbrechen im Ruhrgebiet entschlossen ein Ende zu machen. Von Landesgenossen werde die Zerstörung der wertvollsten und wichtigsten Provinz, des rheinisch-westfälischen Industriegebietes betrieben.

So dringend kamen die Rufe nach Hilfe aus dem Industriegebiet, auch von meinen Parteigenossen, daß nicht schnell genug Soldaten aufgestellt werden konnten. Als endlich Truppen eingesetzt wurden, um dem verbrecherischen Narrentum entgegenzutreten, hetzten die Drahtzieher zum Generalstreik; in Flugblättern, die verteilt wurden, hieß es:

„Die Mörderbanden der Ebert-Scheidemann-Regierung sind im Anmarsch. Die Erlangung einer besseren Menschenwürdigkeit soll mit Gewalt niedergedrückt werden. Lebensmittel hat man nicht für die fleißig schaffenden, sondern für die Mordbuben, die bezahlt werden von den ausgebeuteten Arbeitern. Heraus zum Generalstreik! Keine Kohle mehr den Volksverrätern!"

Um Truppentransporte zu verhindern, sollten Eisenbahnen gesprengt werden. Ein Mann namens Dubielzig, der sich vorher schon als Bankräuber bewährt hatte, hatte den Auftrag, Sprengstoffe zu beschaffen. Zu dem Zweck erhielt er folgende Vollmacht:

„An die Genossen der U. S. P. D. und der K. P. D., der A.- und S.-Räte von Mülheim, Oberhausen, Düsseldorf und Hervest-Dorsten.

Der Inhaber dieses, der Genosse W. Dubielzig, K. P. D. (Kommunistische Partei Deutschlands), Mitglied des A.- und S.-Rates Rotthausen, ist beauftragt, von den genannten A.- und S.-Räten Sprengstoffe und Handgranaten zu erbitten, um evtl. Truppentransporte auf der Bergisch-Märkischen und der Köln-Mindener Bahn verhindern zu können.

(Stempel.)

A.- und S.-Rat Rotthausen
gez. Friedrich Rahkob.
Kommunistische Partei Deutschlands
gez. Dubielzig (Stempel).
Unabhängige sozialistische Partei Gelsenkirchen
gez. Steinicke.
Kommunistische Partei Gelsenkirchen
gez. Edmund Mozarski (Stempel).
Kommunistische Partei Essen
gez. Joh. Kenn (Stempel).
Kommunistische Partei Gelsenkirchen
gez Gottfr. Karuscheit."

Wer sich für Ordnung im Bezirk einsetzte, wurde für vogelfrei erklärt. Eine Bezirkssitzung der „Freien Vereinigung", einer neuen Bergarbeiterorganisation, erließ folgende Bekanntmachung auf großen roten Plakaten:

„Laut Abmachungen der Freien Vereinigung gilt für diejenigen Belegschaftsmitglieder, die sich in letzter Zeit der Bürgerwehr zur Verfügung gestellt haben, daß sie unter keinen Umständen zur Arbeitsstätte zugelassen werden. Diejenigen, welche von den Kameraden der Freien Vereinigung erkannt werden, welche der neuen Wohllöblichen Mörderwehr angehören oder angehörten und jetzt ihre Mordwaffen ins Korn geworfen haben und bei uns Frieden suchen, dürfen wir unter keinen Umständen als organisierte Männer dulden; denn diese „Bonzen" müssen zur Rechenschaft gezogen werden.

Diejenigen, die der Bürgerwehr jetzt angehören, dürfen mit Lebensmitteln von Schachtanlagen nicht versorgt werden."

In einem Nachsatz wird den Mitgliedern der alten Bergarbeiterverbände eröffnet, daß sie sich innerhalb einiger Tage der Freien Vereinigung anzuschließen hätten. „Wer bis dahin der Freien Vereinigung nicht angehört, muß die Arbeitsstätte verlassen." Als im April ein neuer politischer Streik zum Zwecke des Sturzes der Reichsregierung im rheinisch-westfälischen Industriegebiet begonnen wurde, führte die Streitleitung sofort eine Pressezensur ein. Den Zeitungen von Essen und Umgegend wurde geschrieben:

„Sollten die Zeitungen entgegen unserer Aufforderung über die Arbeiterbewegung im rheinisch-westfälischen Industriegebiet etwas anderes als die authentischen Nachrichten der Zentral-Streikleitung und des Zentral-Zechenrates veröffentlichen, oder diese Nachrichten in tendenziöser Weise kürzen bzw. erweitern, mit tendenziösen Überschriften versehen oder auf diese Nachrichten bezügliche tendenziöse Bemerkungen oder Artikel an anderer Stelle veröffentlichen, so werden die im Streik befindlichen revolutionären Arbeiter des Rheinisch-Westfälischen Elektrizitätswerkes den Zeitungen die Stromzuführung unterbinden und auf diese Weise die Verbreitung falscher oder tendenziös entstellter Berichte verhindern.

Die Zentralstreikleitung würde bedauern, wenn durch das Verhalten der einen oder anderen Zeitungsleitung die Arbeiterschaft gezwungen werden würde, auch die zur Versorgung der öffentlichen Anstalten, Krankenhäuser usw. mit Licht- und Kraftstrom von der Zentralstreikleitung zugebilligte Ausführung von Notstandsarbeiten sofort einstellen zu müssen. Die revolutionäre Arbeiterschaft würde in einem solchen Falle jede Verantwortlichkeit für die alsdann aus dem Verhalten der Zeitungsleitungen resultierenden Folgen ablehnen."

Ein Neunerausschuß terrorisierte das Industriegebiet, besonders auch die Arbeiter, denen der Streik zuwider war. Darauf wurden mit General v. Watter, der sich im Industriegebiet außerordentlich verdient gemacht hat, und dem zum Reichskommissar ernannten Abgeordneten Severing schärfste Maßnahmen verabredet, die von einem Teil der Arbeiter und den alten Gewerkschaftsführern dringend gefordert wurden. Außer einem Teil des Neunerausschusses, dessen man habhaft werden konnte, wurde eine Anzahl anderer kommunistischer Terroristen verhaftet. Reichskommissar Severing ordnete an, daß alle männlichen Einwohner vom 17. bis zum 50. Lebensjahre verpflichtet seien, im Bedarfsfalle auf Anordnung der Gemeindebehörden Notstandsarbeiten zu verrichten. Jede neue Streitleitung, die sich bildete, wurde festgesetzt. Als ich einige Tage später das Ausstandsgebiet durchfuhr, war die Streikwelle gebrochen. In der Nationalversammlung inszenierten die Unabhängigen bald darauf einen wilden Skandal, weil ich ablehnte, in Schutzhaft gesetzte Leute aus dem Industriegebiet, die in einen kurzen Hungerstreik getreten waren, freizulassen.

Der Arbeiterschaft des Ruhrgebietes war durch etwa 7 Millionen Streitschichten ein Lohnausfall von 97,5 Millionen Mark entstanden. Der Förderausfall in derselben Zeit betrug über 4 $\frac{1}{2}$ Millionen Tonnen. Die Bergleute in Hamborn hatten seit der Revolution an nicht weniger als 63 Tagen gestreikt. Das war möglich, weil in der ersten Zeit die Bezahlung der

Streiktage erzwungen wurde. Diesmal erfolgte eine bedingungslose Aufnahme der Arbeit. Das deutsche Wirtschaftsleben ist ein Jahr lang durch diese wahnwitzige Streikerei auf das Schwerste geschädigt worden. Den größten Nachteil hat die Arbeiterschaft in allen Teilen des Reiches davon gehabt.

Braunschweig

Zu den Orten, wo die unabhängig-kommunistische Treiberei am übelsten war, gehört Braunschweig. Daß die Mißwirtschaft so lange andauerte, war der Unentschlossenheit der Mehrheitssozialisten zuzuschreiben, die trotz schmählicher Behandlung, die sie erfahren hatten, mit den Unabhängigen paktierten, nachdem der Landtag sehr spät erst zusammengetreten war. Der Berliner Regierung standen die Braunschweiger Radikalen in offener Auflehnung gegenüber. Am 21. Januar wurde für Braunschweig ein allgemeiner Streik als Protest gegen die Reichsregierung dekretiert.

Von Braunschweig aus wurde ferner die Bildung einer Nordwestdeutschen Republik propagiert, wobei sich besonders der Braunschweiger Volksbeauftragte Sepp Oerter hervortat. Die Gebiete von Bremen, Hannover, Oldenburg, Braunschweig sollten zu einer sozialistischen Republik vereinigt werden. Bei einer Zusammenkunft der Braunschweiger Landes-Arbeiter- und Soldatenräte am 4. Februar äußerte Oerter zur Begründung einer nordwestdeutschen Bunedsrepublik, wenn es der Regierung Ebert-Scheidemann gelingen sollte, die Arbeiterschaft an der Wasserkante niederzuschlagen, sei auch für Braunschweig die Schicksalsstunde gekommen. Nachdem man einig geworden war, daß vorerst Braunschweig eine sozialistische Republik werden solle, wurde einstimmig folgende Entschließung angenommen:

„Wir wollen die Institution der Arbeiter- und Soldatenräte behalten, auch gegen den Willen des Reiches und gegen die Beschlüsse der Nationalversammlung. Bei Differenzen mit der Reichsregierung soll versucht werden, diese im Verhandlungswege zu erledigen. Einem bewaffneten Angriff auf Braunschweig ist sofort mit der bewaffneten Macht entgegenzutreten."

An dem Terror, der üblich war, wo Unabhängige oder Kommunisten die Gewalt an sich gerissen hatten, fehlte es Braunschweig unter des kleinen Schneiders Merges Leitung nicht. Als die Mergesleute glaubten, daß eine militärische Aktion gegen die Stadt erfolgen werde, setzten sie Geiseln fest, und zwar zumeist Mitglieder der sozialdemokratischen Mehrheitspartei. Diese Geiseln wurden nicht nur ohne jeglichen Haftbefehl unter entehrenden Verhältnissen ins Gefängnis geworfen, sie wurden auch dauernd mit Erschießen bedroht. Wenn auch dank meiner Drohung, schärfste Repressalien vornehmen zu lassen, das Schlimmste verhütet werden konnte, so war es doch unmöglich, die Geiseln vor geradezu bestialischen Mißhandlungen zu schützen. Bei ihrer Einlieferung in das Haftlokal wurden die Verhafteten von johlenden Volkswehrleuten empfangen, mit unflätigen Reden überschüttet und mit sofortigem An-die-Wandstellen bedroht. Zu essen bekamen die Gefangenen der Braunschweiger unabhängig-kommunistischen Regierung nichts, um so öfter wurden sie in rohester Weise mit Faustschlägen traktiert. Während sie in Haft saßen, wurden ihre Wohnungen durch die von der braunschweigischen Regierung gestellten „Wachen" vollkommen ausgeplündert, es wurden ihnen Wertpapiere, Sparkassenbücher und ihr sämtlicher sonstiger Besitz einschließlich Kleider, Wäsche sowie alles, was sie bei sich trugen, besonders Brieftaschen und Geld, geraubt.

In der Hoffnung, allmählich zu gesunderen Verhältnissen gelangen zu können, ließen sich die Sozialdemokraten trotzdem mit diesen Leuten auf die Bildung einer Regierung ein. Aber die Braunschweiger Unabhängigen zogen nur vorübergehend etwas mildere Saiten auf. So waren einmal die beiden Leiter des Militärwesens bei mir recht bescheiden. Braunschweig hatte sich in allen militärischen Dingen selbständig gemacht und die Konvention mit Preußen gekündigt. Die Werbung und der Eintritt in Freiwilligenverbände wurde bei schwerer Strafe verboten. Militärtransporte wurden angehalten, so daß ich scharf drohen mußte. Eigenmächtig wurden beträchtliche, unzulässige Ausgaben in Militärsachen gemacht. Darauf sperrten wir die Geldzahlungen. Schließlich hatten die beiden Militärleute die Braunschweigische Landeskasse um fünf Millionen Mark erleichtert, wegen deren Zurückerstattung sie in Berlin bei mir vorstellig wurden. Jede Zahlung wurde davon abhängig gemacht, daß sie sich den von uns aufgestellten Forderungen fügten.

Als in Ungarn und München der Rätespektakel losging, wurden auch die Braunschweiger Radikalinskis wieder munter. Am 9. April riefen sie die Braunschweiger Arbeiterschaft erneut zum Generalstreik auf. Bewaffnete Trupps erzwangen die Arbeitseinstellung. Der frühere Präsident Schneider Merges beantragte in einer Versammlung die Ausrufung der Räterepublik Braunschweig, sofortige Verbindung mit den Räterepubliken Rußland, Ungarn und Bayern, gründliche Beseitigung des Militarismus, und Kapitalismus in Deutschland und der ganzen Welt, Absetzung der Regierung Ebert-Scheidemann-Noske, Auflösung der Nationalversammlung und aller Landtage in Deutschland, Freilassung aller politischen Gefangenen, Entfernung der Mehrheitssozialisten aus der Braunschweiger Regierung sowie die allgemeine Weltrevolution. Der Landtag brach seine Sitzung plötzlich ab und wurde auf unbestimmte Zeit vertagt. Der neugewählte Landesarbeiterrat trat zu einer Sitzung zusammen und rief sich als die einzige souveräne Macht in Braunschweig aus.

Jetzt war längeres Zögern gegenüber Braunschweig nicht mehr zu verantworten. General Maercker erhielt den Auftrag, schleunigst zu handeln. Er kam, um sich persönlich von mir Instruktion zu holen. Am 11. hatten seine Leute am Bahnhof Börßum ein Feuergefecht. Als die Braunschweiger sahen, daß ernst gemacht wurde, streckten sie die Waffen. Merges brachte sich in Sicherheit. Der Einzug der Truppen ging unter großem Jubel der Bevölkerung vonstatten.

General Maercker gab folgenden Befehl:

„1. Im Einvernehmen mit der Reichsregierung wird die Bevölkerung entwaffnet nach Maßgabe meines noch zu veröffentlichenden Befehls.

2. Die bestehende Volksmarinedivision und Volkswehr werden aufgelöst. Die bisherigen Angehörigen dieser Verbände, die nicht die Braunschweiger Staatsangehörigkeit besitzen, werden abgeschoben. An Stelle der aufgelösten Verbände treten neue Formationen nach meiner Anweisung.

Die bisherige Regierung in Braunschweig setze ich ab. Eine neue Regierung entsprechend der Zusammensetzung der Landesversammlung richte ich ein.

Den Braunschweiger Arbeiterrat löse ich auf. Der Expräsident Merges und die kommunistischen Volkskommissare Oerter, Eckhardt und der frühere Vorsitzende des A.- und S.-Rates Husar Schütz aus Berlin werden in Schutzhaft genommen, bis über die Einleitung eines gerichtlichen Verfahrens und den Erlaß eines gerichtlichen Haftbefehls gegen diese Personen entschieden ist. Soweit die gesetzlichen Voraussetzungen vorliegen und die Umstände es erfordern, wird gegen andere Personen in gleicher Weise verfahren.

Den Umfang meiner militärischen Maßnahmen mache ich von dem Verhalten der bisherigen Regierung und der Bevölkerung des Freistaates Braunschweig abhängig."

Eine Umbildung der Regierung wurde vorgenommen. Seit jener Zeit ist die Ruhe und Ordnung in Braunschweig nicht mehr ernstlich gestört worden.

Eisenbahnerstreiks

Das Personal der Eisenbahnen, Beamte wie Arbeiter, ist dürftig bezahlt worden. Eine gewisse Sicherheit der Existenz, Pension und Altersrente mußten sauer mit sehr niedrigen Anfangslöhnen und -gehältern erworben werden. Das Recht, eine Uniform oder auch nur eine Uniformmütze zu tragen, lockte trotzdem zahlreiche Leute, bei der Post und der Eisenbahn Beschäftigung zu suchen. Nicht nur die Beamten, sondern auch die Arbeiter waren bis zur Revolution an straffe Unterordnung gewöhnt. Die Lahmlegung des Verkehrs durch einen Eisenbahnerstreik wäre bis zum Ausbruch der Revolution beinahe undenkbar gewesen.

Nach dem November 1918 schien es aber, als wenn versucht werden sollte, alles Versäumte in Monaten nachzuholen. Bestrebungen, Löhne und Gehälter den furchtbar gesteigerten Kosten der Lebenshaltung anzupassen, waren durchaus berechtigt. Ein Teil der Eisenbahner hat jedoch das Augenmaß dafür vermissen lassen, wie weit sie gehen durften, ohne die Gesamtheit des Volkes schwer zu schädigen. Mit bloßen Lohn- und Gehaltserhöhungen war den Arbeitern und Beamten keineswegs gedient. Der zunehmenden Teuerung konnte und kann auch jetzt nur durch vermehrte Warenproduktion entgegengewirkt werden. Die Hebung der deutschen Wirtschaft war nach der Steigerung der Kohlenförderung abhängig von der schleunigsten Verbesserung der Verkehrsverhältnisse.

Im Kriege waren die Eisenbahnen sehr stark heruntergewirtschaftet worden. Nach dem Waffenstillstand mußten die besten Lokomotiven und Wagen an Frankreich ausgeliefert werden. Daher kam alles darauf an, das abgenutzte rollende Material so schnell wie möglich wieder in Stand zu setzen. Höchstmögliche Arbeitsleistung in den Eisenbahnwerkstätten war von weitesttragender Bedeutung für das ganze Volk und die Voraussetzung für den Beginn eines wirtschaftlichen Gesundungsprozesses. Statt dessen ging die Leistung in zahlreichen Werkstätten rapid zurück. Die Zahl der unbenutzbaren Lokomotiven nahm zu. Fast ein Jahr lang war gegen diese Mißwirtschaft nicht mit Erfolg anzukämpfen, so oft auch zu entschlossenem Vorgehen gedrängt worden ist. Erst in den letzten Monaten wurden unter militärischem Schutz die verlottertsten Werkstätten geschlossen, ein beträchtlicher Teil der Unruhestifter entlassen und die Akkordarbeit wieder eingeführt. Die Mehrzahl der Arbeiter, die ordnungsliebend und pflichttreu ist, wird die Wiederkehr anständiger Verhältnisse freudig begrüßt haben.

Wie viele partielle Eisenbahnerstreiks stattgefunden haben, vermag ich nicht zu sagen. Eine der fühlbarsten Verkehrsstörungen, bei der politische

Treibereien stark mitgewirkt hatten, war im Februar und bis in den Anfang März hinein die im Bezirk Halle und Erfurt. Durch diesen Streik war die Nationalversammlung in Weimar fast vom übrigen Deutschland abgesperrt. Nach Berlin konnte man nur im großen Umwege über Gera-Chemnitz gelangen.

Bei der Eisenbahnerbewegung haben moralisch minderwertige Elemente eine Zeitlang sich eine Führerrolle anmaßen können. Neben den Organisationen hatte sich ein Zentralrat der Eisenbahner aufgetan, der viel Unfug trieb. Als die Mitglieder dieses Zentralrates wegen ihrer Eigenmächtigkeiten mit dem Verbandsvorstand in Konflikt gerieten, wurde ihre Geschäftsführung einer Nachprüfung unterzogen. Dabei ergab sich folgendes:

Die Kassenbücher des Zentralrats befanden sich in größter Unordnung; eine klare Übersicht war daraus nicht zu gewinnen. Einzelne Ausgaben waren doppelt gebucht. Die Einnahmen aus Sammlungen und Zuwendungen von den Ortsgruppen wurden überhaupt nicht gebucht. Nur die Beträge, die der Zentralrat von der Hauptkasse des Verbandes erhalten hatte, standen zu Buch, doch fehlten hierbei zum Teil die Daten, an denen das Geld vereinnahmt worden war. Die ganze Buchführung machte den Eindruck, als seien die Eintragungen nachträglich ohne Unterlagen, aus dem Gedächtnis erfolgt. Es konnte ferner festgestellt werden, daß die Mitglieder des Zentralrats an Tagegeldern für jeden Tag, obwohl sie häufig nicht in Berlin waren, vierzig Mark bezogen haben. Dem Vorstand war mitgeteilt worden, daß zwei Mitglieder des Zentralrats — Hertel und Klütz — in einer Nacht 1500 Mark verjubelt haben sollten. Die Untersuchung durch die Kommission hat ergeben, daß an dem Zechgelage in der Nacht vom 5. Mai 1919 nicht zwei, sondern mehr Mitglieder des Zentralrats und eine „Dame" beteiligt waren, und daß die Zeche in einer Bar allein 2300 Mark betrug. Die sogenannte Registratur des Zentralrats bestand in der Hauptsache aus leeren Mappen. Eines der Mitglieder hatte Verbandsgeld nicht abgeliefert. Die Ungetreuen wurden darauf aus ihrer Organisation ausgeschlossen. Und solche Helden waren die lautesten Schreier nach einer weitgehenden Umgestaltung der Eisenbahnverwaltung!

Unabhängige und Spartakusleute haben den Eisenbahnerstreik als vornehmstes politisches Kampfmittel bewertet. In einem Rundschreiben der Spartakus-Zentrale sind darüber folgende Ausführungen gemacht worden:

„Ein Eisenbahnerstreik ist daher im gewissen Sinne stets ein Kampf um die Staatsgewalt ... Ob aber der Eisenbahnerbewegung aus diesem Grunde gleich das Ziel einer Beseitigung der bestehenden und der Errichtung einer neuen Staatsgewalt gegeben werden darf, ist eine andere

Frage, und wir haben diese Frage verneint aus folgenden Gründen: Die Eisenbahner treten neu und zum ersten Male in eine große revolutionäre Aktion ein. Ihnen liegen nur die wirtschaftlichen Ziele vor Augen, diese freilich im weitesten Umfange, Rätesystem eingeschlossen. Politische Ziele verfolgen sie bewußt nicht. Es würde zwecklos sein, die Streikbewegung nur schwächen und dem Absplitterungsversuch nur Vorschub leisten, wenn wir unvermittelt die politischen Parolen hineinwerfen würden.

Dieser unser Standpunkt gilt nur für jetzt und kann sich täglich ändern. Würde, was wir heute noch nicht wissen, der Eisenbahnerstreik sich lange hinziehen und damit die politische Weiterentwicklung der Eisenbahnermassen vor sich gehen, so daß sie der im Hintergrund ihrer Bewegung stehenden politischen Ziele bewußt werden und sie sehen, oder wird die Eisenbahnerbewegung aufgenommen werden von einer gewaltigen Bewegung der Industriearbeiter, die bereits ihrer politischen Ziele sich bewußt sind, dann wäre es Zeit mit der Herausgabe der letzten politischen Parolen. Bis dahin müssen die Parolen jeweils den Verhältnissen entsprechen."

Ende Juni und bis in den Anfang Juli hinein gab es wieder einmal eine Anzahl Eisenbahnerstreiks. Gefordert wurden Lohnerhöhungen und einmalige Zahlungen. In Berlin gefährdete der Verkehrsstreik nach einigen Tagen Leben und Gesundheit der Einwohner in empfindlicher Weise. Einer der Wortführer der Streikenden prahlte, es sei ihm bekannt, daß in erster Linie Frauen und Kinder leiden müßten, aber trotzdem werde der Zugverkehr stillgelegt werden. In einer Versammlung sagte ein Redner, kein Milchzug dürfe hereingelassen werden, wenn auch einige Säuglinge mehr krepierten; während des Krieges sei so wie so eine Masse davon verreckt.

Als bei dem Streik nicht rasch ein Erfolg kam, wurde versucht, den Generalstreik herbeizuführen. Ein Flugblatt lag, wie ich erfuhr, im Bureau der Eisenbahner, das dazu aufforderte. Die Flugblätter ließ ich wegnehmen und die Personen, die damit zu tun gehabt hatten, in Haft setzen. Nun gab es verschärfte Streikdrohungen. Einige Personen, die nur zufällig in dem Bureau zugegen gewesen und verhaftet worden waren, wurden entlassen, die Hauptperson ließ ich, wie ich von Anfang an erklärt hatte, erst frei, nachdem der Streik beendet war.

Ganz unverkennbar wollte ein Teil der Berliner Eisenbahner den Streik zu einer Kraftprobe mit der Regierung machen. Daß es dazu früher oder später kommen würde, war unschwer vorauszusehen. Ich glaubte, sie jetzt schon erfolgreich wagen zu können. Deshalb erließ ich am 27. Juni 1919 eine Verordnung zur Sicherung des Eisenbahnbetriebes, die ein

Streikverbot enthielt. Ein Teil der Eisenbahner lenkte ein und war zur Arbeitsaufnahme bereit. Wegen des Streikerlasses gab es aber noch eine Unmenge von Protesten, Drohungen, schließlich Verhandlungen. Das Resultat war ein Zurückweichen insofern, als ich gedrängt wurde, die Erklärung abzugeben, mit der Aufnahme der Arbeit in Berlin trete die Verfügung ohne weiteres außer Kraft. Die Presse der Unabhängigen jubelte im ersten Augenblick, ich sei umgefallen, weil sie annahm, es sei eine glatte Aufhebung erfolgt. Dann wurde geschimpft, die Regierung habe nicht den Mut, den Noskeschen Streikerlaß aufzuheben, sondern habe das den Eisenbahnern gegebene Wort treulos gebrochen. Mit täglich wachsender Erregung der Streikenden wurde gedroht. Demgegenüber ging ich mit einer scharfen Maßnahme gegen den Berliner Vollzugsrat vor, der sich dauernd eine Art von behördlicher Funktion anmaßte und, soweit die Mitglieder der U. S. P. D. und der K. P. D. in Betracht kamen, einen unheilvollen Einfluß auszuüben suchte. Die Geschäftsräume des Vollzugsrates ließ ich schließen und mehrere seiner Mitglieder vorübergehend in Haft nehmen. Der Vollzugsrat begnügte sich diesmal mit einem besonders tönenden Fluch gegen meine Arbeit und meine Person.

Der Eisenbahnerstreik erlosch. Die Mehrzahl der Arbeiter war zur Wiederaufnahme der Tätigkeit bereit. Eine Minderheit trieb aber noch immer zur Fortsetzung des Ausstandes. Nun wurde endlich ernst gemacht und verfügt, daß entlassen sei, wer bis zu einem bestimmten Tage die Arbeit nicht aufgenommen habe. Das wirkte derartig, daß die lautesten Schreier in den Versammlungen als die ersten am Tore standen. Einige Hundert Leute, die es hatten darauf ankommen lassen, blieben auf der Straße als Opfer von gewissenlosen Verführern.

Von einem der Führer ist das vermessene Wort gesprochen worden, die Eisenbahner hätten die Hand an der Gurgel des Staates. Jede Regierung, die eine derartige Erklärung ruhig hinnähme, verdiente nicht nur Hohn und Spott, sondern müßte wegen verbrecherischer Pflichtvergessenheit davongejagt werden. Die Eisenbahner sind mir besonders unfreundlich gesinnt gewesen, weil verbreitet wurde, in einer Rede von mir sei der Satz vorgekommen, ich würde nicht davor zurückschrecken, erforderlichenfalls ein paar Tausend Eisenbahnern die Knochen zu zerbrechen. Die tatsächliche Äußerung hatte ganz anders gelautet. Das Wort von der Hand an der Gurgel hatte ich zitiert und hinzugefügt, an der Hand, die das Leben des Volkes gefährde, würde ich, so lange ich im Amte sei, die Knöchel zerschlagen.

Als im Januar 1920 der Versuch gemacht wurde, erneut den Eisenbahnverkehr im großen Umfange lahmzulegen, erfolgte ein Streikverbot.

Als Inhaber der vollziehenden Gewalt im größten Teile des Reiches hätte ich nun durchgreifen können. Die Bekanntgabe der Verfügung genügte aber, um den Teilstreik ein Ende zu machen.

München

In München war Kurt Eisner durch die Revolution an die Spitze der bayrischen Regierung gelangt, ein uneigennütziger, geistreicher Mann, aber alles andere als ein Realpolitiker. Er zählte zur Partei der Unabhängigen, war aber immer etwas Eingänger gewesen und gab auch jetzt seiner Politik eine starke persönliche Note, leider nicht zum Vorteil Deutschlands. Besonders bemerkenswert war, daß der in Norddeutschland geborene Mann bereit war, dem bayrischen Partikularismus die weitestgehenden Zugeständnisse zu machen, um dadurch den politisch rabiat gewordenen Teil der Bauern bei seiner Fahne zu behalten. Die Mehrheitssozialisten setzten sich gegen Eisner nicht durch, der sich auf die Arbeiter-, Bauern- und Soldatenräte stützte, die sehr unabhängig-radikal taten. Die Masse des Volkes in Bayern wollte jedoch von dem Eisnerschen Regiment und der Rätewirtschaft nichts wissen.

Bei den Wahlen im Januar erlitten die Unabhängigen eine vollständige Niederlage. Sie erlangten noch nicht 3 Prozent der abgegebenen Stimmen und mit Ach und Krach ein Mandat. Danach mußten Eisner und sein Anhang aus der Regierung verschwinden, falls sie wie Demokraten handelten. Das taten sie jedoch keineswegs. Eisner blieb Ministerpräsident von der Gnade der A.- und S.-Räte, denen er dafür wieder freien Spielraum ließ. Die machtlüsternen Räte standen im scharfen Gegensatz dem Landtage gegenüber. Eisner war jedoch viel zu klug, um nicht einzusehen, daß er sich unmöglich an der Spitze der Regierung würde behaupten können, bei einer Volksvertretung, in der er keine Fraktion als Stütze hatte. Nach langwierigen Besprechungen war er zum Rücktritt bereit. Als er am 21. Februar auf dem Wege zum Landtag war, um, wie es heißt, dort eine entsprechende Erklärung abzugeben, erschoß ihn der jugendliche Graf Arco. Gleich darauf begann im Sitzungssaale des Landtages eine wilde Schießerei. Der Fleischergeselle Lindner, ein beschränkter Mensch, was nicht hinderte, daß er Mitglied der höchsten Rätekorporation war, streckte den Minister Auer nieder. Schüsse von der Tribüne krachten; einer tötete den Abgeordneten Osel.

Diese feige Schießerei war nicht eine Folge des Attentats auf Eisner, sondern ist planmäßig vorbereitet gewesen. Eisner mochte den Platz räumen wollen, auf dem er sich nur mit Gewalt hätte halten können. Den Räten, die vom Volke nicht gestützt wurden, schmeckte die Macht zu süß, als daß sie freiwillig darauf Verzicht leisteten. Der Landtag, der eine ordnungsmäßige, parlamentarische Regierung bilden wollte, neben der für Rätewirtschaft kein Platz war, sollte auseinandergesprengt werden. So hatten es in Rußland ein Jahr vorher die Bolschewiki auch gemacht, denen die deutschen Unabhängigen in vielen Dingen nachäffen. Ein als zuverlässig geltendes Regiment, das die Bewachung des Landtages übernehmen sollte, wurde in Dachau angehalten und entwaffnet. Der Landtag erhielt dafür eine so verhetzte Besetzung, daß Leute davon sich noch gegen Schwerverwundete roh und feindselig benahmen. Der „revolutionäre Arbeiterrat" hatte alle Tribünenplätze besetzt; die Abgeordneten wurden nach Waffen durchsucht, während die Mitglieder des Arbeiterrats schwer bewaffnet erschienen.

Die Landtagsabgeordneten stoben nach der Schießerei auseinander. Ein starkes Durcheinander in München folgte. Vorerst herrschten die Räte. Am 22. Februar wurde in München der Belagerungszustand erklärt. Die Bekanntmachung, unterzeichnet vom Polizeipräsidenten und vom Stadtkommandanten, die beide der unabhängigen Partei angehörten, lautete:

„Wer Handlungen gegen die Regierungsgewalt vornimmt oder wer zu solchen auffordert, wird gemäß den Bestimmungen über den Belagerungszustand erschossen."

Alle Münchener Zeitungen wurden besetzt und durften nicht erscheinen. Am 23. Februar beschloß der Münchener Zentralrat, das Erscheinen sämtlicher Münchener Zeitungen auf 10 Tage zu verbieten.

Für diesmal wagten die Verfechter der Forderung: „Alle Macht den A.- und S.-Räten" noch nicht, ganze Arbeit zu leisten. Es wurde eine neue Regierung gebildet; Ministerpräsident wurde Hoffmann, Militärminister Schneppenhorst, der sich in Nürnberg als ein energischer Mann erwiesen hatte. Aber die A.- u. S.-Räte blieben bestehen und hielten die Regierung dauernd unter starkem Druck. Ein militärisches Machtmittel, auf das es sich stützen konnte, besaß das Ministerium nicht. Die Soldatenräte wachten eifersüchtig darüber, daß ihre Position nicht beeinträchtigt wurde. Also lavierte die Regierung. Sie ließ sich auf Experimente ein, denen sie offenbar innerlich widerstrebte. Zur Durchführung der Sozialisierung wurde Dr. Neurath angestellt, der mit einem von ihm ausgeklügelten System vorher in Sachsen nicht viel Anhang gefunden hatte. Wes Geistes Kind der Mann war, zeigten seine Ansichten über das Recht politischer Meinungsäußerung. Nachdem die Kommunisten wieder einmal erklärt hatten, daß sie erneut auf die Straße gehen würden, wenn nicht die Sozialisierung des Zeitungswesens sofort vorgenommen würde, hat Neurath sämtliche Münchener und einen Teil der bayerischen Zeitungen zu einer Konferenz nach München eingeladen. Es wurde ein Ausschuß gebildet, dem die Sozialisierung des Zeitungswesens obliegen sollte und dem Dr. Neurath erklärte:

„Ich werde von meiner Vollmacht, die der Landtag gebilligt hat, den energischsten Gebrauch machen. Die Zeitungen werden in den Besitz der Angestellten, der Stadt oder des Staates übergehen. Sie werden vor die Wahl gestellt werden: Syndikalismus, Kommunismus oder Verstaatlichung. Die bürgerlichen Zeitungen dürfen überhaupt nur einen kleinen politischen Nachrichtenteil führen. Sie haben nicht das Recht politischer Meinungsäußerung. Sie dürfen belehrende und unterhaltende Artikel dem Publikum bieten. Nur freie Männer, d. h. Sozialisten von der Mehrheitspartei bis zu den Kommunisten, haben das Recht auf eine politische Pressefreiheit."

Neurath hat seine Theorien nicht in die Praxis umsetzen können. Der Gegensatz zwischen Regierung und den extremen Anhängern der Räteherrschaft spitzte sich rasch zu. Hilflos sah die Regierung die Flut herannahen, die sie hinwegschwemmen wollte. Am 7. April wurde die Räterepublik in München ausgerufen, am 14. durch die Garnison gestürzt, am 15. erneut errichtet. Ein Karneval des Wahnsinns begann in der bayrischen Hauptstadt.

Während der Rätetage gab sich eine besonders große Zahl von Phantasten und Narren ein Stelldichein. Dr. Lipp, der die auswärtigen Angelegenheiten der Räterepublik Bayern, d. h. München, leitete, war zweimal wegen Größenwahns im Irrenhaus untergebracht gewesen. Während des Krieges leistete er Dienste als Spion und Spitzel. An den Verkehrsminister der Räterepublik schrieb Dr. Lipp folgenden Brief, der von dem hohen Grad seiner Verrücktheit zeugt:

„Mein lieber Amtsbruder! Ich habe an Württemberg und die Schweiz den Krieg erklärt, weil diese Hunde nicht die 60 Lokomotiven mir sofort leihweise überlassen haben. Ich bin sicher, daß wir siegen. Außerdem werde ich den Segen des Papstes, mit dem ich gut bekannt bin, für diesen Sieg erflehen."

Der Mann ist für seinen Wahnsinn nicht verantwortlich. Alle Schuld fällt auf die Leute, die solchen Narren zu einem Ministerposten verhalfen. Ein anderer Führer, Dr. Rothenfelder, war einige Jahre vorher aus einer psychiatrischen Anstalt entsprungen und nach dem Urteil der Ärzte für vernünftige Arbeit nicht mehr zu gebrauchen. Ähnliche Typen gab es mehr.

Mit dem Ministerpräsidenten Hoffmann hatte ich an dem Tage, an dem in München die Räteherrschaft etabliert wurde, zweimal in Berlin eine Besprechung. Am Nachmittag waren wir beim Reichspräsidenten zusammen. Für den Fall, daß es in München drunter und drüber gehen sollte, wie es Hoffmann befürchtete, konnte ich baldige Hilfe in Aussicht stellen. Abends wurde ich gebeten, in das bayerische Gesandtschaftsgebäude in der Voßstraße zu kommen. Die Hiobspost aus München war eingetroffen. Dringend riet ich, daß die Regierung sich in Nordbayern niederlasse. Bis Truppen in ausreichender Stärke zusammengebracht seien, könne München wohl oder übel etwas in Angst schmoren.

Die Regierung und der Landtag gingen darauf nach Bamberg. Bayrische Truppen standen vorerst nicht zur Verfügung, um München in Ordnung zu bringen.

In Weimar war im Februar der Oberst v. Epp zu mir gekommen, um wegen der Aufstellung eines bayrischen Freiwilligenkorps Rücksprache zu nehmen. In Bayern erschien bei dem Einfluß, den die Soldatenräte ausübten, ein solches Unternehmen wenig aussichtsreich. Wir kamen deshalb überein, daß Epp nach dem Truppenlager Ohrdruff gehen und Leute zusammenziehen sollte. Da er von der bayrischen Regierung Geld nicht erhielt, ließ ich im Reichskabinett für ihn eine Verfügungssumme bewilligen. Leute, die zu Epp stehen wollten, waren vorhanden. Die Würzburger und Erlanger Studenten schickten Deputationen zu mir nach Weimar, um sich zu vergewissern, daß eine Unterbrechung des Studiums später durch Zwischensemester ausgeglichen werde. Das konnte ich ihnen nicht in Aussicht stellen. Bald darauf wurde den Studenten untersagt, das Land zu verlassen und zu Epp zu gehen. Werber, die bayrische Soldatenräte erwischten, wurden eingesperrt. Das sollte alles nach vertraulichen Mitteilungen aus Regierungskreisen nicht so schlimm gemeint sein. Um den Unabhängigen und der antimilitaristischen Stimmung mancher Mehrheitssozialisten Rechnung zu tragen, veröffentlichte die Münchener Korrespondenz Hoffmann am 30. März amtlich folgendes:

„Auf Anordnung des Militärministeriums werden zur Erhaltung der öffentlichen Sicherheit die Einrichtung von Werbestellen für Freiwilligenverbände, Werbeofferten in Tageszeitungen und Werbeplakate innerhalb Bayerns unter Strafandrohung bei Zuwiderhandlungen verboten."

Unter solchen Umständen mußte der Zuzug zum Eppschen Korps mäßig bleiben. Als man es dringend brauchen konnte, war es daher nur einige hundert Mann stark.

Die bayrische Regierung mußte erst sehen, daß es sich wirklich um Sein oder Nichtsein für das ganze Land handele, ehe sie sich bereit finden ließ, gründlich durchzugreifen. Es gab einige Erörterungen, bis einer Art von Reichsexekution zugestimmt wurde, weil man glaubte, der bayrische Partikularismus werde aufschäumen, wenn preußische Truppen ins Land kämen. Auch gegen die Einsetzung des Eppschen Korps sind Bedenken geäußert worden, weil es bei den Münchener Arbeitern als weiße Garde verschrien war. Mit ein paar hundert Leuten aus niederbayrischen Garnisonen war jedoch gegen München nichts auszurichten. Denn die dortigen Führer waren zu ernstem Widerstand entschlossen. Die „Mitteilungen des Vollzugsrats der Betriebs- und Soldatenräte", welche an Stelle der „Münchener Neuesten Nachrichten" erschienen, enthielten unter dem 16. April nachmittags folgende Bekanntmachungen.

„Proletarier aller Länder vereinigt euch! Ihr wollt und müßt siegen! Darum Disziplin! Disziplin und nochmals Disziplin! Wählt euch gute Führer! Gehorcht ihnen unbedingt und setzt sie sofort ab, wenn sie im Kampf versagen. Bildet Kompagnien und Bataillone! Versammelt euch täglich auf festbestimmten Appellplätzen in euren Betrieben. Diese Appellplätze sollen auch in Alarmfällen eure Sammelplätze sein, wo ihr Befehle und Instruktionen erhaltet! Übt euch, in geschlossenen kleineren und größeren Abteilungen zu marschieren! Demonstriert in solchen geschlossenen Zügen durch die Stadt und sorgt mit allen Mitteln für festen Zusammenhalt! Haltet eure Gewehre und Munition intakt und gebt sie nicht aus der Hand! Disziplin und proletarische Ordnung werden die Revolution und die proletarische Räterepublik retten. Es lebe das Proletariat und die revolutionären Soldaten!

Der Stadtkommandant Edelhofer."

Württemberger unter dem Kommando des Generals Haas rückten zuerst zur Hilfeleistung heran. Truppen aus preußischem Gebiet wurden in Thüringen versammelt. Die Einquartierung von Soldaten in Jena veranlaßte die dortigen Unabhängigen zu dem bei solchen Gelegenheiten üblichen flammenden Protest. Die Mehrheitssozialisten ließen sich ködern und schlossen sich dem Protest gegen die Maßnahmen der Regierung an, in der ihre Parteigenossen die wichtigsten Ämter innehatten. Sie forderten „sofortige Zurückziehung der Regierungstruppen aus Jena und Umgegend, da sonst schwere Gefahr für Ruhe und Ordnung" zu erwarten sei.

Falls der Forderung nach sofortigem Abtransport nicht entsprochen würde, sollte am Dienstag den 29. April ein Generalstreik beginnen. Und da man schon einmal beim Fordern war, wurde die Entfernung der ganzen Regierung — natürlich der Reichsregierung und nicht etwa der Münchener Räteregierung — beschlossen, die sich als unfähig erwiesen habe, geordnete Zustände herbeizuführen. Bis zur Verwirklichung des Rätesystems sollte eine rein sozialistische Regierung gebildet werden unter Ausschluß aller kompromittierten Personen. Als am meisten kompromittiert galt ich schon damals bei manchen meiner Parteigenossen, wenn diesmal mein Name auch nicht ausdrücklich genannt wurde.

Auf das Protesttelegramm antwortete ich kurz, die Truppenbelegung Jenas sei eine unumgänglich notwendige Maßnahme. Die Truppen wurden zu dem vorgesehenen Zeitpunkt abtransportiert. München wurde in weitem Umkreis eingeschlossen. Dem Generalleutnant v. Oven, dem alle Truppen unterstanden, hatte ich Instruktionen erteilt, daß er nicht eher Anweisungen der bayrischen Regierung befolgen dürfe, bis München vollständig in seiner Hand sei.

Nach blutigen Kämpfen in der Umgebung der Stadt begann der Einmarsch in München am 1. Mai. Da heftiger Widerstand geleistet wurde, waren die Verluste an Menschenleben nicht unbeträchtlich. Zu den Truppen stießen auch Einwohnerwehren aus einer Anzahl oberbayrischer Orte, die vorher von Kommunisten gebrandschatzt worden waren. Auch in Bayern ist die Bewaffnung der Bürger und Bauern, die von den Arbeitern als gefahrdrohend empfunden wird, eine Folgeerscheinung der unabhängig-kommunistischen Narrenpolitik gewesen.

Militärwerkstätten

Drei Unabhängige, die als Minister in Preußen wirkten, Ströbel, Adolf Hoffmann und Rosenfeld, unterzeichneten am 2. Januar 1919 eine Verfügung, in der es hieß:

„Die Lohnbewegung unter der Arbeiterschaft hat in letzter Zeit nach Art und Umfang eine Entwicklung genommen, die die schwersten Befürchtungen erweckt und weite Gebiete der Gütererzeugung zum Erliegen bringen muß... Es wird deshalb zur gebieterischen Pflicht der Staatsregierung, dem Anwachsen der Lohnausgaben über das Maß des Erträglichen hinaus mit Festigkeit entgegenzutreten. Die Herren Fachminister werden daher ersucht, an sie herantretende Lohnforderungen zwar mit voller Würdigung der jetzigen Bedürfnisse der Arbeiterschaft, aber auch sorgfältig daraufhin zu prüfen, ob nicht durch Bewilligung den in Frage kommenden Betrieben Lasten auferlegt werden, die sie nicht ertragen können, ohne zu erliegen, und die somit die gesamte Finanzgebarung des Staates gefährden. In diesem Falle sind die Forderungen zurückzuweisen."

Nachdem die Unabhängigen aus der Regierung ausgeschieden waren, wurden auch die Arbeiter der Staatsbetriebe in einen Streik nach dem anderen gehetzt, unbekümmert darum, welche Rückwirkung auf die Finanzen dadurch ausgeübt wurde. Mir war mit der Leitung aller militärischen und Marineangelegenheiten auch die parlamentarische Verantwortung für die Militärwerkstätten zugefallen. Das alte Heer und die Marine sollte ich abbauen, die neue Reichswehr aufstellen, im Lande Ordnung halten, ein neues Ministerium aufziehen, die vielen riesigen Reichsbetriebe mit ein paar hunderttausend Arbeitern in lohnende Anlagen umwandeln. Weil diese ungeheuren Aufgaben nicht in wenigen Monaten vollständig glatt gelöst wurden, habe ich zahlreiche Kritiker gefunden, die auf dem Papier versicherten, wenn ich nicht ein Dummkopf oder ein leichtgläubiger Einfaltspinsel wäre, oder aber mehr Tatkraft besäße, ginge alles viel besser und rascher! In den ersten Monaten meiner Amtstätigkeit habe ich mich um Einzelheiten bei den Militärwerkstätten nicht kümmern können. Immerhin hatte ich ihretwegen Plage und Kopfzerbrechen genug. So lange die Arbeiterräte in den Betrieben fast souverän mißwirtschafteten, war damit nicht voranzukommen. Gestreikt wurde wiederholt, solange für die Streiktage die Lohnzahlung erzwungen werden konnte. Eine am 27. Februar 1919 tagende Konferenz aller Staatsbetriebe Spandaus wählte einen Aktionsausschuß (Streikausschuß) zur Durchführung einer ganzen Reihe politischer und wirtschaftlicher Forderungen der Arbeiterschaft, darunter: „Annullierung der Staats- und anderen öffentlichen Schulden sowie sämtlicher Kriegsanleihen bis zu einer bestimmten Höhe, welche vom Zentralrat festzusetzen ist, Enteignung aller Banken, Bergwerke, Hütten sowie aller Großbetriebe in Industrie und Handel, Konfiskation aller Vermögen von einer bestimmten Höhe an, Beseitigung aller Parlamente und Gemeinderäte und Übernahme ihrer Funktion durch die A.- u. S.-Räte, Einsetzung eines Revolutionstribunals, vor dem die Hauptschuldigen am Kriege, die beiden Hohenzollern, Ludendorff, Hindenburg und Tirpitz, sowie die Verräter an der Revolution, Ebert, Scheidemann und Noske abzuurteilen sind."

Dieser Antrag wurde der Vollversammlung der A.-Räte Groß-Berlins zur Kenntnis gebracht und die Großbetriebe Berlins wurden aufgefordert, sich den Forderungen anzuschließen und evtl. gemeinsam in den Generalstreik zu treten. Dem Zentralrat wurden gesetzgeberische Aufgaben zugewiesen, als wenn eine Wahl zur Nationalversammlung nicht stattgefunden hätte.

Solcher Unfug wurde nicht von der großen Mehrzahl der Arbeiter angestellt, sondern ein paar hundert Maulhelden terrorisierten Zehntausende ruhiger Leute. Im Danziger Bekleidungsamt wurde für einen Streik Propaganda gemacht. Es stimmten nur 65 Arbeiter für die Arbeitseinstellung, 560 dagegen. Darauf erschien eine bewaffnete Kolonne, worauf alle Leute aus Angst den Betrieb verließen. Stürmisch wurde in einer Vertrauensmänner-Versammlung in Danzig von mir ein Eingreifen gegen solchen Terrorismus gefordert. In jener Versammlung antwortete ich den Leuten, die sich nicht zu wehren wagten: „Schlappschwänze, helft euch selber!"

Fast ein halbes Jahr nach der Revolution waren die Zustände in den militärischen Staatsbetrieben noch immer absolut unerträglich. Da die Erzeugung gering war, mußten riesige Zuschüsse aus Reichsmitteln gezahlt werden. Mit einem Zentralrat für die Bekleidungsämter habe ich einige Male verhandelt. Die Arbeiterräte der Ämter hatten eine Tagung abgehalten. Ohne an die Regierung auch nur ein Wort deswegen zu richten, beschlossen sie, daß die gesamten Kongreß- und Delegationskosten aus den Intendanturkassen zu bezahlen seien. Das habe ich verboten; sofort wurde ich als ein Reaktionär und Arbeiterfeind beschimpft. Die von den Arbeiterräten aufgestellten Forderungen waren undiskutabel und auch unverantwortlich gegenüber anderen Arbeitern.

Manche Bekleidungsämter waren während des Krieges bis zum zwanzigfachen Umfang gegenüber der Friedenszeit vergrößert worden. Trotzdem wurde bei mir die Forderung vertreten, in den Betrieben keine Entlassungen vorzunehmen, sondern eine Umstellung für Friedensarbeit zu bewirken und sie zu sozialisieren. Dabei stieß ich wieder auf die Auffassung, das auf Kosten der Allgemeinheit geschaffene Amt habe den Interessen der augenblicklich beschäftigten Arbeiter zu dienen. Die Vorräte an Stoffen und Leder sollten den Bekleidungsämtern restlos verbleiben, denen alle Aufträge betreffend Uniformen für Post-, Eisenbahn-, Polizeibeamte zuzuführen seien. Militäruniformen anzufertigen, hätte man am liebsten abgelehnt. Gegen die Bevorzugung der Staatsarbeiter zum ärgsten Nachteil von Unternehmern und Arbeitern derselben Branche würde selbstverständlich, wenn sie versucht worden wäre, schärfster Einspruch erfolgt sein.

Überradikale, die bis zur Revolution meist weder gewerkschaftliche noch politische Tätigkeit entfaltet hatten, übten in verschiedenen Bekleidungsämtern einen unerhörten Druck aus. Eines Tages hatte ich die Arbeiterräte des Berliner Instandsetzungsamtes und des Spandauer Bekleidungsamtes sowie eine Anzahl Arbeiter und Arbeiterinnen der beiden Betriebe bei mir zu einer Aussprache. Es wurde ein solches Maß von Unduldsamkeit, Nichtswürdigkeit und Terrorismus der unabhängigen Wortführer gegenüber den mehrheitssozialistischen Arbeitern festgestellt, daß die lebhafteste Phantasie nicht ausgereicht hätte, sich derartige Schamlosigkeit auszumalen. Für beide Betriebe verfügte ich die sofortige Entlassung der bisherigen Arbeiterratsmitglieder und die Vornahme von Neuwahlen. Im Instandsetzungsamt empfanden die 900 beschäftigten Personen diese Anordnung als eine Erlösung. Im Spandauer Bekleidungsamt wurde ein Streik inszeniert, zu dem sich noch nicht die Hälfte der Arbeiterschaft bereit fand. Da diese Leute durchaus entbehrlich waren, wurde ihnen die Entlassung mitgeteilt.

Auch in anderen staatlichen Betrieben ging es übel zu. Eine Tagung der Arbeiter der Gewehr-, Munitions- und Waffenfabriken, die unter Leitung von Unabhängigen stattfand, drohte die Arbeitseinstellung an, wenn nicht sofort die Freiwilligenverbände aufgelöst würden. Das wurde wie folgt begründet:

„Da Sozialisierung nur bei einer wirklich produktiven Arbeit möglich ist, aber die Ausgaben für die gegenwärtig angeworbenen freiwilligen Heere eine Vergeudung von Staatsmitteln darstellen, fordert die Reichskonferenz die Arbeiterschaft auf, jede Waffenherstellung zu verweigern, falls nicht bis zum 8. April, dem Zusammentritt des zweiten Rätekongresses, eine nur aus gewerkschaftlich und politisch Organisierten zusammengesetzte Volkswehr geschaffen ist."

Die geforderte Volkswehr wäre nicht billiger gewesen als die Freiwilligen. Ein Streik in den Waffenfabriken konnte die Regierung nicht schrecken, denn an Gewehren herrschte Überfluß. Streiks in den Staatsbetrieben waren auch sehr viel schwerer zu inszenieren, seitdem ich angeordnet hatte, daß unter keinen Umständen Streiktage bezahlt würden.

Die Spandauer Heereswerkstätten waren wegen des sogenannten Hindenburg-Programms außerordentlich angewachsen an Umfang und an Arbeiterzahl. Die Leitung wurde in den ersten Revolutionstagen abgesetzt und eine sogenannte Generaldirektion aus 11 Arbeitern und 8 Angestellten gebildet, die sämtlich ins unabhängige oder kommunistische Lager hinüberrutschten. Unter ihrer Leitung oder doch Duldung wurde auch in diesen Betrieben ein bis dahin beispielloser Terrorismus gegen ruhige Arbeiter ausgeübt. Eine Arbeitseinstellung folgte der anderen.

Wer nicht bereit war zu feiern, wurde gezwungen; durch Terror wurden die Arbeiter sogar zum Verlassen der Werkstätten genötigt, in denen man künstliche Gliedmaßen für Kriegsbeschädigte herstellte. Während der Arbeitszeit wurde fortgesetzt politisiert; in Betriebsversammlungen wurde die Regierung in unflätigster Weise beschimpft. Im Januar waren für die der Feldzeugmeisterei Spandau unterstellten Betriebe 42 Millionen Mark für Löhne und Gehälter ausgezahlt worden; diesem Betrag stand nur eine minimale gewinnbringende Tätigkeit gegenüber. Material im Werte von vielen Millionen Mark wurde gestohlen. Mit der Umstellung der Betriebe kam man nicht voran. Die Zahl der Arbeiter war trotz der vorgenommenen Entlassungen noch um Zehntausende zu hoch. Als verantwortlicher Reichsminister konnte ich dieser Verschleuderung von Reichsmitteln unmöglich länger zusehen.

Im April streikten in Berlin die Angestellten der Großindustrie. Aus Sympathie stellten auch die Angestellten der Spandauer Betriebe ihre geringe Tätigkeit ein. Dadurch wurden die Arbeiter wesentlich am Arbeiten behindert. Nun entschloß ich mich kurzerhand durchzugreifen und verfügte die sofortige Schließung sämtlicher Spandauer Militärwerkstätten. Ein beträchtlicher Teil der Arbeiterschaft hatte die Schließung der Betriebe als einziges Mittel, eine Sanierung in die Wege zu leiten, mir gegenüber wiederholt bezeichnen lassen. Als ich im Kabinett von der Anordnung Mitteilung machte, rief das einen kleinen Schreck hervor. Besorgt warf der Präsident die Frage auf, was ich wohl noch alles anrichten würde. Zwei Tage vor Ostern sei eine solche Maßregel kaum zu tragen; ob denn nicht bis nach Ostern gewartet werden könne. Rückgängig war jedoch nichts mehr zu machen, und es wurde den Arbeitern folgendes bekanntgegeben:

„Da eine wirtschaftliche Weiterführung der Betriebe der Heereswerkstätten in Spandau infolge der Angestelltenstreiks nicht möglich ist und die nahen Osterfeiertage ohnehin eine längere Unterbrechung der Arbeit bedingen, so sind die Spandauer Heereswerkstätten bis auf weiteres zu schließen. Mitteilung über Wiederinbetriebnahme wird besonders erfolgen. Regelung der Lohnfrage bleibt vorbehalten."

Entlassen wurden rund 45 000 Personen. Die Arbeiterräte glaubten das Heft noch in der Hand zu haben. Sie forderten die Arbeiterschaft auf, entgegen dieser Verfügung am Sonnabend vollzählig zur Arbeit zu erscheinen und auch am Dienstag nach Ostern in die Betriebe zu kommen. Die Tore waren Sonnabend früh geschlossen und militärisch besetzt. Die Umstellung der Werkstätten konnte planmäßig in die Wege geleitet werden.

Als notwendig wurde die Schließung der Staatswerkstätten von allen verständigen Leuten anerkannt. Mir hat sie allerdings vermehrten Haß eingetragen.

Leipzig

In Leipzig fing es wie in vielen anderen Orten mit dem Regiment der Unabhängigen, die den Parlamentarismus gelten lassen wollten, an, denen aber nach und nach die Radikaleren das Heft aus der Hand nahmen. Im März wurde beschlossen, die Gewalt gehe von dem großen A.- u. S.-Rat auf ein Fünfmännerkollegium mit Diktaturvollmachten über, dem alle Vollmachten für selbständige Entschließungen und Anordnungen gegeben wurden. Vergebens wendete sich einer der Führer der Unabhängigen gegen dieses Vorhaben, das er als tollste Autokratie und absolute Diktatur brandmarkte. Weil der junge Geyer die sofortige Durchführung dieser neuen Organisation forderte, da man in wenigen Wochen schon vor großen, schweren Kämpfen stehe, die wahrscheinlich nicht nur wirtschaftlich geführt werden würden, wurde das Direktorium eingesetzt. Die Leipziger Arbeiter haben sich seit Jahrzehnten viel auf ihre Intelligenz und politische Erfahrung eingebildet; tatsächlich waren sie gegen radikales Phrasengebimmel nie gefeit.

Jetzt fügten sie sich weder den Anordnungen ihrer Landesregierung, noch glaubten sie, die Reichsregierung respektieren zu müssen. Die Werbung von Grenzschutztruppen wurde dauernd zu verhindern gesucht und diejenigen, die sich zu diesen Truppen meldeten, damit bedroht, daß sie in keinem Betriebe beschäftigt werden dürften. Die Waffenabgabe wurde nicht durchgeführt, vielmehr eine große Menge Munition, darunter 600 Schuß Artilleriemunition, unter Gewaltandrohung vom Truppenübungsplatz Zeithain entwendet und nach Leipzig gebracht. Die größte Geyersche Heldentat war die Erpressung von 400 000 Mark aus der städtischen Kasse, die für Lohnzahlungen, besonders an streikende Eisenbahner, verwendet werden sollten. Davon unterschlug einer seiner Getreuesten, der wegen Diebstahls und Betrugs wiederholt vorbestraft war, 100 000 Mark. Für eine Sektkneiperei in einem Bordell verbrauchte er 11 000 Mark. Das nannten die Unabhängigen eine ruhige, ordentliche Wirtschaft in Leipzig, die von mir freventlich durch Truppen gestört werde.

Am 12. April wurde in Dresden der Kriegsminister Neuring in scheußlichster Weise ermordet. Kriegsverletzte demonstrierten vor dem Kriegsministerium, um gegen die befürchtete, aber gar nicht beabsichtigte Herabsetzung der Löhnung zu protestieren. Eine Abordnung von sechs Mann wurde in das Gebäude geschickt, um mit dem Minister Rücksprache zu nehmen. Neuring empfing die Leute, lehnte aber die Verhandlung mit einem Kommunisten Frenzel ab. Unter der draußen wartenden Menge entstand große Aufregung, als im Hause eine Detonation ertönte. Man drang in das Ministerium ein und stürzte sich auf die Sicherheitswache. Ein Trupp holte den Minister Neuring heraus und mißhandelte ihn mit Gummiknüppeln und Kolbenschlägen. Darauf ertönte der Ruf: „Ins Wasser mit dem Hund!" Man zog mit dem schwer mißhandelten Mann auf die Augustusbrücke und warf ihn von dort in die Elbe. Der Minister kam wieder an die Oberfläche und versuchte, das Ufer schwimmend zu erreichen, wurde aber erschossen.

Über Sachsen wurde nun der Belagerungszustand verhängt. Trotz der Drohung unabhängiger Blätter, die Entsendung von Truppen werde den Bürgerkrieg zur Folge haben, rückte schleunigst ein von mir zur Verfügung gestelltes gemischtes Detachement in Dresden ein, ohne Widerstand zu finden. Die Verhängung des Belagerungszustandes beantworteten die Leipziger wie folgt:

„Bekanntmachung des Großen Arbeiterrats Leipzig.

In Leipzig herrscht Ruhe und Ordnung. Der Belagerungszustand in Leipzig ist überflüssig. Seine Aufrechterhaltung würde lediglich zur Beunruhigung führen, die Störungen von Ruhe und Ordnung nach sich ziehen würde.

Der Große Arbeiterrat zu Leipzig ordnet deshalb an: 1. Die Polizeistunde wird nach wie vor auf ¼12 Uhr festgesetzt. 2. Anmeldungen von Versammlungen brauchen nicht stattzufinden.

Leipzig, 18. April 1919.
    Der Große Arbeiterrat zu Leipzig.
       gez. Dr. Geyer. gez. Schöning."

Die „Leipziger Volkszeitung" schrieb:

„Die sächsische Regierung hat das Schicksal der Leipziger Messe in der Hand. Setzt sie ihre Provokationen fort, so muß sie damit rechnen, daß die Ostermesse nicht stattfinden kann. Die sächsische Regierung trägt jedoch noch weit schwerere Verantwortung; wenn sie die Bluthunde Noskes auf Leipzig hetzt, so wird sie eine furchtbare Katastrophe heraufbeschwören. Die Folgen, die daraus für die größte Stadt des Landes und damit für ganz Sachsen entstehen werden, sind unübersehbar."

Wir warteten ab, und die Ostermesse verlief ohne Störung. Wegen seiner Bedeutung als Eisenbahnknotenpunkt war die Besetzung Leipzigs wiederholt ins Auge gefaßt worden. Die Aufgabe wurde als schwierig erachtet, weil die Leipziger Arbeiterschaft, noch mehr aber ihre Führer, sich außergewöhnlich radikal gebärdeten. Es wurde deshalb gezögert, bis ein verhältnismäßig großes Truppenaufgebot möglich war. General Maercker konnte beim Aufmarsch die Soldaten nicht verborgen halten. Sonnabend abend war die Kunde, daß Truppen zum Einrücken bereit ständen, nach Leipzig gelangt. Es wurde in den Betrieben für einen Streik Propaganda gemacht. Da ließ das Fünfmännerkollegium durch Anschlag spätabends bekanntmachen, alle Gerüchte, daß Noske-Truppen kämen, seien falsch. Dann legten die Diktatoren sich beruhigt aufs Ohr. Maercker aber rückte während der Nacht ein. Vergebens hatte ich Sonnabend abend versucht, ihn telephonisch zu erreichen, um zu raten, er möge mit klingendem Spiel einziehen, denn es würde kein Schuß fallen. Als die Leipziger am Sonntag den 11. Mai erwachten, fanden sie die innere Stadt in ein Heerlager verwandelt. Sie schickten sich in das Unabänderliche. Als in das Nest der Geyer, Vater und Sohn, geschaut wurde, war es leer. Sie waren nach Berlin ausgeflogen. Der jüngere ließ sich erst nach sieben Wochen, wie seine Parteigenossen wütend feststellten, wieder in der Pleißestadt sehen.

V
Unterzeichnung des Friedensvertrages

Die Waffenstillstandsbedingungen, die dem deutschen Volke auferlegt wurden, das soeben die Republik und weitgehendste Demokratie eingeführt hatte, würden auch einem absolutistischen Regime nicht brutaler diktiert worden sein. Für allen Schreck und jede Sorge, die sie in den verflossenen vier Jahren ausgestanden hatten, suchten sich die Sieger schadlos zu halten.

Ein eisiger Schauer hätte dem letzten Deutschen über die Glieder fahren, nur noch der eine Gedanke das ganze Volk erfüllen müssen, wie das Reich vor dem Verderben zu bewahren sei, das ihm offensichtlich zugedacht war. Stattdessen wollte ein Teil die Revolution weitertreiben und stürzte das Land in schwere innere Wirrnisse. Nachdem die Antipoden dieser Revolutionäre, die früheren Nationalliberalen und Konservativen kaum die größte Angst um Hals und Geld überstanden hatten, gebärdeten sie sich, als hätten sie sich nie am deutschen Volke versündigt und traten mit einer Anmaßung und Herausforderung auf, die bei der Arbeiterklasse tiefsten Ingrimm hervorrief. Auf den Straßen der deutschen Städte floß im entsetzlichen Bruderkrieg Bürgerblut und in der Nationalversammlung folgte eine Zank- und Skandaldebatte der anderen. In Paris saßen derweil Monat um Monat Männer beieinander, mit Köpfen teils voll glühender Rachsucht, teils voll kühlster Machtsucht und brüteten an dem, was später Friedensvertrag genannt wurde.

Wenn in diesen Monaten die Alliierten und Assoziierten vom deutschen Volke direkt Notiz nahmen, geschah es, um ihm neue Erpressungen und noch tiefere Demütigungen zuzumuten. Mit unübertrefflicher Leichtfertigkeit sprachen Optimisten in Deutschland unterdessen davon, daß schließlich der Vertrag nicht gar zu furchtbar ausfallen werde.

Auf Schweres waren wir gefaßt. Elsaß-Lothringen war als verloren anzusehen. Die Anerkennung des Selbstbestimmungsrechtes der Völker bedeutete den Verlust von Gebiet und Menschen im Norden Schleswig-

Holsteins, sowie im Osten an Polen. Daß Frankreich und Belgien große Summen fordern würden, war selbstverständlich.

Mündliche Verhandlungen über den Friedensvertrag wurden abgelehnt, wohl der erste Fall in der Weltgeschichte, daß ein großes Volk von übermütigen Siegern derartig infamiert wurde. Wenn auch ein sehr wesentlicher Grund für das Diktieren der Friedensbedingungen in der Sorge bestand, die mühsam herbeigeführte Verständigung der Alliierten und Assoziierten könnte bei Verhandlungen in die Brüche gehen, bleibt doch ein Maß von Geringschätzung für den Unterlegenen und von Überhebung bei den Siegern, das dem deutschen Volke anscheinend erst in der nächsten Generation voll zum Bewußtsein kommen wird.

Haß und Gewinnsucht der Sieger gepaart, führten bei der Ausarbeitung des Vertrages zu einem Ergebnis, wie es raffinierter und grausamer nicht hätte ersonnen werden können. Die Verstümmelung und Zerstückelung Deutschlands wurde beschlossen. Zu dem Verlust von Elsaß-Lothringen kam die Besetzung des Saargebietes, die Abtrennung von Nordschleswig und des Memellandes, die geplante Auslieferung Oberschlesiens und eines Teiles von Ostpreußen an Polen. Als unerträglich wird es dauernd empfunden werden, daß Ostpreußen durch die Errichtung des polnischen Korridors abgeschnitten, Danzig „Frei"stadt, in Wahrheit zukünftige Beute für Polen werden soll.

Die deutschen Schutzgebiete, in die sich Frankreich, England und Japan teilen, waren ebenso unrechtmäßig oder genau so rechtmäßig erworben, wie die Kolonien Frankreichs und Englands. Den Fehlern, die in den Anfängen der deutschen Kolonialpolitik vorkommen, stehen nicht geringere Scheußlichkeiten gegenüber, die am Senegal, am Kongo und in Indien verübt worden sind. Der nackte Raub der Kolonien wurde nur noch infamer gemacht, indem Deutschland obendrein als unfähig beschimpft wurde, fremde Völker regieren zu können. Zur Gewalt wurde die Heuchelei gesellt.

Die Abschaffung der allgemeinen Wehrpflicht und die Beschränkung auf 100 000 Mann Söldner bedeutete die völlige Wehrlosmachung Deutschlands. Eine geworbene Truppe, mit der vorgesehenen Beschränkung an Kampfmitteln, soll kein Kriegsinstrument sein, sondern stellt eine Polizeitruppe dar, die, wie die Erfahrungen gelehrt haben, die Gefahr in sich birgt, eine Prätorianerbande zu werden.

Was in finanzieller und wirtschaftlicher Hinsicht von Deutschland gefordert wird, läuft darauf hinaus, unser Volk zum Lohnsklaven der Sieger zu machen.

Zur Zerreißung des Reiches und zur wirtschaftlichen Erdrosselung des Volkes wurde der Versuch der Ehrlosmachung hinzugefügt, indem ein Schuldbekenntnis und die Auslieferung Angehöriger der Nation zur Aburteilung wegen angeblicher Kriegsverbrechen an die Sieger gefordert wurde.

Die ganze Furchtbarkeit des Vertrages wirkte nach der Überreichung fast lähmend vor Entsetzen. Qualvoll waren die Stunden, in denen im Kabinett darüber verhandelt wurde, was zu tun sei. Nochmalige Einwirkung auf die alliierten Regierungen mußte versucht werden, um ihnen klarzumachen, daß dieser Vertrag unerträglich und unerfüllbar sei. Zu einer gewaltigen Kundgebung fand sich die Nationalversammlung am 12. Mai in Berlin zusammen.

In Scheidemanns Rede war ursprünglich vermieden worden, die Regierung unzweideutig für die Ablehnung des Vertrages festzulegen. Der Satz: „Dieser Vertrag ist nach Auffassung der Reichsregierung unannehmbar", kam erst auf Drängen der Demokraten hinein. Immerhin konnte dieses „Unannehmbar" auf die vorliegende Fassung des Vertrages angewendet werden. Scheidemann schmückte die Rede aus eigenem mit der Wendung: „Welche Hand müßte nicht verdorren, die sich und uns in diese Fesseln legt."

Das „Unannehmbar" sollte die Gegner zu einer Aussprache und zu Konzessionen geneigt machen. Die Aussicht auf einen Erfolg war allerdings sehr gering wegen der Haltung der Unabhängigen zur Frage der Unterzeichnung. Sie hatten diese von vornherein gefordert.

Am 11. Mai 1919 erließen alle Funktionäre der Unabhängigen Sozialdemokratie eine Kundgebung, die wie folgt begann:

„Der Frieden, den die Entente dem deutschen Volke zumutet, ist ein Gewaltfrieden schlimmster Art. Rein deutsche Bevölkerungsteile, die in staatlicher Gemeinschaft mit dem deutschen Volke leben wollen, werden von ihm gegen ihren Willen losgetrennt. Die Absicht auf die Annektion des Saarbeckens wird kaum noch verhüllt. Der nordöstliche Streifen Ostpreußens mit einer Bevölkerung, die sich eins fühlt mit dem deutschen Volke, wird von ihm losgerissen. Ganz Ostpreußen wird vom Deutschen Reiche abgeschnürt. Danzig wird zum Schein in einen selbständigen Staat umgewandelt, in Wahrheit gegen den Willen der Bevölkerung dem polnischen Staat ausgeliefert. Auch sonst wird, so in West- und Ostpreußen, Posen, Schlesien das Selbstbestimmungsrecht mißachtet, dessen Anwendung wir für alle Gebiete fordern. Das Wirtschaftsleben des deutschen Volkes wird erwürgt, das Proletariat versklavt, die Grundlage neuer Völkerkonflikte geschaffen. Alle pazifistischen Ideologien sind an dem brutalen Geist des Imperialismus zerschellt."

Es folgten verleumderische Schmähungen auf die deutsche Regierung auch in diesem Zusammenhang und schließlich die Forderung, der Vertrag müsse unter allen Umständen unterzeichnet werden.

Die Alliierten wußten also, daß ein Widerstand des ganzen deutschen Volkes gegen den Vertrag von ihnen nicht befürchtet zu werden brauchte. Die Bemühungen der deutschen Vertreter in Paris hatten nur geringfügigen Erfolg. Einige kleine Zugeständnisse wurden erreicht, darunter die Abstimmung in Oberschlesien. An den Grundsätzen des Vertrages wurde nichts geändert.

Rasche Entscheidung wurde von der Entente gefordert. Im Kabinett habe ich schließlich für die Unterzeichnung gesprochen und gestimmt. Im Oktober 1918 hatte ein Berliner alldeutsches Blatt vom deutschen Volke gesagt:

> „Das Lumpenvolk, das nicht bestand,
> Den Schlechtesten gesellt...
> Ein Volk, das nicht mehr sterben kann
> Fürs eigene Panier!"

Ein auf sich gestellter Mann kann für die Ehre das Leben opfern. Eine Schar tapferer Helden läßt sich in der Schlacht bis zum letzten Mann zusammenhauen. Ein Volk von 56 Millionen lehnt sich mindestens passiv gegen den sichtbaren Untergang auf. Die Widerstandskraft des deutschen Volkes war durch unerhörte Blutopfer, Überanstrengung und vierjähriges Hungern gebrochen. In seiner großen Mehrheit hielt es sich für unfähig, neue Opfer zu bringen und vermehrte Entbehrungen zu tragen. Das drückte sich auch in der Haltung der Mehrheit der Nationalversammlung aus. Die große Kundgebung vom 12. Mai entsprach zwar der Stimmung der Versammlung in jenem Augenblick, aber nicht dem Kraftbewußtsein oder dem Willen des Volkes zu neuen Leiden in einem nicht auszudenkenden Maße.

Die Heere der Alliierten standen zum Einbruch nach Deutschland bereit. Die französischen Generale lechzten nach billigen Triumphen auf deutschem Boden. Von wenigen Ausnahmen abgesehen, verlangte die Bevölkerung West- und Süddeutschlands, daß die Okkupation ihres Landes vermieden werde. Die Äußerungen aus Ostpreußen, Westpreußen, Oberschlesien für einen verzweifelten Widerstand klangen matter und müder, als eine Entscheidung zu treffen war. In der sozialdemokratischen Fraktion setzte sich Scheidemann für Nichtunterzeichnung ein. Für ihn gab es nach seiner Berliner Rede nur Ablehnung oder Rücktritt vom Amte. Er fand nur bei wenigen Anklang. Die Mehrheit der Demokraten beharrte bei der ablehnenden Haltung. Der Qual der Erörterungen wurde schließlich durch die Demission des Kabinetts ein Ende gemacht.

Die Bildung einer neuen Regierung machte Ebert außerordentliche Mühe. Der eine oder andere der früheren demokratischen Minister wäre nicht ganz abgeneigt gewesen, das Amt weiter zu führen. Die Fraktion untersagte es ihnen. Also mußten sich Zentrum und Sozialdemokratie in die Arbeitslast und die Bürde der Verantwortung teilen. Die Personenfrage war nicht einfach zu lösen. Die Zeit drängte. Erzberger mußte sich zur Übernahme des Finanzministeriums in wenigen Minuten entscheiden.

Die Möglichkeit der Annahme der Schmachparagraphen hatte, wie zu verstehen war, das Offizierkorps außerordentlich erregt. Die Aussicht, eines Tages als Schwerverbrecher rachsüchtigen Gegnern preisgegeben zu werden, oder eine zu erwartende Zumutung, den Büttel zu spielen, damit Kriegskameraden den Feinden ans Messer geliefert würden, mußte den lebhaftesten Widerwillen erwecken und zum Widerspruch herausfordern.

In Weimar trat ich in den kritischsten Stunden mit einer Anzahl von Truppenführern am Donnerstag, den 19. Juni, zu einer Besprechung zusammen. Dabei ist von einigen Herren die nicht nur von Soldaten verfochtene Ansicht geäußert worden, die Unterzeichnung des Friedensvertrages könne verweigert, das Volk aufgerufen und einem Einmarsch der Ententetruppen Widerstand entgegengesetzt werden.

Die Möglichkeit eines Widerstandes war in allen Einzelheiten auf das sorgfältigste erwogen worden. Nicht die geringste Aussicht auf Erfolg bot sich. Am 20. Juni wurde mir eine Erklärung des Feldmarschalls von Hindenburg übermittelt, die lautete:

„Wir sind bei der Wiederaufnahme der Feindseligkeiten militärisch in der Lage, im Osten die Provinz Posen zurückzuerobern und unsere Grenzen zu halten. Im Westen können wir bei ernstlichem Angriff unserer Gegner angesichts der numerischen Überlegenheit der Entente und deren Möglichkeit, uns auf beiden Flügeln zu umfassen, kaum auf Erfolg rechnen. Ein günstiger Ausgang der Gesamtoperationen ist daher sehr fraglich, aber ich muß als Soldat den ehrenvollen Untergang einem schmählichen Frieden vorziehen."

Als die Besprechung mit den Truppenführern stattfand, war eine endgültige Entscheidung über die Annahme der Schmachparagraphen noch nicht gefallen, sondern es sollte ein letzter Versuch der indirekten Abwehr gemacht werden.

In der vorhergegangenen Antwortnote der Alliierten auf deutsche Vorstellungen war gesagt worden:

"Zum Schlusse müssen die Alliierten und Assoziierten es offen aussprechen, daß dieser Brief und die angeschlossene Denkschrift ihr letztes Wort in der Angelegenheit darstellen."

Trotzdem sollte der Vollmacht zur Unterzeichnung für die nach Versailles zu sendenden Minister diese Form gegeben werden:

"Die Regierung der deutschen Republik ist bereit, den Friedensvertrag zu unterzeichnen, ohne jedoch damit anzuerkennen, daß das deutsche Volk der Urheber des Krieges sei und ohne eine Verpflichtung nach Artikel 227 bis 230 des Friedensvertrages zu übernehmen."

Wieder hatte ein Optimist in bestimmte Aussicht gestellt, die alliierten Regierungen würden sich mit einem solchen Vorbehalt abfinden.

Am Sonntag, den 22. Juni, fast in letzter Stunde vor dem von der Entente vorgeschriebenen Termin, trat die Nationalversammlung zusammen, um der Unterzeichnung des Vertrages durch die Regierung zuzustimmen. Von den beiden Fraktionen, die für das neue Kabinett die Minister stellten, war der Antrag eingebracht worden:

"Die Nationalversammlung billigt die Haltung der Regierung in der Frage der Unterzeichnung des Friedensvertrages."

Während der Debatte über die Erklärung des Reichskanzlers wurde eine neue Fassung vorgeschlagen:

"Die Nationalversammlung ist mit der Unterzeichnung des Friedensvertrages einverstanden."

Die Rechtsparteien merkten den beträchtlichen Unterschied in dem Wortlaut und brachten durch Zwischenrufe zum Ausdruck, das bedeute eine Ermächtigung zur vorbehaltlosen Unterzeichnung.

Mit dem Abendzuge trat ich mit meinem Stab die Rückreise nach Berlin an, wo dringende Geschäfte zu erledigen waren. In Jüterbog wurde der Zug angehalten und mir mitgeteilt, ich müsse mit dem nächsten Zuge, der in einer Stunde eintreffe, nach Weimar zurückkehren. Die alliierten Regierungen hatten sich brüsk gegen den Vorbehalt geäußert und kategorisch die bedingungslose Unterzeichnung des Friedensvertrages gefordert. Sie erließen dem gemarterten deutschen Volke nicht das Geringste von der raffiniert ausgeklügelten Bosheit und zwangen es erbarmungslos durch das kaudinische Joch. Wer jene schwärzesten Stunden unseres Volkes an verantwortlicher Stelle durchleben mußte, kann bis an sein Lebensende nicht wieder froh werden.

Noch einmal flackerte der Gedanke an einen verzweifelten Widerstand auf. Er mußte als gänzlich hoffnungslos zurückgewiesen werden. Der Erste Generalquartiermeister Groener äußerte sich an diesem Tage telephonisch zum Reichspräsidenten, nicht in seiner dienstlichen Eigenschaft, sondern, wie er ausdrücklich erklärte, als Deutscher, der die Gesamtlage klar übersieht. Er sei verpflichtet, darauf hinzuweisen, daß ein Kampf nach vorübergehenden Erfolgen im Osten im Enderfolg aussichtslos sei, und daß nur, wenn Noske in einem öffentlichen Aufruf die Notwendigkeit des Friedensschlusses darlegen und von jedem Offizier und Soldaten verlangen würde, daß er auch bei Unterzeichnung des Friedens im Interesse der Rettung unseres Vaterlandes auf seinem Posten bleibe und seine Pflicht und Schuldigkeit gegenüber dem Vaterland tue, Aussicht bestehe, daß das Militär sich hinter ihn (Noske) stelle und damit jede neue Umsturzbewegung im Innern sowie Kämpfe nach außen im Osten verhindert würden."

Bei Unterredungen mit einzelnen Truppenführern, von der sich diejenige mit General Maercker am bewegtesten gestaltete, mußte ich den Eindruck gewinnen, daß die bedeutendsten Generale nicht zu halten seien. Das hätte nach meiner Überzeugung den Verfall der Truppe zur Folge gehabt. Darauf habe ich dem Reichspräsidenten und meiner Fraktion erklärt, daß bei Unterzeichnung des Vertrages mein Verbleiben im Amte zwecklos sei. Ohne Truppe war das Reich nicht in Ordnung und nicht zusammenzuhalten. Chaos und Zerreißung standen bevor. Einem solchen Ende hätte ich den Einmarsch der feindlichen Heere vorgezogen, weil die kommende Wiederbelebung des nationalen Gefühls für eine fernere Zukunft die Auferstehung Deutschlands wahrscheinlich machte. Aus diesen Erwägungen heraus sprach ich mich nun für die Verweigerung der Unterzeichnung aus.

Die sozialdemokratische Fraktion ersuchte mich einstimmig, in meinem Amte zu bleiben; diesem Wunsche schloß sich der Reichspräsident an. Als Maercker und andere Generale dann im Laufe des Tages erklärten, auf ihrem Posten bleiben zu wollen, konnte ich die schwere Krise als überwunden ansehen.

Es ist behauptet worden, damals habe die Absicht bestanden, mit mir eine Diktatur zu errichten. Richtig ist, daß mir die Truppenführer versicherten, sie hätten unbedingtes Vertrauen zu meiner Führung und gingen mit mir durch dick und dünn, oder wie ein General temperamentvoll ausrief: „Für Sie, Herr Minister, lasse ich mich in Stücke hauen und meine Landesjäger auch!"

Das Vertrauen, das ich besaß, hat vielleicht damals Handlungen verhütet, die dem Reiche zum schlimmsten Verhängnis geworden wären.

An die Reichswehr erließ ich nun folgenden Aufruf:

„An die Reichswehr! Die Nationalversammlung hat beschlossen, daß der Friedensvertrag gegenüber dem Machtgebot der Gegner, dem wir fast wehrlos gegenüberstehen, von der Regierung unterzeichnet wird. Im Regierungskabinett habe ich vergeblich, ebenso wie der preußische Kriegsminister, mich für die Nichtunterzeichnung dieses Gewaltfriedens eingesetzt. Ich bin überstimmt worden. Mein Rücktrittsangebot hat der Reichspräsident und der Ministerpräsident in Übereinstimmung mit dem Kabinett und den Mehrheitsparteien der Nationalversammlung abgelehnt. In schwerster Gewissensnot hat die Regierung und die Mehrheit der Nationalversammlung gehandelt. Aus tausend Wunden blutet unser Land. Die Volksmassen sind durch jahrelange Leiden und Entbehrungen durch den Hunger zermürbt und widerstandsunfähig gemacht worden. Millionen haben nur noch den einen Gedanken nach Erlösung von der Ungewißheit und nach dem Frieden. Der ganze Westen unseres Vaterlandes fürchtet den Einmarsch eines rachsüchtigen Feindes, dessen Brutalität und Unerbittlichkeit wir bis in die letzten Stunden hinein kennengelernt haben, und der sich nicht scheuen wird, Krieg und Verheerung in die deutschen Lande zu tragen.

Neues unabsehbares Leid soll durch die Unterwerfung unter das Gebot der Feinde von unseren Volksgenossen abgewendet werden: ob der Versuch gelingt, ist abzuwarten.

In gemeinsamer Tätigkeit haben die Freiwilligen-Verbände und die Reichswehr, sowie die Angehörigen des alten Heeres mit mir in den letzten Monaten mit wachsendem Erfolge sich bemüht, unser Land vor dem Zusammenbruch und dem Chaos zu bewahren.

Die Reichsregierung und die Nationalversammlung fordern von uns, daß wir unsere harte Pflicht in der schwersten Stunde unseres Vaterlandes zum Wohle des Volkes weiter tun in voller Würdigung des Opfers, das der Truppe damit zugemutet wird.

Dem begreiflichen Bedürfnis jedes einzelnen, seine endgültigen Entschlüsse nach eigenem Gewissen und Ehrgefühl fassen zu können, wird Rechnung getragen werden. Treue Gesinnung werde ich auch denen bewahren, welche angesichts der schimpflichen Bedingungen der Feinde glauben, ihre weiteren Dienste versagen zu müssen.

In treuer Kameradschaft habe ich in den letzten Monaten mit der Truppe in Not und Gefahr zusammengestanden. In der schwersten Stunde, die das deutsche Volk erlebt, appelliere ich an den kameradschaftlichen Geist jedes Führers, jedes Mannes, mir weiter zur Seite zu stehen. Die Not unseres Volkes verbietet mir, fahnenfluchtartig meinen Posten zu verlassen, auf dem ich aber dem Lande nur zu dienen vermag, wenn mir opferwillige Männer wie bisher hingebungsvoll zur Seite stehen.

Kameraden! Deutschland und das deutsche Volk, wir können Euch nicht entbehren. Helft unser Volk aus Schmach und Not einer hellen Zukunft entgegenführen."

Kommandeure der in Berlin und der Mark Brandenburg liegenden Truppen hatten in einer Zusammenkunft recht erregt über die Friedensunterzeichnung gesprochen. Dem Berliner Reichswehrgruppenkommando telegraphierte mein Stabschef von Gilsa deshalb:

„Minister Noske hat im Kabinett und bei den Parteien mit vollstem Einsatze seiner Persönlichkeit für die Ablehnung gesprochen, ist aber im Kabinett überstimmt worden und hat sein Portefeuille zur Verfügung gestellt. Die Lage schließt eine völlige Neubildung des Kabinetts aus. Auf dringendes Bitten des Reichspräsidenten und aller Kabinettsmitglieder entschloß sich Noske zum Wiedereintritt, um das Vaterland vor dem Chaos zu bewahren. Die Nationalversammlung wird einen dringenden Ruf an die Reichswehr richten, trotz der schwersten Gewissensbedenken weiter dem Lande zu dienen. Der preußische Kriegsminister, der auf dem Standpunkt der Ablehnung beharrt, wird versuchen, die durch die Annahme bedrohte Ehre des Heeres und seiner Führer durch besondere Maßnahmen zu schützen. Die Minister Noske und Reinhard treffen am 24. Juni in Berlin ein."

Im Saale meines Ministeriums fanden sich am Dienstag, den 24., sämtliche höheren Truppenführer, Regimentskommandeure usw. aus Berlin und seiner weiteren Umgebung ein. Die Unterhaltung drohte aus den richtigen Bahnen zu laufen. In längeren Darlegungen gab ich den Offizieren eine Übersicht über die durch die aufgezwungene Unterzeichnung des Friedensvertrages entstandene politische Lage. Zwei oder drei Offiziere erwähnten noch einmal den Auslieferungsparagraphen. Eine eigentliche Diskussion ließ ich nicht zu, weil die Herren nur die Wahl haben konnten, aus dem Dienste zu scheiden oder weiter als Soldat ihre Pflicht zu tun. Ein Regimentskommandeur nahm für eine unzulässige Äußerung eine scharfe Zurechtweisung hin. Meine Mahnung, trotz persönlicher Bedenken dem schwer geprüften Vaterlande weiter zu dienen und am Aufbau mitzuarbeiten, hatte die Wirkung, daß ein den Bestand der Reichswehr gefährdendes Ausscheiden von Führern unterblieb.

Hamburg

Bei den Erörterungen wegen der Expedition gegen Bremen war den Hamburgern zugesagt worden, daß die Entsendung von Truppen nach Hamburg unterbleiben werde, wenn nicht eine Störung der Ruhe und Ordnung und keine Gefährdung der deutschen Allgemeininteressen in dem größten Einfuhrhafen des Reiches erfolge. Meine Hamburger Freunde glaubten, dafür die Garantie übernehmen zu können, überschätzten jedoch ihre Kraft. Kleineren Mißhelligkeiten wurde dabei keine Bedeutung beigelegt.

Hauptsorge der Regierung war, daß die nach Hamburg beginnende Lebensmitteleinfuhr keine Beeinträchtigung erfuhr. Ein Teil der Seeleute, der sich in sehr radikalen Forderungen gefiel, hat aber sehr ernste Schwierigkeiten gemacht. Sie hatten sich in einer Sonderorganisation zusammengefunden, in der eines Tages einstimmig der verbrecherische Beschluß gefaßt wurde, das Auslaufen der Schiffe zu verhindern und damit die Lebensmittelversorgung Deutschlands zu unterbinden.

Nachdem es in der ersten Revolutionszeit reichlich drunter und drüber gegangen war, hatte sich in Hamburg eine Truppe zusammengefunden, die „Militärischer Sicherheitsdienst" von Groß-Hamburg genannt wurde. Der spätere Kommandant hat gesagt, sie habe sich mehr oder weniger selbst gebildet und deshalb alle Mängel solcher wilden Organisationen aufgewiesen. Die Leute erhielten als Soldaten Löhnung usw. aus der Reichskasse; der Hamburger Senat leistete beträchtliche Zulagen, so daß man wie in anderen Orten ein uniformiertes Arbeitslosenheer bezahlte, das sehr wenig leistete. Offiziere wurden im Sicherheitsdienst von der Mannschaft nicht geduldet. Die ganze Tätigkeit bestand in wenig und mäßig ausgeführtem Wachtdienst. Mit den militärischen Dienststellen kam die Truppe, wenn man sie so nennen will, in kein erträgliches Verhältnis. Hamburger, mit denen ich wiederholt verhandelte, gaben zu, daß die Verhältnisse unhaltbar waren. Um jedoch den Hamburger Arbeitern jeden Grund zur Klage über mangelndes Entgegenkommen zu nehmen, und damit jede Möglichkeit, ohne Truppenentsendung auszukommen, ausgenützt werde, wurde ein Hamburger Mehrheitssozialdemokrat, Lampl, der im Felde sich ausgezeichnet hatte und Reserveleutnant geworden war, auf Vorschlag zum Kommandanten von Groß-Hamburg am 28. Februar 1919 ernannt, d. h. in eine Generalsstelle gebracht. Er hat sich die redlichste Mühe gegeben, den Sicherheitsdienst in Ordnung zu bringen und auch einige Verbesserungen vorübergehend erreicht. Straffe Zucht und Ordnung war aber in eine derartig aufgebaute Truppe, die ihre Führer wählte und in der die Soldatenräte den Kommandanten auf Schritt und Tritt behinderten, nicht hineinzubringen. Der Kommandant Lampl selbst oder ein ihm sehr nahestehender Mann hat über die dabei gemachten Erfahrungen folgendes berichtet:

„Von den Genossen, die noch dem Soldatenstande angehörten, wurde der Kommandantur die Arbeit nicht leicht gemacht. Hier hätte man erwarten sollen, daß sie sich freudig dem Manne untergeordnet hätten, der als der Mann ihres Vertrauens an die Spitze der Kommandantur gestellt worden war. Das Gegenteil war der Fall. Räte und Kommissionen, die geschaffen waren, um in der ersten Zeit der Revolution die Offiziere hinsichtlich Handlungen gegen die Revolution zu überwachen, beehrten den Kommandanten und seine Mitarbeiter mit einem durch nichts begründeten Mißtrauen und erschwerten ihnen durch kleinliches Einsprechen und Nachschnüffeln in jeder Art die Arbeit. Militärische Anordnungen der Reichsregierung, die im ganzen Reich durchgeführt waren, konnten in Hamburg wegen des Einspruchs der Soldaten- und Vertrauensräte nicht zur Geltung gebracht werden. Dabei gab die Kommandantur in allen Äußerlichkeiten nach und war zufrieden, wenn nur das Grundsätzliche angenommen wurde. Anstatt mit der Kommandantur gemeinsam eine geschlossene Front des Willens der Ordnung zu bilden, erlagen die Vertreter der Mehrheitspartei immer wieder den Hetzreden der Unabhängigen und Kommunisten, die die Kommandantur nicht allein für jede Anordnung der Reichsregierung, sondern auch für den Geldmangel, die Leiden der Kriegsbeschädigten und die teuren Lebensmittelpreise verantwortlich machten."

Rund 12 000 Mann versahen neben der Polizei in Hamburg den Wach- und Sicherheitsdienst. Es war ganz unmöglich, diese Menge von Menschen auf dem Militäretat zu belassen. Die Hamburger Wehrleute waren zudem beträchtlich höher bezahlt als die Soldaten der Reichswehr. Darüber hinaus forderten sie Mitte Mai extra eine ziemlich hohe Treuprämie vom Senat, der sich wieder an die Reichsregierung wandte. Daß der Friedensvertrag Deutschland nur eine Truppe von 100 000 Mann zugestehen würde, konnte zu dieser Zeit schon als feststehend angesehen werden. Der Abbau der Truppen mußte in die Wege geleitet werden.

Vorerst sollte die Hamburger Wehr auf 5000 Mann verringert werden, bei materieller Gleichstellung der Verbleibenden mit den Mannschaften der Reichswehr. Da niemand rechte Neigung hatte, sich deswegen mit den Vertrauensleuten der Wehr auseinanderzusetzen, wurde ich ersucht, selbst nach Hamburg zu kommen. Am 27. Mai war ich in der Hansestadt. Der Tag verlief ziemlich übel.

Unabhängige und Kommunisten haben seit dem Januar den Kampf gegen mich in der gehässigsten, persönlichen Form geführt. Es wird wenige Beschimpfungen geben, die gegen mich nicht angewendet worden sind, wenige Nichtswürdigkeiten, die mir nicht nachgesagt wurden. In Prosa und im Reim wurden die Arbeiter gegen mich zu sinnloser Wut aufgestachelt. Ein Blatt an der Wasserkante schrieb in Form eines offenen Briefes an mich in jenen Tagen:

„Sie wissen, daß der Haß Ihrer Volksgenossen gegen Sie und Ihr System eines Tages nicht mehr zu zügeln sein wird; daß man Sie als Bluthund, als Schlächter der Kommune durch die Revolutionsgeschichte schleifen wird. Sie wissen, daß nur Anhänger der alten Despotie, profitsüchtige Diebe, gewerbsmäßige Mordgesellen und heuchlerische Finsterlinge Ihren starken Schutz, den Schutz der Bajonette, Handgranaten und Maschinengewehre anflehen, daß alle denkfähigen, werktätigen Arbeiter Ihnen fluchen, wie sie nie einem Feind geflucht. Sie wissen, daß Ihr Ende, das kein glimpfliches sein wird, nahe ist, daß Sie unstet und flüchtig sein werden zeit Ihres Lebens, dessen Spanne man nicht zu messen wagt."

Ihren poetischen Empfindungen gaben eine Anzahl Blätter der Unabhängigen Ausdruck, indem sie das nachstehende lyrische Gedichtchen brachten:

Noske träumt

Herr Noske träumt so schweren Traum,
Aus seinem Munde bricht weißer Schaum.

Die er tags in den Tod gehetzt,
Erstehen vor ihm, bleizersetzt.

Der eine deutet auf die Stirn:
„Du Hund, zerschossest mir das Hirn!"

Den andern bluten Brust und Herz:
„Dein Blick ist Mord! Dein Blick ist Erz."

Und der Gestalten wachsen mehr,
Herr Noske stöhnt und atmet schwer.

Und jeder donnert seinen Spruch
Und speit ihm ins Gesicht den Fluch:

„Wir standen tapfer! Keiner wich!
Schuß gegen Schuß! Stich gegen Stich!

Kein Schmerzensschrei sei dir geschenkt,
Bis man dich an den Galgen hängt!"

Welche Stimmung durch die tägliche Hetze gegen mich bei vielen Arbeitern erzeugt worden war, habe ich an lauten Beschimpfungen, die mir auf der Straße zugerufen wurden, öfter feststellen können. Am 21. Mai fuhr ich im offenen Wagen durchs Brandenburger Tor und geriet an der Ecke der Wilhelmstraße in einen großen Zug von demonstrierenden Unabhängigen, so daß ich halten mußte. Nach wenigen Sekunden wurde ich erkannt, und der Namensnennung durch einen Mann folgte sofort ein wahnwitziges Schimpfen und Brüllen. Ein paar Männer machten Miene, sich auf mich zu stürzen, als der Wagen im schnellsten Tempo davonfuhr. Hunderte von johlenden Menschen jagten vergeblich hinterdrein.

In Hamburg waren Lazarettinsassen für meinen Besuch besonders aufgepeitscht worden. Daß schwer kriegsverletzte Leute nach einem monate- oder jahrelangen Aufenthalt in Krankenhäusern nervös und unzufrieden wurden, konnte nicht wundernehmen. Sie waren einer besonderen Agitation ausgesetzt, bei der hervorgehoben wurde, die Reichswehrsoldaten würden besser bezahlt als die Kriegsbeschädigten. Anfang Mai hatte in Frankfurt a. M. ein Kongreß der Lazarettinsassen getagt und sich auf eine Anzahl von Forderungen geeinigt. Eine Deputation, die sehr rabiat tat, war nach Berlin gekommen. Daß die verheirateten Leute, die noch in den Lazaretten bleiben sollten, höhere Bezüge erhalten mußten, leuchtete mir ein. Das sagte ich den Männern, als sie bei mir waren. Ihre Angelegenheit wurde von mir auch beim Finanzministerium nachdrücklichst betrieben. Da noch etwa 200 000 Lazarettinsassen in Betracht kamen, handelte es sich um beträchtliche Mehrausgaben. Als die Deputation abreiste, hatte sie noch keine bindende Zusage darüber erhalten, wieviel gezahlt werden würde.

Unter dem System der Soldatenräte bildeten sich in manchen Lazaretten die unhaltbarsten Zustände heraus, unter denen letzten Endes die Kranken selbst zu leiden hatten. Gemeingefährlich war das Treiben in verschiedenen Lazaretten für Geschlechtskranke. Am übelsten ging es in Hamburg in dem Lazarett auf der Veddel zu. Ärzte und Pflegepersonal wurden in frechster Weise terrorisiert, die Hausordnung mißachtet; die Kranken trieben sich abends in der Stadt umher, verbreiteten die Seuche. Das war kein Idealzustand, obwohl alle Macht vom Soldatenrat ausgeübt wurde. Solche Leute waren Wortführer der Lazarettinsassen. In Hamburg führten sie die bedauernswerten Krüppel auf die Straße.

Im Hamburger Rathaus hatte im Senatssaal die Besprechung mit den Vertrauensleuten der Wehr begonnen, denen ich die Notwendigkeit des Abbaues darlegte. Die Debatte war wenig erbaulich. Als darauf verwiesen wurde, daß mehr Wachdienst von dem einzelnen Mann geleistet werden könnte, setzte einer der Redner auseinander, am Achtstundentage dürfe unter keinen Umständen gerüttelt werden. Die Leute zogen für 24 Stunden auf Wache und waren selbstverständlich nicht ununterbrochen angespannt. Trotzdem hatten sie an den beiden folgenden Tagen dienstfrei.

Die Besprechung wurde durch Lärm vor der Tür des Sitzungssaales gestört. Ein Zug Lazarettinsassen war vor das Rathaus gekommen. Eine ganze Anzahl der Leute hatte sich gewaltsam den Zugang zum Rathause verschafft; die von der Wehr gestellte Wache hatte das nicht verhindert. Lärmend verlangte man mich zu sprechen. So hatte es kurz vorher in Dresden mit dem Minister Neuring angefangen. Als ich auf den Gang vor dem Saal heraustrat, war ein Verhandeln nicht möglich, sondern ein paar aufgeregte Kerle drangen schimpfend auf mich ein und wollten handgreiflich werden. Darauf ging ich in den Saal zurück, nachdem ich erklärt hatte, mit einer Deputation würde ich erst dann verhandeln, wenn das Rathaus von der Menge wieder geräumt sei. In dem Sinne wirkten Lampl und einige der Vertrauensmänner auf die Leute ein. Die meisten kehrten auf die Straße zurück. Von der Garderobe der Teilnehmer an unserer Sitzung, die auf dem Korridor hing, wurde eine Menge gestohlen.

In einem kleineren Zimmer hatte ich dann eine Aussprache mit einer Deputation, die nicht ganz gemütlich verlief. Von der Straße herauf ertönte lautes Geschrei. Die Deputation hielt Erörterungen für überflüssig, sondern legte mir die kürzlich in Frankfurt beschlossenen Forderungen vor, deren Erfüllung ich namens der Regierung zusagen sollte. Während ich mich zu den einzelnen Punkten äußerte, wurde alle paar Minuten die Tür aufgerissen und eine drohende Menge, die sich wieder angesammelt hatte, gab ihrer Ungeduld Ausdruck. Da ich beim besten Willen das Kabinett nicht festlegen konnte, formulierte ich eine Erklärung, wie weit ich für die Forderungen mich einsetzen wollte. Wieder erschien ein aufgeregter Mann in der Türöffnung, um mir zu eröffnen, die Menge auf dem Platze lasse sich nicht länger halten, deshalb müßte ich sofort vom Balkon meine Zusagen abgeben.

Der Platz vor dem Rathaus wimmelte von Menschen. Erschütternd war der Anblick der vielen Beinamputierten, die auf den Stufen des Kaiserdenkmals saßen. Zu den anderen Lazarettinsassen hatten sich Arbeiter und Radaubrüder gesellt.

Zu Anfang bekam ich alles andere zu hören, nur keine Beifallskundgebungen. Das ganze Schimpflexikon der unabhängigen und kommunistischen Zeitungen wurde mir heraufgeschrien. Ein paar wilde Männer sprangen wie besessen herum und machten die Geste des Aufhängens. Trotzdem ich auch jetzt nur Zusicherungen machte, die ich glaubte mit gutem Gewissen erfüllen zu können, bekam ich doch allmählich Zustimmung und die Menge ging auseinander, nachdem ich geendet hatte. Eine wenig freundlichen Gefühlen entspringende Kundgebung, die mir am Abend vor dem Hotel zuteil werden sollte, verfehlte ihren Zweck, weil ich nach Kiel gefahren war.

In dem am 28. Mai ausgegebenen Kommandanturbefehl für Groß-Hamburg hieß es:

1. Die Kommandantur spricht Führern und Mannschaften der Freiwilligen Wachabteilung Bahrenfeld und der Hafensicherheitstruppe Dank und Anerkennung für die bisherigen Leistungen sowie für die vorzügliche Haltung während des Besuches des Herrn Reichswehrministers aus.

2. Etwa 200 Mann, darunter viele Geschlechtskranke, der am 27. ds. Mts. gegen den Reichswehrminister demonstrierenden Insassen der Lazarette Groß-Hamburgs haben sich mit Gewalt Zutritt zum Senatsgehege im Rathaus verschafft, der Reichswehrminister ist selbst in der unflätigsten Weise beschimpft worden, die Senatsgarderobe wurde durch diese Leute geplündert, Mäntel und Mützen der Vertreter der Reichsbehörden, sowie Revolver und Koppel von Volkswehrabteilungsführern und Vertrauensräten gestohlen.

Die Kommandantur bedauert, daß die Volkswehrwache im Rathause unfähig war, die Vorgänge zu verhindern.

Eine sachliche Besprechung der Volkswehrinteressen wurde durch diesen Putsch außerordentlich erschwert.

Schwerverwundete Kameraden wurden vorgeschoben, damit unverantwortliche Hetzer und Diebesgesindel in die Senatsräume eindringen konnte.

Die Kommandantur war auf alle berechtigten Wünsche der Lazarettinsassen bereits vor Wochen eingegangen.

Die Verantwortung für diese unerhörten Vorgänge tragen diejenigen Hetzer und Aufwiegler in den Lazaretten, die diesen Putsch geführt haben.

Ich mache die Kameraden der Lazarette darauf aufmerksam, daß durch diese Methode ihre Interessen niemals vertreten werden können.

Die Kommandantur bittet um zweckdienliche Mitteilungen zwecks Feststellung der Namen derjenigen, die die Diebstähle und den Putsch herbeigeführt haben.

3. Auf Grund der uns durch die Feinde auferlegten Friedensbedingungen ist die Volkswehr Groß-Hamburg laut Verfügung des Reichswehrministers von 12 000 auf 5000 zu vermindern. Hiermit wird für sämtliche Volkswehrmannschaften einschl. aller Führer und Beamten für den 1. Juni zum 1. August die Kündigung ausgesprochen, da die Volkswehr als der Reichswehr angegliederte Volkswehr umgebaut werden muß.

4. Ab 1. Juni ds. Js. wird der Dienst der Volkswehr Groß-Hamburg (einschl. Hafensicherheitstruppe) wie folgt angeordnet: 8 Stunden Dienst, 8 Stunden Bereitschaft und 8 Stunden Schlaf auf der Wache, dann 24 Stunden Ruhe."

Am 24. Juni kam es in Hamburg zu beträchtlichen Ausschreitungen und dann zu Kämpfen, bei denen eine ganze Anzahl von Menschen getötet wurde. Hamburger Sülzfabrikanten hatten ein ekelhaftes Produkt hergestellt und zu hohem Preis verkauft. Eine empörte Menge lynchte einen der Halunken. Die Ausschreitungen nahmen rasch großen Umfang und einen gefährlichen Charakter an. Das Reichswehr-Bataillon aus Bahrenfeld mußte zur Hilfe eingesetzt werden, weil auf die Wehr kein Verlaß war. Als es anläßlich einer der Demonstrationen am 6. Juni in der Stadt zu vereinzelten Ausschreitungen gekommen war, versuchte die Kommandantur von verschiedenen Seiten Verstärkungen zum Rathaus zu schicken, da der Führer der Volkswehrwache Rathaus dringend wiederholt um Hilfe gebeten hatte. Wie die Wehrleute ihre Pflicht nicht erfüllten, geht aus dem Kommandanturbefehl vom 8. Juni 1919 hervor. Es heißt darin:

„Bei der Volkswehrabteilung St. Georg waren weder der Abteilungsführer noch sein Adjutant zu erreichen; Bereitschaft war nicht vorhanden. Bei der Volkswehrabteilung Altona meldete sich niemand am Fernsprecher. Die Abteilung Neustadt erklärte, keine Verstärkung verfügbar zu haben. Die Abteilung St. Pauli weigerte sich, auf Anforderung Polizeipatrouillen auf der Reeperbahn gehen zu lassen. Von der Hafensicherheitstruppe entsandte Verstärkungen trafen unbewaffnet vor dem Rathaus ein."

Das war der Sicherheitszustand, in dem Hamburg sich befand. Eine der Hauptaufgaben dieser Volkswehr bestand darin, die Lebensmittellager und die Lebensmittelverschickung von Hamburg zu sichern. Wie es damit bestellt war, lehrt ebenfalls der Kommandanturbefehl vom 8. Juni. Es heißt darin:

„Die Diebstähle in den von der Volkswehr bewachten Lagern, insbesondere im Freihafen nehmen einen geradezu erschreckenden Umfang an. Diese Zunahme ist dadurch zu erklären, daß die Wachmannschaften an vielen Stellen ihre Pflicht nicht tun."

Tatsächlich steht fest, daß Angehörige der Volkswehr mit pflichtvergessenen Arbeitern gemeinsame Sache machten und die für die darbende Bevölkerung im Inlande bestimmten Lebensmittel stahlen. Lebensmittel im Werte von Millionen wurden geraubt und zwar nicht nur, um den eigenen Hunger zu stillen; es wurde damit ein schwunghafter Handel zu Wucherpreisen getrieben.

Bei den Unruhen am 24. Juni versagte die Volkswehr nicht nur fast vollständig, sondern machte mit dem Mob gemeinsame Sache. Der sozialdemokratische Kommandant selbst hat feststellen müssen, daß sich Teile der Volkswehr widerstandslos entwaffnen ließen, ja sie teilten sogar Waffen an den Pöbel aus. Damit wurden dann ihre eigenen Kameraden im Rathause beschossen. Von den Reichswehrsoldaten wurden eine Anzahl in viehischer Weise umgebracht. Es wiederholten sich Mordszenen wie in den Berliner Märztagen.

„Arbeiterherrschaft in Hamburg" lautete die Überschrift über die ganze Seite des Berliner Blattes der Unabhängigen am 26. Juni. Eine der vielen Notizen, in denen über die Vorgänge in Hamburg berichtet wurde, war überschrieben: „Die Macht in den Händen der Arbeiter".

Darin wurde gemeldet:

Alle Regierungsgebäude Hamburgs sind durch die Aufständischen besetzt. Ein militärisches Einschreiten ist im Augenblick nicht möglich, da nicht genügend Truppen zur Verfügung stehen. Im Rathaus hat sich ein Zwölferrat gebildet, der die Regierungsmacht über Hamburg in Anspruch nimmt. Die Gefängnisse wurden gestürmt, die politischen Gefangenen befreit, alle Justizakten verbrannt. Von seiten der Aufständischen sind um das Gefängnis Geschütze aufgefahren. Die Eisenbahnstationen im Innern der Stadt sind für den Verkehr gesperrt. Nach Berlin ist die Verbindung vorläufig intakt. Der Hauptbahnhof ist besetzt. Einzelne Angehörige der Reichswehr sind ermordet worden. Die Kämpfe haben auf beiden Seiten schwere Opfer gefordert, zumal die Spartakisten über eine Anzahl von Geschützen verfügen."

Darunter wurde berichtet:

Hamburg, 25. Juni, 2 Uhr nachmittags.

Das Rathaus wurde von den Belagerern gestürmt. Gefangengenommene Regierungstruppen mit hocherhobenen Händen wurden abgeführt. Bei dieser Abführung entstand abermals eine große Schießerei. Nach Aussage von Teilnehmern an den Gefechten ist das ganze Rathaus im Besitze der Belagerer."

Die neuen Machthaber in Hamburg erließen folgende Kundgebung:

„An die Bevölkerung in Groß-Hamburg!

Wieder einmal ist in Hamburg Blut geflossen. Aus der spontanen Entrüstung über die schändliche Verfälschung von Lebensmitteln heraus ist eine stürmische Protestbewegung entstanden, die die Hamburger Regierung glaubte mit Blut ersticken zu müssen.

Bahrenfelder Freiwillige, im Bunde mit der Schutzmannschaft Hamburgs sind es, die das Blutbad verursacht haben. Arbeiter! In ganz Deutschland finden in den letzten Tagen spontane Tumulte statt, die keinen politischen Charakter tragen, sondern geboren sind aus der Verzweiflung der hungernden Massen, die zusehen müssen, wie man ihnen für teures Geld verdorbene, ungenießbare und ekelerregende Lebensmittel verabreicht, um diejenigen zu vergiften, die noch einigermaßen ihre Gesundheit in dem furchtbaren Völkermorden bewahrt haben.

Die Schweinereien von Hamburg, Lübeck und anderen Städten sind nur dadurch möglich, daß man es der Arbeiterschaft verwehrt, den privatkapitalistischen Schiebern und Haifischen durch eigene Kontrolle der Lebensmittelversorgung das Handwerk zu legen. Inzwischen liegt die Reaktion auf der Lauer, um aus der spontanen Erregung des hungernden Volkes Vorteile für sich herauszuschinden.

Arbeiter! Wir fordern euch auf, in dieser Stunde kaltes Blut zu bewahren und nichts zu unternehmen, was eine Aktion der gesamten Hamburgischen Arbeiterschaft zersplittern könnte.

Wir fordern euch auf, sofort in allen Betrieben Versammlungen einzuberufen, um eine gemeinsame Grundlinie zu gemeinsamem Handeln zu finden. Heraus aus Hamburg mit den Bahrenfelder Freiwilligen, die hier nichts zu suchen haben. Entwaffnung der Einwohner der bewaffneten Schutzgarde der Lebensmittelfälscher und Kadaverschieber.

Übertragung der Aufrechterhaltung der Ordnung an die Volkswehr unter der Kontrolle der Betriebsräte! Einsetzung einer Kommission aus der Mitte der Betriebsräte, die die Kontrolle der Lebensmittelverteilung zu übernehmen hat.

Die sozialistischen Senatoren von Hamburg werden hiermit öffentlich aufgefordert, zu erklären, wie sie sich zu der Niederschießung einer hungernden, gegen Lebensmittelfälschungen protestierenden Volksmenge zu verhalten gedenken.

Die revolutionären Obleute von Groß-Hamburg.
Die Zwölfer-Kommission aller Betriebsräte.
Die Unabhängige Sozialdemokratische Partei.
Die Kommunistische Partei Deutschlands, Ortsgruppe Hamburg."

Ich schrieb folgende lakonische Notiz für die Presse:

„Berlin, den 25. Juni.
Die erforderlichen Maßnahmen zur Wiederherstellung der Ordnung in Hamburg sind eingeleitet."

Außer in Hamburg waren in diesen Tagen noch in mehreren anderen Orten schwere Ausschreitungen und Plünderungen verübt worden.

Deshalb erließ ich am 25. Juni folgenden Befehl:

„Die Aufstände in Hamburg, die Wühlereien und schweren Streitausschreitungen in Berlin und anderen Orten veranlassen mich zu folgendem Befehl:

1. Aufstände sind mit allen Mitteln schnellstens niederzuschlagen, wenn nötig unter rücksichtsloser Anwendung von Waffengewalt.

2. Bei Streiks in gemeinnützigen Betrieben, deren Fortführung für die Allgemeinheit lebensnotwendig ist, kann mit militärischen Machtmitteln der Betrieb aufrecht erhalten werden. Die Freiheit zur Arbeit ist überall zu schützen.

3. Bei Streiks auf Eisenbahnen ist die Durchführung der notwendigsten Transporte nötigenfalls unter Anwendung von Waffengewalt zu erzwingen.

Ich behalte mir vor, gegen Aufständische das verschärfte Standrecht zu verhängen."

Für Hamburg wurden Truppen zusammengezogen, darunter Sachsen und Bayern. Deswegen richtete die Parteileitung der U. S. P. an die Regierung folgendes Telegramm:

„Die organisierten Arbeiter haben nach dem Beschluß der Regierung, den Friedensvertrag zu unterzeichnen, den festen Willen bekundet, von einem Generalstreik Abstand zu nehmen.

Die Lebensmittelkrawalle, die in verschiedenen Städten spontan aus Hunger und aus Empörung über Lebensmittelwucher und -verfälschung ausgebrochen sind, haben keinen Zusammenhang mit irgendeiner organisierten Arbeiterpartei.

Bestimmte Anzeichen, so: die zu Plünderungen auffordernden antisemitischen Flugblätter, die Anführung der Menge durch sehr gut gekleidete Persönlichkeiten mit Brillantringen, sprechen dafür, daß jene Akte der Empörung zum Teil von reaktionärer Seite zu Provokationszwecken ausgenutzt werden.

Nach sämtlichen, auch offiziellen Berichten aus Hamburg haben die Arbeiter aller sozialistischen Parteien, die die Leitung der Verwaltung in die Hand genommen haben, alle Ordnung hergestellt und namentlich gegen Plünderungen scharf Stellung genommen.

Der Beschluß der Regierung, Truppen gegen Hamburg zu senden, muß angesichts dieser Tatsachen auf die Arbeiterschaft als Herausforderung wirken und mit Sicherheit zu Blutvergießen führen.

Der Aufruf des Reichswehrministers Noske ist geeignet, die Arbeiter noch mehr zu erregen. Er spricht nicht von den obenerwähnten Krawallen in Berlin, sondern von ‚schweren Streikausschreitungen‘, obwohl von solchen nichts bekannt geworden ist. Dazu kommt, daß sein Aufruf auch im übrigen mit den elementarsten Anschauungen der gewerkschaftlichen und politischen Bewegung der Arbeiterschaft in Widerspruch steht.

Die Parteileitung der Unabhängigen Sozialdemokratischen Partei Deutschlands fordert die Regierung im Hinblick auf die große Gefahr auf, den Vormarsch der Truppen nach Hamburg einzustellen, in Verhandlungen mit den organisierten Arbeitern in Hamburg einzutreten und im Einvernehmen mit ihnen die Verhältnisse sofort zu regeln.

Namens der Parteileitung der Unabhängigen Sozialdemokratischen Partei:

Crispien, Dittmann, Haase, Laukant, Moses, Nemitz, Zietz.

Als die ersten Truppen in die Nähe von Hamburg kamen, telegraphierten die Betriebsräte, daß die Vollversammlung der Betriebsräte und ihre erweiterte Zwölferkommission in Gemeinschaft mit den sozialistischen Parteien und dem Senat Ruhe und Ordnung wieder hergestellt habe. Die Reichsregierung solle die in Wandsbek untergebrachten Truppen zurückziehen. Nur wenn diese Forderung erfüllt werde, sei die Erhaltung der Ruhe und Ordnung voll gewährleistet; andernfalls trage die Reichsregierung die volle Verantwortung für alle Geschehnisse.

Zwei Bataillone marschierten in Hamburg ein, wurden von einer großen Menschenmenge eingeschlossen und eine Anzahl junger Soldaten ließ sich entwaffnen. Darauf gab es großes Triumphgeschrei in der Presse der Unabhängigen und Kommunisten.

Zwei Tage später wurde in einer Versammlung der Betriebsräte von einem Redner erzählt, er habe begründete Mitteilungen bekommen, daß 20 000 Mann Regierungstruppen vor Hamburg lägen. Darauf wurde eine Entschließung angenommen, daß die Arbeiterschaft und die Volkswehr nicht gewillt sei, gegen die Reichswehrtruppen zu kämpfen.

Die Besetzung Hamburgs erfolgte ohne Kampf.

Abbausorgen

Auf eine Frage nach der erstrebten Kopfstärke der vorläufigen Reichswehr hatte ich in der Nationalversammlung geantwortet, wir würden froh sein, wenn ein Drittel der Friedens-Heeresstärke zusammengebracht werde. Die andauernde Arbeitslosigkeit bewirkte, daß der Zugang bei der Truppe größer war, als ich erwartet hatte. Die Höchststärke wurde mit rund 400 000 Mann erreicht, wovon etwa eine Hälfte in Kurland, Litauen und an der ganzen Ost- und Südgrenze entlang stand, die zweite war im ganzen Reich verteilt.

Es wäre der Regierung niemals in den Sinn gekommen, so viele Leute aufzustellen, wenn es die Sachlage nicht dringend erfordert hätte. Die Bevölkerung von Oberschlesien, Westpreußen, Ostpreußen hatte auf das dringendste Schutz verlangt. Leidliche Sicherheit konnte erst die Beendigung des Kriegszustandes garantieren. Bei der Fortdauer eines latenten Bürgerkrieges im Innern handelte die Regierung lediglich in der Notwehr, wenn sie eine Macht schuf, die das Chaos verhütete. Der Verzicht auf Gewaltanwendung im politischen Kampfe sowie ein gemeinsames Vorgehen der beiden sozialdemokratischen Parteien gegen Anarchie und Verbrechertum hätte dem deutschen Volke viel Geld erspart, arge Wirrnisse verhütet, und keinem Militaristen alten Schlages hätte im Glauben an seine Unentbehrlichkeit der Kamm schwellen können.

Der Friedensschluß wurde von der Entente von Monat zu Monat hinausgezögert und alle Narren und Phantasten tobten sich in Deutschland weiter im innerpolitischen Kampfe aus, zum Schaden des durch

Hunger körperlich und seelisch krank gewordenen Volkes, das in dauernder Unruhe gehalten wurde.

Trotz aller Bemühungen, den Alliierten klarmachen, daß Deutschland vorerst eine Truppe von einiger Stärke nicht entbehren könne, schrieb der Friedensvertrag für das Landheer eine Kopfstärke von 100 000 Mann vor. Drei Monate nach Ratifizierung durfte die Truppe nur noch 200 000 Mann betragen; am 1. April 1920 sollten 100 000 Mann nach den Vorschriften des Vertrages formiert sein. Für die Marine wurde vom 10. März 1920 ab eine Kopfstärke von 15 000 Mann zugelassen.

Es war nicht abzusehen, wie man mit einer so geringen Truppe auskommen sollte. Die loyale Ausführung des Vertrages wollte die deutsche Regierung trotzdem sich angelegen sein lassen. Alle Vorbereitungen für den Abbau der Reichswehr wurden daher getroffen.

Die Befehlsgewalt über die Truppen war geteilt worden.

Eine Verordnung des Reichspräsidenten bestimmte:

„Der Reichswehrminister ist bis auf weiteres ermächtigt, an die Generalkommandos des Garde-, III., IV., VII., IX., X., XI., XVIII. Armeekorps und das Generalkommando Lüttwitz unmittelbar hinsichtlich der taktischen und militärpolitischen Maßnahmen Verfügungen zu erlassen, die zur Aufrechterhaltung der Ordnung und Anerkennung der gesetzmäßigen Reichsgewalt notwendig sind, die Oberste Heeresleitung verfügt in allen Angelegenheiten des Grenzschutzes über die Generalkommandos der östlichen Grenzkorps sowie die in diesen Korpsbezirken und noch jenseits der Reichsgrenze verwendeten mobilen Verbände, ferner über die westlichen Grenzschutzabteilungen."

Die Oberste Heeresleitung, an deren Spitze Feldmarschall von Hindenburg stand, siedelte nach Kolberg über. Dort weilte ich am 18. März, um zu erörtern, in welchem Tempo die Heeresleitung und die Osttruppen abbauen könnten.

Mein Besuch galt formell dem Feldmarschall Hindenburg, mit dem ich erst in seinem Zimmer, dann auf dem Wege zum Kasino und schließlich beim Abendessen sprach. Tatsächlich führte General Groener die Geschäfte, mit dem ich bei einem Spaziergang am Strande lange Erörterungen hatte. In einer ausgedehnten Konferenz am Nachmittag wurde außer Personenfragen namentlich das Verhältnis der Truppe zur Regierung besprochen. Die Kolberger Auffassung wurde dahin zusammengefaßt:

„Die Armee hat Vertrauen zur Regierung, mäßiges Vertrauen zum Kriegsministerium; nur in einer Hinsicht hat sie unbedingtes Vertrauen, nämlich zum Reichswehrminister."

Nach der Friedensunterzeichnung sah Hindenburg seine Mission als erfüllt an. Aus Kolberg hat er am 25. Juni dem Reichspräsidenten angezeigt, daß er sich in das Privatleben zurückziehe und den Oberbefehl niederlege. Nach der Abwicklung der O. H. L. ist einige Zeit darauf auch Generalleutnant Groener aus dem Heeresdienst geschieden.

Die vorläufige Reichswehr war ein buntes Gemisch von Freikorps und wieder aufgefüllten alten Formationen. Die mehr oder weniger wild entstandenen Korps mußten in die Divisionen eingeschmolzen werden. Dieser Prozeß ist sehr verlangsamt worden, weil die Truppen wegen der inneren Wirren dauernd umherzogen. Nur deshalb konnte sich bei ihnen ein Charakter herausbilden, der allmählich zu einer Gefahr wurde, die ich nie ganz gering eingeschätzt habe.

Da die Truppe nicht zur Ruhe kam, konnte auch ihre Disziplinierung und Erziehung nicht mit dem Erfolg betrieben worden, der notwendig gewesen wäre, um häufigen Klagen und Beschwerden begegnen zu können. Mannschaften und jüngere Offiziere ließen recht viel in ihrem Verhalten zu wünschen übrig. Zwei Vorgänge in Weimar geben eine Vorstellung davon, welche Verwilderung eingerissen war.

Im Weimarer Schloß war ich im Erdgeschoß einlogiert. Von der Straße konnte ins Zimmer hineingesehen werden. Die Fenster waren mit starken Eisengittern geschützt. In der Nacht vom Dienstag, den 17. Juni zum Mittwoch, wurde ich durch Lärm und Schießen vor meinen Fenstern geweckt. Die in Weimar liegenden Maerckerschen Truppen sollten bis auf wenige Mann in dieser Nacht nach Erfurt fahren, wo es wieder einmal unruhig war. Als Ersatz wurde von auswärts ein Bataillon erwartet. Da Eisenbahner passive Resistenz geübt hatten, war der Transport nicht rechtzeitig in Weimar eingetroffen. Von dem geplanten Abmarsch der Garnison hatten im Landgericht untergebrachte Militärgefangene Kenntnis erlangt und 60 Mann waren unter Führung eines Feldwebels ausgebrochen, hatten sich in den Besitz von Waffen gesetzt und versuchten in das Schloß einzudringen. Das mißlang, weil ein Posten ihnen das schwere Tor vor der Nase zuschlug. Im Marstall untergebrachte Feldjäger wurden alarmiert, als die Schar vor den Fenstern meiner Wohnung den Lockruf ertönen ließen: „Wo ist Noske, der Hund." Die Jäger schossen wie toll, die Ausreißer desgleichen. Es war ein Höllenlärm. Einige Verwundete schrien, als wenn sie am Spieße steckten. Da ich mir nicht vorzustellen vermochte, was los sei, konnte ich nur mit schußbereiter Pistole am Fenster stehen und warten, was kommen würde. Nach einigen Minuten warf ich jedoch ein paar Kleidungsstücke über und ging auf den Schloßhof hinaus. Dort stand schon mein treuer Ordonnanzoffizier Rahe, einer von der Kieler Brigade, der mir fünfviertel Jahr lang selten von der Seite gewichen ist, Major von Gilsa kam dazu und gleich darauf gesellte sich der Reichspräsident Ebert zu uns, jeder mit dem Browning in der Hand. Was im friedlichen Weimar eine solche Schießerei bedeuten sollte, war uns gänzlich unklar. Bald rückte ein Zug Landesjäger an, die vor dem Schloß einen Teil der Ausreißer wieder festgenommen hatten. Da auch auf dem Weimarer Bahnhof Eisenbahner der Abfahrt der Truppen Schwierigkeiten bereitet hatten, waren ein paar Kompagnien in die Stadt zurückgeeilt, als das Schießen begann. Gegen drei Uhr konnte die gestörte Nachtruhe fortgesetzt werden. Daß die Affäre nicht ganz ungefährlich gewesen war, bewiesen am nächsten Morgen eine ganze Anzahl Geschoßspuren am Schloß, nicht weit von meinen Fenstern. In ernster Lebensgefahr hatte sich mein Kollege Bauer befunden, der einige Zimmer von mir entfernt wohnte; ihm waren fünf oder sechs Kugeln durch die Fenster geflogen.

Um dieselbe Zeit, an einem Sonntagnachmittag, ritt rank und schlank, wie aus Erz gegossen auf dem Pferde sitzend, ein junger Offizier an der Spitze einer Reiterabteilung am Schloß vorbei. Er machte sich offenbar ein Vergnügen daraus, seine gut aussehenden Jäger zu Pferde einem größeren Publikum vorzuführen. Abends saß ich in Gesellschaft im Hotel Erbprinz beim Essen, als mir gemeldet wurde, ein Offizier wünsche mich zu sprechen. Es war der Reiter vom Nachmittag. Er kam nicht zu einem bestimmten Zweck, sondern machte seinem gepreßten Herzen über den Friedensvertrag Luft. Schließlich sprach er über den Minister Erzberger, wie er es in der deutschnationalen Presse gelesen hatte. Meine Antwort war, es sei ganz unsachlich gedacht, daß ein einzelner Mann das Unglück unseres Landes verschuldet haben könnte. Die Unterhaltung beendete ich mit dem Bemerken, so schlecht es zur Zeit auch um das deutsche Volk bestellt sei, brauche man doch die Hoffnung auf bessere Zeiten nicht aufzugeben.

In der folgenden Nacht versuchte ein Offizier mit einigen Soldaten im Schloß bis zu Erzberger vorzudringen, nachdem er vorher in verschiedenen Hotels nach dem Minister gefragt hatte. Da die Leute Stöcke trugen, ist ein ernsthaftes Attentat wohl nicht geplant gewesen, sondern eine immerhin auf das schärfste zu verurteilende Belästigung. Erzberger konnte das Schloß unbehelligt verlassen. Als ich von der Affäre erfuhr, dachte ich sofort an meinen Besucher. Wer die Untersuchung wegen des geplanten Überfalles geführt hat, weiß ich nicht. Von einem Ergebnis hat man nichts erfahren. Nach Wochen sah ich in der Nationalversammlung den jungen Offizier wieder. Als ich ihm auf den Kopf zusagte, daß er bei dem mißglückten Angriff auf Erzberger beteiligt gewesen sei, meinte er, er wisse davon nichts, aber ein Denkzettel hätte dem Minister wohl nichts schaden können. Da die Affäre ohne besonderen Schaden abgegangen war und schon eine Weile zurücklag, mochte ich nicht großes Aufsehen machen und ließ den Mann gehen.

Es ist außerordentlich viel Kritik an der Truppe geübt worden. Übertreibungen und Verallgemeinerungen haben viel geschadet und bei den Soldaten berechtigte Mißstimmung hervorgerufen. Wenn die Presse sich auf das Rügen der tatsächlichen Mängel beschränkt hätte, wäre ihr noch reichlich Stoff geblieben. Nur war es töricht, zu erwarten, daß es mir gelingen könnte, inmitten allgemeiner Verwilderung und Verlotterung in kürzester Frist die Truppe tadelfrei in Ordnung zu bringen.

Die Moral der Soldaten entsprach und entspricht im allgemeinen der Moral der Bevölkerung, aus der sie kommt. Die Truppe wird dann wieder gut werden, wenn die allgemeine Moral im Volke wieder gesund geworden ist. Die Truppe ist nicht ein Ding an sich, sie ist nicht vom Volke losgelöst. Fehler, Mängel, Korruptionserscheinungen, die sich Tag für Tag bei einem Volke zeigen, werden immer bis zu einem gewissen Grade in der Truppe ihren Widerhall finden.

Offiziere murrten über ungenügende Bezahlung. Aber jede Gruppe der Bevölkerung strebte nach wesentlicher Erhöhung des Einkommens. In Kiel hatte ich beobachten können, wie vorsichtig die aktiven Unteroffiziere sich in der ersten Revolutionszeit zurückhielten. Als aber die alten inaktiven Leute, die zuerst als Soldatenräte fungiert hatten, entlassen waren, wurden sie rühriger und schickten sich an, ihre Interessen gründlich wahrzunehmen. Anerkannt muß werden, daß die meisten ihrer Wortführer sich dabei im allgemeinen verständig verhielten. Heißsporne fehlten jedoch nicht, die über das Ziel hinausschossen. Als in der Nationalversammlung das Gesetz betreffend die vorläufige Reichswehr zur Beratung stand, wurden mir von Deputationen Forderungen in einer Form vorgetragen, daß ich mich veranlaßt sah, in öffentlicher Sitzung dagegen Stellung zu nehmen, indem ich betonte, ich ließe mich nicht dadurch zu Versprechungen drängen, daß gesagt werde: Zahlt! — oder die Unteroffiziere werden Bolschewisten. Den Erzählungen, daß die spartakistischen Organisationen Soldaten zu hohen Beträgen anwerben wollten, habe ich nie die geringste Bedeutung beigelegt und scharf betont, daß es ein unerträglicher Zustand würde, wenn Soldaten in gewissen Zeitabschnitten ihre Zuverlässigkeit von erhöhter Bezahlung abhängig machten.

Der Forderung der Unteroffiziere, Kameraden zu Offizieren zu befördern, wurde Rechnung getragen. Eine Anzahl Feldwebel und Offiziersstellvertreter, die sich im Felde besonders bewährt hatten und seit dem Januar in Freiwilligenverbänden Dienst taten, wurden zu Leutnants ernannt. Dasselbe geschah mit Feldwebeln und Deckoffizieren der Marine.

Der Friedensvertrag zwang zu einer massenhaften Entlassung von Offizieren und Kapitulanten. Bei der schlechten Wirtschaftslage und dem Überangebot von Arbeitskräften in den meisten Berufen mußten viele der Auszuscheidenden mit banger Sorge daran denken, wie sie für sich und ihre Familie eine neue Existenz schaffen könnten.

Der Übergang zu einem bürgerlichen Beruf ist den ausscheidenden Offizieren durch das Offiziersentschädigungsgesetz, den Unteroffizieren durch das Kapitulantenabfindungsgesetz erleichtert worden. In Anbetracht der trostlosen Finanzlage des Reiches sind die bewilligten Beträge als bedeutsam anzusehen. Daß sie viele ehemalige Berufssoldaten nicht vor schwerer Sorge und Not bewahren werden, ist anzuerkennen. Lebhaft ausgeübte Kritik der beiden bürgerlichen Oppositionsparteien steigerte den Mißmut der Offiziere und Kapitulanten, deren Organisationen sehr viel weiter gehende Wünsche geäußert hatten, als die Volksvertretung bewilligte. Rechtsstehende Zeitungen und Abgeordnete der deutschnationalen Partei gaben sich aus Agitationsgründen Mühe, den Berufssoldaten das Gefühl beizubringen, die Regierung lasse sie im Stich und übe Verrat an ihnen. Über die Beratung der Abfindungsgesetze wurde in manchen Zeitungen in nichtswürdiger hetzerischer Weise berichtet.

Neben den aktiven Unteroffizieren verblieben auch zahlreiche inaktive Unteroffiziere in der Reichswehr. In manchen Freikorps waren die Inaktiven weit in der Mehrzahl. Auch sie meldeten ihre Forderungen an. Vielfach hatten sie eine ebensolange oder längere Dienstzeit hinter sich als die Aktiven. In der Truppe hatten sie die gleichen Pflichten zu erfüllen. Beim Ausscheiden sahen auch sie einer ungewissen Zukunft entgegen. Ganz unberechtigt war ihr Verlangen daher nicht, den Aktiven gleichgestellt zu werden, indem man ihnen das Verbleiben in der Reichswehr freistellte oder bei der Entlassung wie die Kapitulanten entschädigte. Das war nicht durchzusetzen.

Sowohl das Finanzministerium wie die Nationalversammlung fürchteten die große finanzielle Belastung und die Konsequenzen. Resigniert haben die inaktiven Unteroffiziere deswegen nicht, sondern sie forderten immer wieder mindestens beim Ausscheiden eine Entlassungssumme.

Im November drohte mir eine Vereinigung an, wenn für die nichts mehr getan werde, könne es schlimme Folgen für die Regierung haben. Sie kündigten ein Abschwenken nach links an.

Nach der Unterzeichnung des Friedensvertrages in Versailles wurde die rasche Verminderung des Heeres vorbereitet, um die erste Vorschrift: 200 000 Mann drei Monate nach Ratifizierung, genau erfüllen zu können. An den Gedanken hatte sich auch das Offizierkorps nachgerade gewöhnt, daß es vorerst bei dem Söldnerheer mit allen seinen Mängeln sein Bewenden haben müsse. Dagegen wurde trotz aller bisherigen Enttäuschungen die Hoffnung nicht ganz aufgegeben, daß die Entente Deutschland eine Truppe von 200 000 Mann zugestehen könnte, die als eine Bedrohung für einen Nachbar unmöglich anzusehen ist.

Die Frage ist mit zahlreichen Vertretern der Ententestaaten erörtert worden. Frankreichs Mißtrauen war jedoch nicht zu überwinden. An Deutschen hat es leider eifrige Helfer bei seinem Verlangen nach völliger Entwaffnung unseres Volkes gefunden. Fortgesetzt denunzierten die Presse der Unabhängigen und Führer dieser Partei die deutsche Regierung, daß sie heimlich rüste und die militärischen Bedingungen des Friedensvertrages nicht erfüllen wolle. Jeder Mann in der Einwohnerwehr, die nur den Charakter einer Feuerwehr hatte, wurde wider besseres Wissen als Soldat bezeichnet, von einer Million, manchmal sogar 1 200 000 Bewaffneten in Deutschland gefabelt. Mit Behagen machten die französischen Haßpolitiker von solchen Lügen für ihre Zwecke zum Schaden Deutschlands Gebrauch. In einer Sitzung der Nationalversammlung behauptete der Abgeordnete Henke in bezug auf angebliche deutsche Rüstungen: „Es sind noch viel mehr als 1 200 000, die heute bewaffnet sind."

Als der Abgeordnete Kahl rief, er solle das Ausland nicht aufhetzen, antwortete Henke: Gerade deshalb sage ich es. Der Abgeordnete Keil rief, nach dem amtlichen Stenogramm: „Pfui Teufel, so ein gemeiner Lump. Die französische und englische Soldatesta wollen Sie auf Deutschland hetzen."

Auch eine Zusicherung, daß wenigstens der Termin der Verminderung der Reichswehr hinausgeschoben werde, war nicht von der Entente zu erlangen. Deshalb war in der Annahme, bis dahin werde der Friedensvertrag ratifiziert sein, angeordnet worden, daß bis zum 1. Oktober 1919 die Truppe auf 250 000 Mann zu verringern sei. Um den Abbau zu erleichtern, wurden Ende August die Werbungen für die Reichswehr untersagt. Abgesehen von einigen Leuten mit Spezialkenntnissen erfolgten keine Neueinstellungen. Das bewirkte ein langsames Wegschmelzen der Verbände. Zum Winter wollten jedoch die meisten Leute nicht der beinahe gewissen Arbeitslosigkeit preisgegeben werden. Davon konnte, ja mußte schließlich Abstand genommen werden, weil die Ratifizierung nicht erfolgte. Offiziere wie Mannschaften durften vorerst noch bleiben, konnten jedoch wegen ihrer Zukunft keine beruhigenden Angaben erhalten, obwohl es in Berlin von militärischen Beauftragten der Ententeländer wimmelte.

In großer Zahl kamen als Mitglieder der interalliierten Kontrollkommission französische, englische, amerikanische, belgische, italienische, japanische und was sonst noch für Offiziere nach Berlin. Wenn sie mir vorgestellt wurden, redete stets der Franzose. Bei gelegentlichen Unterhaltungen führte ebenfalls fast ausschließlich der Franzose das Wort, der Engländer tat in der Regel, als ginge ihn die Sache nichts an und räkelte sich im Stuhl; schweigend, aber aufmerksam hörten die Amerikaner zu; ein steinernes Gesicht zeigten die Japaner, aber ich habe gelegentlich merken können, wie sehr sie bei der Sache waren und zwar nicht nur in meinem Zimmer. Die Kontrollkommission saß mit so viel Menschen in Berlin, daß ich eines Tages zu einem französischen Mitglied die Bemerkung machte, die Armee Frankreichs solle wohl Mann für Mann einzeln durch das Brandenburger Tor nach Berlin einziehen; für den Unterhalt der Kontrolleure müßten wir so viel bezahlen, daß für Gutmachung nichts mehr übrig bleibe.

Die Kommission kontrollierte jedoch nicht, sondern wollte nur alle Vorbereitungen für Kontrolle treffen, bis der Friedensvertrag ratifiziert sei. Damit hat sie Monate verbracht. Eine ruhige Besprechung unserer militärischen Verhältnisse war mit dem Vorsitzenden der Kommission, dem französischen General Nollet, nicht zu erreichen. Wenn er bei mir erschien, war er in jedem Zoll höchste Würde, aber ohne eigene Meinung. Was wir zu sagen hatten, sollten wir schreiben und dann würde es weiter geleitet werden. Bei keinem der französischen Generale, mit denen ich zu tun hatte, habe ich die geringste Spur von Neigung bemerkt, sachlich unseren Schwierigkeiten gerecht zu werden. Sie kamen lediglich als Eintreiber für die Bedingungen des Friedensvertrages und mehrere haben Wert darauf gelegt, die Stimmung in Paris noch mehr gegen Deutschland aufzubringen.

Sehr viel angenehmer in der Form hat sich der Verkehr mit den englischen Offizieren gestaltet, der nicht nur auf amtliche Aussprachen beschränkt blieb. In der Sache sind wir aber auch dadurch nicht viel weiter gekommen. Als endlich am 10. Januar 1920 ratifiziert wurde, gestattete man bis zum 10. April 200 000 Mann zu halten, von denen bis zum 10. Juli 100 000 Mann gemäß dem Vertrage zu entlassen waren.

Eine Galgenfrist war gewonnen!

Die Baltikumer

Der Stamm der Baltikumer bestand aus einigen hundert Freiwilligen, meist jüngeren Leuten, die durch das Angebot höherer Löhnung aus der 8. Armee, der alten Besatzung in den baltischen Provinzen, gewonnen wurden.

Der deutsche Kommissar in Riga, August Winnig, der zur Zeit der Revolution und in den folgenden Monaten fast ständig im Baltikum weilte und an der Aufstellung der ersten Freiwilligen lebhaften Anteil nahm, hat ein trostloses Bild von dem Zusammenbruch des deutschen Heeres im Osten im November 1918 entworfen.

Auf einem Kongreß der Soldatenräte der 8. Armee, der am 17. November 1918 in Riga zusammentrat, wurde von einem Soldaten über bolschewistische Angriffe bei Dünaburg berichtet. Die bolschewistischen Truppen bedrängten seit einigen Tagen mit großer Macht die deutschen Truppen und fanden so gut wie keinen Widerstand. Es wurde ausreichende Verstärkung verlangt. Verstärkungen hinzusenden erschien jedoch ganz und gar unmöglich. Die Truppen verlangten ungestüm nach der Heimbeförderung. Selbst wenn man gewollt hätte, wäre es unmöglich gewesen, Formationen hinzusenden, weil keine Truppe dem Marschbefehl gefolgt wäre. Die Klagen über die Angriffe mehrten sich. An einigen Stellen der Front hatten deutsche Soldaten mit den Bolschewisten fraternisiert und ihre Vorräte mit ihnen geteilt. Große Mengen Heeresgut, Geschütze, Maschinengewehre und Munition war den Bolschewisten auf diese Weise in die Hände gefallen. An anderen Stellen der Front, so insbesondere nördlich des Peipussees, war es zu ernsten Kampfhandlungen gekommen. Etwa Ende November war die ganze Front der 8. Armee in Bewegung. Von Tag zu Tag zeigte es sich deutlicher, daß dem Vorgehen der Roten Armee ein einheitlicher Plan zugrunde lag, und daß die deutschen Truppen nicht mehr in der Lage waren, den Vormarsch aufzuhalten.

Die 8. Armee, zum größten Teile aus den ältesten Jahrgängen bestehend, war vollständig demoralisiert. Manche Verbände lösten sich von selber auf und erzwangen ihre Abbeförderung. Ungeheure Mengen an Heeresgut wurden von ihnen veruntreut oder der einheimischen Bevölkerung oder den Bolschewisten überlassen. In einigen Fällen erzeugten die bolschewistischen Angriffe eine panikartige Flucht. Auch die Front nördlich des Peipussees hielt nicht stand. Sie brach zusammen und die Massen der Roten Armee ergossen sich vom Norden her über Estland. Ende November hatten sie bereits die Nordgrenze Livlands erreicht.

Major Rudolf Franz, in jenen Tagen Chef des Generalstabes der 8. Armee, hat zu diesen Vorgängen gesagt:

„Der wahre Grund, weswegen dem Vordringen der Bolschewisten kein nachhaltiger Widerstand mehr geleistet wurde, war die Zerrüttung der Armee durch die Revolution. Die Mannschaften, die fast ausschließlich aus alten Jahrgängen bestanden, wollten nicht mehr kämpfen. Sie drängten nur nach Hause, um zu sehen, was dort vorging. Bis zum 9. November hatte die Stärke der Armee vollauf genügt; das Armee-Oberkommando beabsichtigte sogar, noch zwei Divisionen für den Kampf im Westen der Obersten Heeresleitung zur Verfügung zu stellen. Solange die Truppe ihrem Führer gehorchte, hätten die Sowjet-Truppen nie gewagt, deutsche Verbände anzugreifen."

Besprechungen zwischen den Führern der russischen Truppen und Soldatenräten fanden vom 5. bis 7. Dezember in Dünaburg statt. Die getroffenen Abmachungen wurden von den Bolschewisten nicht gehalten. Deutsche Stellungen wurden umzingelt; bis auf wenige Ausnahmen unterwarfen sich die deutschen Truppen widerstandslos.

Am 19. November hatte sich in Riga eine lettische Regierung für die Republik Latwija gebildet. Mit deren Herrlichkeit war es sofort wieder aus, wenn die Bolschewisten infolge des Abmarsches der deutschen Truppen ins Land kamen. Seit dem 15. November hatte das Oberkommando der 8. Armee den Befehl, mit der Räumung der baltischen Lande zu beginnen. Nun baten die Letten aller Parteirichtungen, man möge sie nicht im Stich lassen.

Das republikanische Deutschland hatte eigennützige Pläne in Kurland nicht zu verfolgen. Wäre sicher gewesen, daß russische Scharen die deutsche Grenze nicht überschritten, hätte es auch im deutschen Interesse gelegen, wenn dort die alte deutsch-russische Grenze wieder hergestellt wurde. Aber mit der Bolschewistenregierung war in jenen Tagen nicht verständige Politik zu treiben, denn sie bemühte sich, in unzulässigster Weise auf die deutschen inneren Verhältnisse einzuwirken.

Im Anfang Dezember zählte in Kurland die „Eiserne Division" etwa 600 Mann. Die Letten hatten einige Kompagnien aufgestellt, die nicht viel taugten. Außerdem war eine deutsch-baltische Freiwilligentruppe gebildet worden, die den Namen „Baltische Landeswehr" erhielt. Der Fall von Riga war nicht zu verhüten, der größte Teil der baltischen Lande wurde von den Bolschewisten besetzt. Am 23. Dezember erklärte der englische Befehlshaber bei einer Besprechung mit Winnig, Deutschland habe nach dem Waffenstillstandsvertrage die Pflicht, so lange Truppen im

Lande zu lassen, wie die Alliierten es verlangten, und verbot jeden weiteren Abtransport von Truppen und Heeresgerät.

Die Berechtigung zu einer solchen Anordnung ist von Deutschland nie anerkannt worden. Tatsächlich wurden die alten Truppen auch in die Heimat abtransportiert. Aber auf Drängen der lettischen Regierung und aus Sorge vor einem erneuten russischen Einfall in Ostpreußen —Memel war in jenen Tagen in Panik — wurde eine umfangreiche Werbetätigkeit für Kurland eingeleitet, nachdem die Minister Ullmann, Walther und Salith am 29. Dezember 1918 einen Vertrag unterschrieben hatten, wonach allen deutschen Soldaten, die noch weiter für den Schutz des Landes kämpfen würden, das Einbürgerungsrecht in Lettland verliehen werden sollte. Spätere Verhandlungen wegen der Ansiedelung der Soldaten gelangten nicht zum Abschluß.

Die „Anwerbestelle Baltenland" wurde eingerichtet. Reisläufer gab es genug, die, nachdem sie in der Heimat keine Beschäftigung gefunden hatten, bereit waren, noch einmal Soldat im Osten zu werden. Die Reklametrommel wurde gerührt. Aus dem Versprechen der Einbürgerung wurde sehr bald die Zusicherung der Ansiedelung. Ein großer Siedelungsplan hatte bestanden, als noch mit der Möglichkeit gerechnet wurde, daß Deutschland in Kurland maßgebenden Einfluß ausüben würde. Das war in den Tagen, als zu Wilhelm II. davon geredet wurde, er müsse den kurländischen Herzogshut tragen. Zur Hergabe von Land waren auch jetzt noch die baltischen Großgrundbesitzer bereit. Wer sich für Kurland anwerben ließ, malte sich aus, wie er in Jahr und Tag auf eigener Scholle sitzen würde. Was auf den Werbeplakaten nicht versprochen wurde, verhießen die werbenden Offiziere den Mannschaften mündlich. Für Deutschland war der Krieg verloren und in der niedergebrochenen Heimat gelang es schwer, eine Existenz aufzubauen. Dem mutigen Soldaten winkte im Baltikum, wohin schon einmal vor Jahrhunderten deutsche Kolonisatoren gezogen waren, eine neue Heimat in einem schönen zukunftsreichen Lande. Ein baltisches Fieber hat Tausende von Menschen befallen und bewirkt, daß auch dann der Zustrom von Männern nicht zu unterbinden war, als feststand, daß keiner der Träume jemals Tatsache werden würde.

Tausend Neunmalweise haben hinterher, als das Unternehmen elend zu Bruch ging, gemeint, eine fähige Regierung hätte das Unheil rechtzeitig bannen müssen. Ach, die arme Regierung, die in Deutschland alles tadellos regeln sollte, während große Teile des Landes einem Tollhaus glichen! Wie sollten wir die baltischen Werbestellen auf einwandfreien Geschäftsbetrieb kontrollieren, während man in unserer Nähe mit Maschinengewehren schoß. Während ich in Dahlem saß, konnte ich nicht nach den

Wallensteinern sehen, die eine Truppe aufstellten und nach dem Osten führten. So ging es monatelang fort. Vor lauter Sorgen und Mühen um die innere Ordnung wurde die baltische Angelegenheit flüchtig behandelt. Dieselben Leute, die uns den Bürgerkrieg immer von neuem entfesselten, die Arbeiter von einem Streik in den anderen hetzten, uns durch ihr wahnwitziges Treiben beschäftigten, haben hinterher das Maul am lautesten zu Vorwürfen wegen unserer „Untätigkeit" aufgerissen.

Erst Ende April 1919 bin ich dazu gekommen, nach Litauen und Kurland zu fahren, um in Kowno und Libau mit den deutschen militärischen Stellen eine Aussprache herbeizuführen. Bei der Gelegenheit habe ich auch mit der litauischen Regierung eine Sitzung gehabt. In Lettland hatte sich in jenen Tagen eine neue Regierung gebildet, nachdem das Kabinett Ullmann von der baltischen Landeswehr gestürzt worden war. Mindestens eines der deutschen Freikorps ist dabei, mehr als zulässig war, aus der Reserve herausgegangen. Die demnächstige Räumung Litauens wurde schon damals als selbstverständlich angesehen. Dort hatte die Truppe nie mit einer Siedelungsmöglichkeit gerechnet.

Viel schwieriger lagen die Verhältnisse in Kurland. Die Truppen hatten sich in den Siedelungsgedanken förmlich verrannt. Kleinen Besitz in Deutschland hatten Leute zu Geld gemacht, um in Kurland Boden zu kaufen. Abteilungen von Soldaten hatten sich als Genossenschaft aufgetan, Kassen angelegt und Boden in Bearbeitung genommen. Jeden Gedanken an die dauernde Rückkehr nach Deutschland wiesen sie mit größter Entschiedenheit zurück. Sie hatten die Bolschewisten wieder bis über Mitau hinaus zurückgetrieben, fühlten sich als Befreier des Landes und glaubten mit ihrem Blute sich den Besitztitel auf Siedelungsland erworben zu haben. Das gespannte Verhältnis zur Regierung Ullmann war in der Hauptsache darauf zurückzuführen, daß die Letten sich weigerten, eine Siedelungsverpflichtung anzuerkennen, mit dem Hinweis darauf, daß es genug lettische Landlose gebe. Bestärkt wurden die Letten in ihrer Ablehnung der Ansetzung deutscher Kolonisten durch die Alliierten. Nicht Franzosen und noch weniger Engländer wollten zulassen, daß durch die Durchsetzung des Baltikums mit Deutschen eine neue Brücke zu Rußland herübergeschlagen werde.

Scharf eingestellt waren die Truppen im Baltikum auf die Idee, ihre Mission sei, einen Wall gegen den Bolschewismus zu bilden, der Europa zu überfluten drohe. In Wort und Schrift war den Leuten diese Überzeugung fest in die Gehirne gehämmert. Solange sie an Bolschewismus, Einbürgerung in den Städten und Siedelung auf dem Lande dachten, waren die Baltikumer ruhig und loyal. Deputationen, die nach Weimar kamen, bestanden aus ganz ordentlichen Leuten, die sich zum Teil als Sozialdemokraten präsentierten. Jedem Mann, der aus Kurland kam, habe ich erklärt, daß sie Luftschlösser bauten und in die Heimat zurück müßten. Manche waren den nüchternen Vernunftgründen zugängig, solange sie zuhörten. Den Männern, die an der Front lagen und abwechselnd Gewehr und Axt handhabten, war mit Engelszungen ihre Wahnidee nicht auszureden. Außerdem wurden sie in ihren Plänen und Hoffnungen durch einen Teil der Offiziere bestärkt, die auch völlig auf Bolschewismusbekämpfung und deutsche Pioniertätigkeit eingestellt waren.

Neben den Idealisten und den vielen anständigen Männern, die sich eine Existenz aufbauen wollten, hatte sich natürlich auch eine ganze Anzahl übelster Burschen zu den Baltikumern geschlagen, die auf Kämpfen und Bluten gar nicht versessen waren, sondern lungern und Geld machen wollten. Offiziere haben mir zornig von solchem Gesindel erzählt, dessen sie sich schämten, das die Ausplünderung von Leuten und noch Schlimmeres „entrubeln" nannte.

Am 5. Mai wurden weitere Werbungen für das baltische Heer verboten. Aufgehört hat der Zuzug nach Kurland deswegen noch lange nicht. Die Anwerbungen wurden heimlich fortgesetzt. Wurde ein Werbebureau geschlossen, tat sich ein anderes auf. Es ist durchaus zuzugeben, daß darin ein Zeichen arger Schwäche der Regierung zu erblicken war. Gelang es doch auch der Berliner Polizei monatelang nicht, in einigen Teilen der Stadt leidlich Ordnung zu schaffen. Bei der allgemeinen Zerrüttung und Korruption war vielen Übeln eben nur langsam beizukommen.

Das Signal zum Beginn des Abbaues löste bei der Truppe in Kurland passive Resistenz und schließlich offene Widersetzlichkeit aus. Die Hauptschuld daran tragen die höheren Offiziere. Diese waren inzwischen von russischen Emigranten bearbeitet worden. Die Niederzwingung der Bolschewisten sollte auch von Kurland aus in Angriff genommen werden. Zu dem Zweck wurde versucht, aus den Reihen der noch in Deutschland weilenden Kriegsgefangenen, deren Abtransport die Entente verboten hatte, Freiwillige für eine Armee zu werben, die unter dem Schutz der deutschen Baltikumleute in Kurland aufgestellt werden sollte.

Dafür ist manches von amtlichen und militärischen Stellen getan worden, was die Regierung niemals gebilligt hat und wogegen sie einschritt, sobald sie davon Kenntnis erlangte. Die Neigung, an einem Krieg gegen die Bolschewisten in ihrer Heimat teilzunehmen, war bei den russischen Gefangenen nicht groß. Im Laufe von Monaten sind noch nicht 10 000 Mann nach Kurland gegangen, wo sich Bermont-Awaloff, der sich Fürst und Oberst nennen ließ, als Heerführer auftat. Eine kampffähige Truppe hat er nicht zustande gebracht, da er kein Geld besaß und Ausrüstung nur von den deutschen Verbänden erhalten konnte. Manche Einzelheiten über das Bermontsche Unternehmen habe ich erst erfahren, als es schon gescheitert war.

Die unpolitischen deutschen Offiziere, die mit den Russen zusammenkamen, waren von dem Gedanken fasziniert, mit einer russischen Armee Schulter an Schulter den Bolschewismus niederzuwerfen und dadurch eine deutsch-russische Verbrüderung zu ermöglichen, die unser Land in den Stand setzen würde, sich bald wieder wirtschaftlich und politisch aufzurichten. Wurden sie auf die ungeheuren Kosten eines solchen Unternehmens aufmerksam gemacht, machten sie geltend, sobald der erste Ersatz da sei, werde es große Kredite geben. Besprechungen wegen der Geldbeschaffung sind offenbar von den Russen mit den verschiedensten Leuten geführt worden. Von einzelnen ist dabei mit einer unbegreiflichen Naivität vorgegangen worden, so daß sie auf hahnebüchensten Schwindel hereinfielen.

Noch weniger war unseren Bolschewistenkämpfern klarzumachen, die Entente würde unter keinen Umständen zulassen, daß deutsche Truppen in russisches Gebiet einmarschieren. Alle Hinweise darauf, das Bestreben der Alliierten sei darauf gerichtet, Deutschlands Einfluß in Rußland möglichst vollständig auszuschalten, begegnete dem Einwand, man habe triftigen Grund zu der Annahme, daß ein Vormarsch durchaus erwünscht sei. Gespräche, die mit Angehörigen der alliierten Nationen geführt worden waren, hatten solche Anschauungen bestärkt.

Für die deutsche Politik war, von allen anderen Erwägungen abgesehen, entscheidend, daß wir ebensowenig wie mit irgendeinem anderen Volke mit den Russen in Feindschaft leben wollen. Seine inneren Angelegenheiten hat das russische Volk selbst zu regeln. Deutschland hatte nur ein Interesse an dem militärischen Schutz seiner Grenze. Deshalb hatte ich schon am 27. März in der Nationalversammlung erklärt:

„Zwischen der Obersten Heeresleitung, mir und der Reichsregierung besteht absolute Übereinstimmung darüber, daß von den deutschen Truppen keine Offensivbewegung in Kurland und Litauen unternommen werden wird."

Bestärkt wurden die Truppen in ihrer Abneigung gegen die Rückkehr nach Deutschland, weil die deutschnationale Presse sie als Helden feierte, die von der Regierung bei der Wahrnehmung ihrer Interessen im Stich gelassen und verraten würden. Dadurch wurden die Soldaten immer mehr in einen Gegensatz zur Regierung gebracht.

Immerhin wurde der Abbau begonnen, der Mannschaftsnachschub unterbunden. Vollständig gelang das nicht, weil eine Menge Leute noch immer die Baltische Krankheit hatten und bei den verschiedensten Stellen direkte oder indirekte Unterstützung fanden. Nur einzelne Formationen befolgten den Befehl zur Rückkehr.

Unverstand herrschte aber nicht nur bei den Soldaten in Kurland, sondern auch im Lande selbst bereitete er uns Ungelegenheiten. Ostpreußische Sozialdemokraten, die Ende 1918 und Anfang 1919 lebhaft nach Schutz gerufen hatten, forderten, als ein russischer Angriff von ihnen nicht mehr befürchtet wurde, ebenso stürmisch die Räumung Kurlands. Als damit begonnen wurde, suchten sie dazugehörige Maßnahmen zu durchkreuzen. Am 18. September beschloß eine Mitgliederversammlung der sozialdemokratischen Partei in Tilsit, Magistrat und Stadtverordnetenversammlung sollten die Reichsregierung telegraphisch auffordern, keine neuen Truppen nach Tilsit zu verlegen. Sollte die neu angekündigte Batterie Artillerie oder der Stab v. d. Goltz eintreffen, so werde die Tilsiter Arbeiterschaft mit allen Mitteln den Einzug dieser Truppen zu verhindern suchen. Die Tilsiter Arbeiterschaft würde den Generalstreik erklären und die Arbeit nicht früher wieder aufnehmen, bis Tilsit wieder frei sei. Diese Entschließung wurde auch in der Stadtverordnetensitzung in Tilsit mit 18 gegen 15 Stimmen, bei einer Stimmenthaltung, angenommen.

Wenn die Alliierten etwas mehr Verständnis für die Schwierigkeit der Verhältnisse gezeigt und uns Zeit gelassen hätten, wäre es möglich gewesen, die Soldaten aufzuklären und zur Aufgabe ihres Widerstandes zu bewegen. Statt dessen wurde Deutschland wie so oft seit dem Tage des Waffenstillstandes scharfem Druck und Gewaltmaßregeln ausgesetzt. Als die Alliierten im September auf schleunigste Räumung von Litauen und Kurland drängten, kamen die Führer der Truppen auf den Gedanken, wenn man zu den Russen überträte, d. h. sich Russe nenne, würde eine veränderte Sachlage geschaffen. Die Folge war lediglich, daß erneut die Blockade über die Ostsee verhängt wurde. In einer vom Marschall Foch unterzeichneten Note vom 10. Oktober wurden zudem der deutschen Regierung in gewohnter Weise absolut ungerechtfertigte Vorwürfe gemacht. Gleichzeitig erhielt die Regierung eine zweite Foch-Note, durch die Deutschland zur Teilnahme an der Blockade Sowjet-Rußlands aufgefordert wurde. Fast in einem Atemzuge wurde Deutschland zu einer Kampfhandlung gegen Rußland aufgefordert und beschimpft, weil deutsche Soldaten an einem Kampf gegen die Bolschewisten teilnehmen wollten.

Die Beteiligung an der Blockade wurde abgelehnt, auf die Truppen aber so viel Druck ausgeübt, als den Machtmitteln der Regierung entsprach.

Verlust der Staatsangehörigkeit und Sperrung der Bezüge wurde den Ungehorsamen angekündigt, der Übertritt in russische Dienste streng verboten. Übergetretene Deutsche sollten durch Vermittlung der russischen Kommandostellen zur Rückkehr in deutsche Formationen aufgefordert werden. Ein nicht unbeträchtlicher Teil der Truppen befolgte darauf den Befehl zum Abmarsch. Die Mehrzahl beharrte im Ungehorsam und sagte sich von der Heimat los. Die Regierung stellte alle Zahlungen ein und sperrte den Nachschub. Bermont-Awaloff und seine Freunde machten verzweifelte Versuche, Geld aufzutreiben. Massenhaft wurde in Berliner Druckereien Bermont-Papiergeld angefertigt, das natürlich völlig wertlos war. Scheine, die auf Dutzende von Millionen Rubel lauteten, ließ ich wegnehmen.

Nach kurzer Frist trat der Zusammenbruch der Bermont-Armee ein. Die deutschen Führer, Bischoff, Plehwe usw., die mit verbrecherischer Leichtfertigkeit die ihnen vertrauenden Mannschaften allen Warnungen zum Trotz ins Unglück geführt hatten, unterwarfen sich. Den Soldaten konnte, als den Verführten, Amnestie gewährt werden. Bischoff ließ es sich gern gefallen, daß seine Leute für ihn die Zusicherung der Straffreiheit ertrotzten.

Noch in jenen Tagen bin ich von der deutschnationalen Presse attackiert worden, ich ließe die Soldaten völlig im Stich, böte der Welt das Schauspiel, daß die letzte deutsche Truppe, die seit dem Weltkrieg deutschen Waffenruhm verbreitete, schmählich untergehe. Solche Vorwürfe wurden dadurch ausgeglichen, daß meine Widersacher von links lärmten, es sei unverantwortlich, die Verbrecher nicht zu bestrafen, die heimkehrenden Baltikumer nicht sofort beim Überschreiten der Grenze zu zerstreuen. Am Weihnachtstage betrat der letzte Trupp aus Kurland den Boden der Heimat.

Major Bischoff meldete sich bei mir mit zwei Offizieren am 20. Dezember 1919. Er erbat für die Verabschiedung seiner Leute Zeit, damit sie Arbeitsgenossenschaften bilden könnten. Es wurde ihm für die Entlassung des letzten Mannes bis zum März Frist gegeben. Das Empfinden für den Schaden, den er Deutschland in den letzten Wochen zugefügt hatte, ging dem Manne offensichtlich gänzlich ab. Er war noch so vollständig in seine baltischen und westrussischen Vorstellungen verrannt, daß er versicherte, die Bermont-Regierung werde das Heeresmaterial bezahlen, das für die Ausrüstung der Russen hergegeben worden war. Bei der Erörterung flüsterte ein jüngerer Offizier dauernd auf Bischoff ein. Er war wohl die eigentliche Seele der Eisernen Division und nicht der Major, der sie führte.

Solange die Truppen in Kurland waren und keine Anstalten zur Heimkehr machten, war nicht nur ihre Zahl furchtbar übertrieben worden, sondern es wurde auch immerfort versichert, wie ein Strom des Verderbens würde sich diese konterrevolutionäre Armee erst nach Ostpreußen, dann über das Reich ergießen und mindestens die Monarchie wieder aufrichten. Verhehlen kann ich nicht, daß ich ernste Ungelegenheiten für möglich gehalten habe, wenn die erbitterten und verhetzten Leute zurückkamen. Es ist sehr viel besser abgegangen, als befürchtet worden ist.

Die Taktik, von scharfen Gewaltmaßnahmen Abstand zu nehmen, hat sich als richtig erwiesen. Eine Entwaffnung beim Überschreiten der Grenze hat sich nicht durchführen lassen. Dazu waren viel zuwenig Truppen zur Verfügung. Außerdem mußte solange als angängig vermieden werden, Reichswehr gegen Baltikumer kämpfend vorgehen zu lassen. Geliebt haben sich die Brüder nicht. Ein aus Kurland zurückgekehrter Offizier hat darüber geschrieben:

„Unsere Leute vertrugen sich mit den Reichswehrangehörigen mäßig. Die titulierten uns mit ‚Baltenschweine‘, worauf unsere Feldkrieger prompt mit ‚Noskehunde‘ reagierten."

Die Transporte wurden nach den verschiedensten Teilen des Reiches geleitet. Die meisten Leute haben sich in das Unabänderliche ruhig gefügt. Es wurde ihnen eine gewisse Frist gewährt für die Erlangung einer Arbeitsstelle. Manche Ausschreitungen haben Baltikumer verübt. Sie sind aber auch Gegenstand der heftigsten Presseangriffe gewesen und haben keine freundliche Aufnahme bei der Bevölkerung gefunden. Es war noch sehr milde Tonart in dem nachstehenden Gedichtchen, das der „Vorwärts" ihnen widmete:

„Baumlange Kerle vom Baltikum —
  Landsknechte ahoi!
Was schiert uns alles Dran und Drum,
Was schiert uns Gott oder Vaterland —
  Geld in die Hand!
Ob ukrainische Karbowanzen,
Ob russischer Rubel, ob deutsche Mark —
Füllt sich der Beutel, sind wir auch stark
Und lassen die Weiber tanzen.

Das war wohl ein Späßchen im Baltikum...
   Landsknechte ahoi!
Dann aber ging die Chose krumm,
Der fade Tommy wollte uns nicht...
   Was uns das anficht!
Landsknechte, wer will sie kaufen?
Noch sind wir k. v. und noch schießt das M. G.
Noch tut uns beim Zuschaun die Arbeit nicht weh.
   Drauf, Kinder, laßt uns eins saufen!

Wir brauchen ja nur nach Hause zu kumm.
   Landsknechte ahoi!
Der Spießer hat Geld, und der Spießer ist dumm.
Wir haben noch Fäuste, und Fäuste sind Trumpf,
   Rin in den Sumpf!
Wen wünschen die Herren zu sterben?
   Her mit der Taxe! Wer ist zu verhaun?
Kunststück, die Republik zu versaun;
   Das soll uns kein Noske verderben!

Mit den deutschen Soldaten mußten wir auf Verlangen der nach dem Baltikum geschickten Ententekommission auch die von Bermont aufgestellten Russen nach Deutschland zurückkehren lassen, die sich in Kurland allerdings nicht hätten behaupten können. Bermont-Awaloff erschien am 16. Dezember 1919 bei mir in phantastischer Tscherkessenuniform, jeder Zoll ein Abenteurer, in Begleitung eines Dolmetschers. Einen ganzen Sack voll Wünsche für die ihm bisher unterstellten Truppen, die sich nun im Lager zu Neiße befanden, kramte er aus. Von Wirklichkeitssinn war bei ihm nicht viel zu verspüren. Wie eine Selbstverständlichkeit erschien es ihm, daß er in kurzer Frist mit den aus Kriegsgefangenen verstärkten Formationen wieder auf russischem Boden gegen die Bolschewisten kämpfen könnte. Nicht zu knapp Geld, war sein wesentlichstes Anliegen. Höflich hörte ich ihn an und machte keinerlei Zusagen. Als Bermont sich in Neiße in einer unleidlichen Art aufspielte, ein Gemisch von politischer Narrheit und militärischem Größenwahn, ließ ich ihm an einem der nächsten Tage sagen, er sei in Deutschland lediglich Privatmann und möge sich infolgedessen von der Truppe fernhalten. Eine kleine Löhnung hat die Regierung den Bermont-Russen später zugestanden; die Offiziere erhielten das Gehalt in der Höhe, wie es Kriegsgefangenen gezahlt worden war.

Mehr als 30 000 Mann, die aus dem Baltikum heimkehrten, sollten im Winter einer Arbeitsstelle zugeführt werden. Das machte große Mühe. Zusammengehalten wurden in größeren Trupps einige tausend Mann der „Eisernen Division", für die Geldsammlungen vorgenommen worden waren und die sich zum Teil schon in Kurland auf ein genossenschaftliches Zusammenarbeiten eingerichtet hatten. Daß diese ehemaligen Baltikumsoldaten nach der Provinz Pommern nicht aus besonders menschenfreundlichen Gründen verschoben wurden, ist einleuchtend. Die Leute haben sich allmählich verstreut, so daß die Sorge wegen der Baltikumer als Soldaten aufgehört hat.

VI
Dem Abgrund zu

Frieden, Freiheit, Brot hatten die Volksmassen als baldigstes Ergebnis der Revolution erwartet. Statt dessen setzte der furchtbarste Druck der Sieger auf Deutschland ein, und selbst der formelle Friedensschluß hat noch keinen wirklichen Friedenszustand gebracht. Die demokratische Freiheit wurde, kaum erlangt, dauernd durch Teile des Proletariats bedroht und gestört, das bis vor kurzem unter politischer Unterdrückung gelitten hatte. Die Ernährung vollends wurde nicht wesentlich besser. Zwar kamen einige langentbehrte Produkte ins Land, aber die Lebenshaltung erfuhr keine Erleichterung, sondern die Preise gingen sprunghaft weiter in die Höhe. Die wirtschaftliche Lage der breitesten Volksschichten hat sich seit dem Abschluß des Waffenstillstandes von Monat zu Monat verschlechtert.

Allerdings wurden die Löhne und Gehälter erhöht, aber jede Zulage wurde sofort durch weiteres Anziehen der Preise für Nahrung, Kleidung, Kohlen wertlos gemacht. Man gab den Arbeitern Papiergeld in wachsender Menge in die Hand, das in jeder Woche an Kaufkraft verlor. Das Ausland will für seine Waren und Rohstoffe nicht bedruckte Papierzettel, sondern Produkte eintauschen. Wucher und Schiebertum sind gewiß nicht ohne Einfluß auf die Preiserhöhungen. Die Teuerung wird in Deutschland jedoch nur durch vermehrte Warenerzeugung überwunden werden können. Unser Volk hat sich an den Gedanken zu gewöhnen, daß es seine Produktion beträchtlich steigern muß, während es für geraume Zeit seine Bedürfnisse unter den Stand der Vorkriegszeit heruntergeschraubt. Erst nach einer Periode harter Arbeit wird das deutsche Volk daran denken können, seine Kulturbedürfnisse zu steigern. Das ist eine bittere Wahrheit, bei deren Verkündung in Volksversammlungen kein Beifall zu ernten ist.

Ausfluß bitterer Täuschung über das Ausbleiben verbesserter Lebensmöglichkeit sind die vielen bedauerlichen Unruhen und Krawalle, die sich fortdauernd ereignet haben, so daß kaum eine größere Stadt davon verschont geblieben ist. Die Not wurde dadurch nie gelindert, sondern zur Zeit kaum ersetzbare Werte zerstört und Menschenleben vernichtet.

Gegen Gewalt konnte, da Zureden und Belehrung nicht half, notgedrungen, so schmerzlich es für die Regierung war, nur mit Gewalt und Belagerungszustand vorgegangen werden. Wo rechtzeitig fester Wille gezeigt oder entschlossen gehandelt worden ist, um Anarchie nicht aufkommen zu lassen, wurde großen Ausschreitungen und Kämpfen vorgebeugt. Der Mut zur Härte und zur Verantwortung von Zwangsmaßnahmen ist, so notwendig er im Interesse des Volkes und des Landes gewesen wäre, manchmal nicht rechtzeitig genug und in ausreichendem Maße aufgebracht worden. Es schwimmt sich eben nicht leicht gegen den Strom und ist nicht mit Annehmlichkeiten verbunden, gegen Volksmeinungen anzukämpfen, auch wenn sie irrig sind. Ich sah manchen Mann in leitender Stellung auf solche Tapferkeit Verzicht leisten.

Eines Tages erschien bei mir eine Deputation aus einer nordischen Stadt, um den Wunsch der städtischen Vertretung zu übermitteln, der Belagerungszustand möge aufgehoben werden. In der Stadtverordnetenversammlung war ein dahingehender Beschluß, an dem sich auch die Sozialdemokraten beteiligt hätten, nur deswegen nicht gefaßt worden, weil die Senatsabordnung vorher mit mir Rücksprache nehmen sollte. Nachdem mir amtlich der Auftrag ausgerichtet worden war, wurde eine Aussprache zwischen Parteigenossen gewünscht, bei der ich erfuhr, die Stadtverwaltung habe die größten Bedenken, daß auf den Belagerungszustand verzichtet werde. Werde das aber offen ausgesprochen, müsse man einen Konflikt mit der Bürgerschaftsvertretung befürchten. Ein Ausweg sei, daß ich erklärte, dem vorgetragenen Wunsche könne nicht entsprochen werden. Auch in dem Falle habe ich meinen Rücken hingehalten; an meinem Ruf war bei meinen Widersachern nicht mehr viel zu verderben.

Außer der Handhabung des Belagerungszustandes, bei dem es ohne Härten und gelegentliche Mißgriffe beim besten Willen nicht abging, hat mir die Verwendung der Technischen Nothilfe bittere Anfeindungen eingetragen, nachdem sie in größerem Maße in Berlin wirken mußte, als der Versuch gemacht wurde, einen Metallarbeiterstreik, der verloren ging, durch einen Generalstreik zu retten.

Am 19. November 1918 ist eine Verordnung erlassen worden, in der es hieß: In lebenswichtigen Betrieben dürfe nicht gestreikt werden. Veranlaßt war die Verfügung vom Arbeiter- und Soldatenrat Berlin und wurde unterzeichnet außer von Ebert von dem unabhängigen Volksbeauftragten Haase. Solange die Unabhängigen in der Regierung saßen, hielten sie eben vieles für selbstverständlich, was sie uns später als fluchwürdiges Verbrechen anrechneten.

Als nach den bösen Januartagen Versuche gemacht wurden, Wasserwerke, Gasanstalten und Elektrizitätswerke aus politischen Gründen stillzulegen, war in bescheidenem Umfange die Technische Nothilfe organisiert worden, die bestimmt war, helfend einzugreifen, wenn eine direkte Gefahr für die Bevölkerung vorlag. Natürlich machten die Unabhängigen sofort gegen die Technische Nothilfe mobil. Eine Protesterklärung nach der anderen wurde gegen mich beschlossen. Die Angestellten, auch eine Berufsgruppe, in der viele Angehörigen ihre frühere Rückgratlosigkeit nach der Revolution durch größten Radikalismus ausglichen, proklamierten ein unveräußerliches Menschenrecht auf Streik auch in den lebenswichtigen Betrieben und versicherten, sie erblickten im Streikrecht aller Arbeitnehmer ein unentziehbares Grundrecht, dessen allgemeine Anerkennung in Deutschland eine der wichtigsten Errungenschaften der Revolution sei. Die Berliner Gewerkschaftskommission, die allmählich ganz unter die Kontrolle der Unabhängigen gekommen war, nannte die Nothilfe eine von mir organisierte behördliche Streikbrecherorganisation und empfahl allen angeschlossenen Organisationen, „den Ausschluß aller Mitglieder vorzunehmen, die der Technischen Nothilfe angehören". Darauf verbot ich auf Grund des Gesetzes über den Belagerungszustand jede wirtschaftliche Bedrohung und Schädigung der Angehörigen der Technischen Nothilfe sowie die Aufforderung und Anreizung zum Boykott. Die Androhung von Gefängnisstrafe bis zu einem Jahr tat ihre Wirkung. Die Technische Nothilfe blieb nicht nur unerschüttert, sondern konnte weiter ausgebaut werden.

Als die Leiter der Berliner Metallarbeiter im Oktober die lebenswichtigen Betriebe stillegen ließen, konnte durch die Technische Nothilfe schwere Benachteiligung von der Bevölkerung abgewendet werden. Gleichzeitig verbot ich bei Androhung von Gefängnisstrafe jeden Versuch, durch Wort, Schrift oder Tat lebenswichtige Betriebe stillzulegen. Da sofort Verhaftungen vorgenommen wurden, wenn gegen die Verfügung verstoßen wurde, verpuffte die Generalstreikaktion vollständig. Den Berliner Vollzugsrat, der ebenfalls zum Generalstreik getrieben hatte, löste ich auf und verbot ihm jede weitere Betätigung.

Während des Metallarbeiterstreiks erschien eine Deputation aus dem Bitterfelder Revier bei mir, deren Hauptwortführer angeblich im Auftrage der Arbeiter des großen Kraftwerkes Zschornewitz sprachen, das für Berlin einen großen Teil des elektrischen Stromes liefert. Sie drohten mit Arbeitseinstellung; insbesondere forderten sie von mir die sofortige Freilassung der verhafteten Mitglieder des Vollzugsrats. Das schlug ich rundweg ab. Darauf wurde mir erklärt, Mitteldeutschland mit seinen Braunkohlen, Stickstoffwerken, dem Elektrizitätswerk sei das wirtschaftliche Herz Deutschlands, das auf einen Wink zum Stillstand gebracht werden könnte. Meine Erwiderung lautete, es wäre ein unerträglicher Zustand, wenn eine Anzahl von Arbeitern versuchen sollte, von der Regierung Zugeständnisse zu erzwingen, auch in politischen Tagesfragen, weil sie zufällig in einem besonders lebenswichtigen Betriebe beschäftigt seien. Da von der Stromlieferung das Wohl und Wehe hunderttausender Menschen in Berlin abhänge, sei Bedacht darauf genommen worden, daß ein Diktat der Arbeiter des Betriebes ohne Wirkung bleibe. Der Deputation riet ich, ruhig nach Hause zu fahren. Werde das Kraftwerk stillgelegt, sollten sie merken, daß ich auf dem Posten sei. — Militärische Vorkehrungen und die Bereitstellung der Technischen Nothilfe, die ich sofort anordnete, blieben vorbeugende Sicherheitsmaßnahmen, weil die Stromzuführung keine Störung erfuhr.

Mit einem „Generalstreik" habe ich im Bitterfelder Revier Ende November zu tun gehabt. Arbeiter eines Betriebes übten Gewalt gegen die Direktoren. Die Behörden glaubten Verhaftungen nicht vornehmen lassen zu können, weil ihre Machtmittel zu gering seien. Daraufhin beorderte ich Truppen in den Bezirk. Sofort wurde Parole zum Generalstreik ausgegeben. Am Sonntag, den 23. November waren die Truppen nach Bitterfeld gekommen und am Dienstag, den 25. November, befaßte sich der für den ganzen Bitterfelder Bezirk in Frage kommende Betriebsrat für die chemische Industrie und den Bergbau mit dem Generalstreik. Der Betriebsrat, zum größten Teil Unabhängige, beschloß mit 50 gegen 22 Stimmen, nicht in den Generalstreik einzutreten. Sofort nach Bekanntwerden des Resultates drangen Radaubrüder in das Sitzungslokal ein und fielen mit wüsten Schmähungen, Schimpfereien und Drohungen über die Betriebsräte her. Drei anwesende Gewerkschaftsangestellte wurden mit Prügel bedroht. Am Donnerstag den 27. November beschloß derselbe Betriebsrat den Generalstreik. Die Arbeiter in den Betrieben beschlossen am gleichen Tage mit 6000 gegen 4000 Stimmen bei ungefähr 30 000 in Betracht kommenden Arbeitern ebenso und am Freitag den 28. November nachmittags begann die Arbeitseinstellung. Gefordert wurde die Zurückziehung der Truppen, Haftentlassungen, Aufhebung des Belagerungszustandes. Diesmal suchten Abgeordnete der Fraktion der Unabhängigen zusammen mit einer Deputation vergeblich, mir einzuheizen. Der „Generalstreik" in dieser Hochburg der Unabhängigen brach nach einigen Tagen vollständig zusammen.

Meinen Bemühungen, die Bevölkerung vor schwerster Schädigung bei politischen Streiks in den lebenswichtigen Betrieben zu bewahren, habe ich es zuzuschreiben, daß meine Mitgliedschaft im deutschen Holzarbeiterverband ein Ende fand, dem ich 25 Jahre angehört und manche Arbeitsleistung gewidmet hatte. Nachdem Berlin mein Wohnsitz geworden war, schickte ich der Ortsverwaltung mein Mitgliedsbuch ein und ersuchte um Mitteilung, wo ich die Beiträge entrichten könnte. Nach einigen Wochen erhielt ich den Bescheid, dem Ersuchen um Kassierung der Beiträge habe noch nicht stattgegeben werden können, da gegen mich ein Ausschlußantrag vorliege, von dem eine Abschrift beigefügt war. Es hieß darin unter anderem:

„Die elementare Grundbedingung im wirtschaftlichen Kampfe ist für die organisierte Arbeiterschaft das Streikrecht. Im März verbot das Mitglied Noske den Eisenbahnern, von ihrem Streikrecht Gebrauch zu machen. Unter dem Protektorat des Mitgliedes Noske werden Streikbrecherorganisationen geschaffen... Im allgemeinen ist noch zu bemerken, daß das Tun und Lassen eines Mitgliedes mit den Zielen und Tendenzen seiner Gewerkschaft auch außerhalb derselben in Einklang stehen muß, was in diesem Falle nicht zutrifft. Seine Handlungen sind notorisch arbeiterfeindlich und laufen den Interessen der organisierten Arbeiter in jeder Beziehung zuwider."

Der Hauptvorstand des Deutschen Holzarbeiterverbandes hat in seiner Sitzung vom 8. März 1920 beschlossen, „auf Grund der ganzen Verhältnisse sei die Migliedschaft als erloschen zu betrachten". Zu dieser Entscheidung, die keinen Ausschluß bedeutet, war man gekommen, weil zwischen dem Eingang des Ausschlußantrages und meiner letzten Beitragszahlung mehr als 8 Wochen lagen. Sachlich war der Entscheid gänzlich ungerechtfertigt und unhaltbar, denn man hatte mir die Beitragszahlung nicht ermöglicht. 22 Jahre lang nach dem Ausscheiden aus meinem ursprünglichen Beruf hatte ich, um Treue zu bewahren, dem Verbande Arbeit, Zeit und Geld geopfert, ohne eine Gegenleistung zu erwarten. Die Quittung, die ich dafür erhielt, zeugt von beklagenswerter Entartung und politischer Verwilderung in der deutschen Arbeiterbewegung, die hoffentlich nicht von Dauer sein wird.

Der Schutz lebenswichtiger Betriebe und die Abwehr von Gefahr für Leben und Gesundheit von einigen Hunderttausend Menschen wurde mir von den Berliner Unabhängigen als ein Verbrechen an der Arbeiterschaft angerechnet. Dieselben Leute haben mehr als einmal mit den Kommunisten gemeinsame Sache gemacht, die, als gegen mich der Ausschluß aus einer Gewerkschaft beantragt wurde, in ihrem Blatte schrieben:

„Nicht Steigerung der Produktion, sondern Sabotage der Produktion heißt von nun an die Parole. Der Apparat der kapitalistischen Produktion gerät in Unordnung, wenn die Arbeitsleistung auf ein Minimum beschränkt wird... Die neue Waffe in Anwendung zu bringen, bedarf es keiner weitschichtigen Organisation. Schon das vorläufig nur lose und weitmaschig gesponnene Netz der Betriebsorganisation genügt vollkommen, eine wirksame Sabotage der Produktion herbeizuführen. Die kleinere Gruppe, die sich plötzlich herausstellt aus dem vereinbarten Tempo der Arbeitsleistung, hemmt den Betrieb, erzeugt Unruhe und Unordnung, zwingt die Produktion auf den Weg, der in die Unrentabilität mündet, die Unrentabilität des kapitalistischen Betriebs ist die Hoffnung des Sozialismus... Wir haben die neue Waffe gefunden, wir wollen sie anwenden."

Durch wirtschaftliche Unvernunft und die Herrschaft der blöden Phrase wurde ein Teil der deutschen Arbeiter zu einem Verhalten bewogen, das Land und Volk, falls es fortgesetzt wird, verderben muß. Auf dem Parteitag der Unabhängigen Anfang Dezember 1919 konnte der Vorsitzende Crispin mit den unsinnigsten Tiraden Beifallsstürme entfesseln. Sein vorläufiges politisches Programm lief darauf hinaus, es sei ein Rätekongreß zu wählen, der sozialrevolutionär sein müsse. Mandate von Personen, deren Gesinnung nicht für einwandfrei angesehen werde, seien zu kassieren. Hinweise eines mutigen Redners, man solle doch die Praxis nicht ganz außer acht lassen, hatten minutenlangen Lärm zur Folge. Als gröbstes Schimpfwort wurde dem Mann zugerufen: Dutzbruder Nostes! Der Satz „Auch unsere Politik muß eine Politik des Möglichen sein" fand lebhaften Widerspruch. Der Parteitag der U. S. P. bezeichnete als wichtigste Aufgabe die Zusammenfassung des gesamten revolutionären Proletariats in eine tatkräftige revolutionär-sozialistische Internationale und versprach durch die Diktatur des Proletariats auf Grund des Rätesystems den Sozialismus zu verwirklichen.

Deutschland kann nur gesunden, wenn das Volk unerschütterlich an den Grundsätzen der Demokratie festhält und auf wirtschaftlichem Gebiet nüchtern beurteilen lernt, was möglich und erreichbar ist. Weil ich gemäß der Notlage unseres Landes und den zwingenden Bedürfnissen des Volkes ein Jahr lang unentwegt entsprechend gehandelt hatte, war ich bei den Phraseuren und Herostraten der verhaßteste Mann. Deshalb schrieb am 13. Dezember 1919 die „Freiheit": „Vor allem ist die Beseitigung Noskes ein Gebot der Stunde. Ein Volk, das Anspruch erhebt, ein Kulturvolk zu sein, das sich anschickt, an Stelle des alten, verrotteten Regimes ein neues freies Staatswesen aufzubauen, kann es nie und nimmer dulden, daß ein Mann von den Qualitäten eines Noske, ein Mensch, dessen sittliche Unempfindlichkeit nur von seiner geistigen Qualitätslosigkeit übertroffen wird, ein Mensch, an dessen Händen nicht nur das Blut der hingemordeten Matrosen, sondern das Blut und die Tränen Hunderter von Proletariern kleben, — daß ein solcher Mensch in der republikanischen Regierung sitzt."

Das bedeutete nun freilich keineswegs, daß meine Kollegen in der Regierung sich einer sehr viel größeren Wertschätzung durch die Unabhängigen und Kommunisten erfreuten. Deren Ziel war und blieb vorerst der Sturz der Regierung und die Räteherrschaft.

Ungehinderte Betätigungsmöglichkeit war ihnen Ende 1919 durch die Aufhebung des Belagerungszustandes für Berlin und den weitaus größten Teil des Reiches gegeben worden. Zu einem kräftigen Vorstoß holten sie zu Beginn des Jahres 1920 aus. Lokale Eisenbahnerausstände wurden in Szene gesetzt und die Kohlengebiete abermals zum Tummelplatz wüster Streikhetzer gemacht. Bestrebungen waren im Gange, einen Generalstreik der Eisenbahner herbeizuführen. Den Bergarbeitern wurde vorgeredet, daß durchaus die Möglichkeit bestehe, sofort die sechsstündige Arbeitszeit einzuführen. Lahmlegung des Verkehrs und eine weitere Verringerung der Kohlengewinnung mußten jedoch die deutsche Wirtschaft zum Erliegen bringen.

In der Nationalversammlung sollte am 13. Januar die Beratung des Betriebsrätegesetzes beginnen, welches den Arbeitern und Angestellten ein beträchtliches Mitbestimmungsrecht gewährt, das nur dann nicht schädlich wirken wird, wenn kluge, verständige Männer mit wirtschaftlicher Einsicht gewählt werden. Die Unabhängigen und Kommunisten riefen „die Arbeiterschaft in zwölfter Stunde zum Sturm gegen das Betriebsrätegesetz" auf. Der wiedererstandene Vollzugsrat und andere Körperschaften erließen am Dienstag den 13. Januar früh folgenden Aufruf:

„Die Nationalversammlung tritt heute nachmittag zusammen. Sie hat den Auftrag, das Betriebsrätegesetz durchzupeitschen. In diesem Gesetz paart sich Verlogenheit mit Niedertracht. Wirtschaftliche Demokratie behauptet man Euch geben zu wollen. In Wirklichkeit will man Euch wieder fest an das kapitalistische Joch schmieden, will man die Betriebsräte zu Mamelucken des Unternehmertums machen. Laßt Euch eine solche Gesetzmacherei nicht gefallen. Zeigt den Erwählten in der Nationalversammlung, daß Ihr Euch nicht zu geduldigen Objekten der Gesetzgebung erniedrigen lassen wollt.

Verlaßt daher heute Mittag 12 Uhr die Betriebe!
Demonstriert in Massen vor dem Reichstage!
Beweist der Regierung und der herrschenden Gesellschaft, daß Ihr Euch die letzte Errungenschaft der Revolution, die revolutionären Betriebsräte nicht rauben lassen wollt.
Auf zum Protest! Nieder mit dem Betriebsratsgesetz!
Auf zum Kampf für das volle Mitbestimmungs- und Kontrollrecht für revolutionäre Betriebsräte, für das revolutionäre Rätesystem!"

Zur Erholung nach anderthalb Jahren angespanntester Tätigkeit war ich Neujahr in den Schwarzwald gefahren. Am 12. Januar machten die Nachrichten über die Lage im Reiche mich unruhig, und ich war am nächsten Morgen in Berlin. Mittags fand Kabinettssitzung in der Reichskanzlei statt. Die Straßen begannen sich mit den Menschenmassen zu füllen, die zum Reichstagsgebäude zogen. Was der Minister Heine über die veranlaßten Sicherungsmaßregeln mitteilte, machte mich bedenklich. Meine Voraussage traf leider ein, daß entweder die Sitzung der Nationalversammlung unmöglich gemacht oder es zu Blutvergießen kommen würde.

Nachdem die Massen ein paar Stunden auf dem Königsplatz ohne Ordner und ohne Führung herumgestanden hatten, wurden Polizeibeamte angegriffen und ein Sturm auf das Parlamentsgebäude unternommen, der mit Maschinengewehrfeuer abgeschlagen wurde. 42 Tote und 105 Verwundete hatten die Unabhängigen auf dem Gewissen. Die Führer hatten hinter den dicken schützenden Mauern des Reichstagsgebäudes den Verlauf der Ereignisse abgewartet. Nicht einer der bekannten Wortführer war inmitten der auf die Straße gelockten Massen gewesen. Das Blatt der Kommunisten versicherte am nächsten Tage mit Unschuldsmiene, „ein kleiner Klüngel von Parteigeschäftsmachern" habe die Aktion falsch eingeleitet und verdorben. Als zweiter Sündenbock mußte ich herhalten, der ich zwei Wochen lang von Berlin ferngewesen war und am 13. keine Anordnungen zu treffen hatte.

Wegen der drohenden Gesamtlage im Reiche hatte ich im Kabinett mit kurzen Darlegungen schärfste Abwehrmaßregeln beantragt, die auch ohne lange Debatte beschlossen wurden. Über das ganze Reichsgebiet mit Ausnahme von Bayern, Württemberg und Baden wurde der Ausnahmezustand verhängt. Die vollziehende Gewalt wurde mir vom Präsidenten übertragen. Jede Betätigung durch Wort, Schrift oder andere Maßnahmen, die darauf gerichtet seien, lebenswichtige Betriebe zur Stillegung zu bringen, wurde verboten. Als lebenswichtige Betriebe galten die öffentlichen Verkehrsmittel sowie alle Anlagen und Einrichtungen zur Erzeugung von Gas, Wasser, Elektrizität und Kohle.

Das war das Streikverbot u. a. für Eisenbahner und Bergarbeiter. Wie mit einem Schlage wurde die Presse der Unabhängigen und Kommunisten in Berlin und im Reiche von mir unterdrückt. Eine Anzahl der Wortführer ließ ich in Schutzhaft nehmen. Unter dem Eindruck der Vorgänge vor dem Reichstage und infolge des scharfen Zustoßes der Regierung brachen die Eisenbahnerstreiks ab, im rheinisch-westfälischen Kohlengebiet wurde die Forderung nach dem Sechsstundentag zurückgestellt. Bei Verhandlungen zwischen Regierungsmitgliedern und Vertretern der Bergarbeiter kam es sogar bald darauf zu einem Übereinkommen, wonach eine Anzahl von Überschichten verfahren werden sollten, so daß eine beträchtliche Vermehrung der Kohlenförderung erhofft werden konnte.

Optimisten glaubten, Deutschland sei am Abgrund vorbei, der Aufstieg beginne.

Die Kappisten

An politischer Einsichtslosigkeit haben sich die deutschen Konservativen niemals von anderen Leuten übertreffen lassen. Als die deutschen Arbeiter begannen, für sich politische Gleichberechtigung mit allen anderen Klassen zu fordern und gestützt auf Gewerkschaften eine wirtschaftliche Besserstellung erstrebten, versuchte man sie durch ein Ausnahmegesetz niederzuknütteln. Die dadurch hervorgerufene Verbitterung wirkt heute noch bei dem politischen Verhalten älterer Arbeiter nach. Formell wurde nach 12jähriger Dauer das Sozialistengesetz aufgehoben. Im Geiste dieses Gesetzes aber trieben die konservativen Machthaber in Preußen und anderen deutschen Staaten ihre egoistische Klassenpolitik weiter. Sozialisten und selbst Demokraten waren verfehmt und von jedem öffentlichen Amte im Staate ausgeschlossen. Mit äußerster Verbissenheit wurde an dem preußischen Dreiklassenwahlrecht und den rückständigen Wahlsystemen zur Gemeinde festgehalten. Nicht weil es an Talenten fehlte, sondern weil ihnen keine Gelegenheit zur Entwicklung gegeben wurde, leiden wir jetzt an einem verhängnisvollen Mangel an Männern, die an verantwortungsvoller Stelle die Staatsgeschäfte führen können. Selbst als der Krieg dazu nötigte, alle Kräfte für den Kampf um die Existenz des Landes zur höchsten Leistung anzuspannen, waren die Konservativen und ein weiterer Teil des Bürgertums nicht zu bewegen, auf das Unrecht ihrer bevorrechteten Pofition zu verzichten. Auf Vorhaltungen antwortete mir noch im Jahre 1917 ein konservativer Führer, er warte ruhig, bis die von mir angekündigte große demokratische Welle komme.

Eine Flut warf im November 1918 das konservative Preußen und was sich bisher daran geklammert hatte, wenn es die Niederhaltung der Demokratie und des Proletariats galt, nieder, weil man nicht rechtzeitig für geordneten Abfluß gesorgt hatte, so viel auch gewarnt worden war. Mit den alten Machthabern verfuhr das Volk im großen ganzen gutmütig und glimpflich. Eine kurze Zeit hielten sich die konservativen Herrschaften fein still. Sobald die Gefahr vorüber zu sein schien, tauchten sie wieder auf, nun als deutschnational, aber nicht im geringsten klüger als vor der Revolution.

Natürlich schmerzte sie der Verlust der Machtstellung. Menschlich begreiflich war, daß sie soviel wie möglich davon zurückzugewinnen suchten. Die Methoden ihrer Agitation hätten jedoch nicht ungeschickter gewählt werden können. Der Versuch, alles Elend, das Folge des langen Krieges war, der Revolution zuzuschreiben, verbitterte. Ihr Lärmen über üble Erscheinungen im öffentlichen Leben konnte nicht die verhängnisvollen Fehler ihrer Kriegspolitik vergessen machen. Je ungebärdiger sie auftraten, desto munterer wurden die radikalen Geister. So richtig es ist, worauf ich häufig hingewiesen habe, daß übertriebener Radikalismus die Reaktion wachruft, so naturnotwendig führte die Dreistigkeit der Reaktionäre eine Radikalisierung von Arbeitermassen herbei, die dem Lande und dem ganzen Volke keinen Vorteil bringt.

In völliger Verkennung der Stimmung und der Lebensbedingungen der Arbeitermassen glaubten die früheren Konservativen und Nationalliberalen, es könnte in kurzer Frist gelingen, das deutsche Volk wieder in vor dem Krieg gewohnte Bahnen zurückzuführen und das, was an Ordnung, Pflichttreue und Korrektheit gut war im alten Deutschland, wieder zur Geltung zu bringen. Sie begriffen nicht, daß große Staatsumwälzungen nicht in wenigen Monaten völlig zum Abschluß zu bringen sind, und daß ein Volk nach so fürchterlichem Zusammenbruch im Kriege, wie das deutsche ihn erlebt hatte, sich nur allmählich wieder erholt. Manche Maßnahmen der Regierung hätten früher, andere kraftvoller getroffen werden können. Im allgemeinen war es töricht, ihr den Vorwurf der Schwäche zu machen. Sie mußte versuchen, mit großer Besonnenheit ungeheure Schwierigkeiten langsam zu überwinden, weil es bei ruckweisem Vorgehen noch viel mehr Bruch gegeben hätte, als schon zu beklagen war.

Verrannt in den Glauben an den „starken Mann", der helfen könne, verfielen konservative Politiker und einzelne Offiziere bald auf den Gebanken, eine Diktatur böte die Möglichkeit, rasch aus allen innerpolitischen Wirren und wirtschaftlichen Nöten herauszukommen. Solche Pläne sind mir von allen möglichen Leuten vorgetragen worden. Zufällig weiß ich, daß am 6. März mir zum ersten Male auseinandergesetzt wurde, mein Ansehen in breiten Kreisen des Volkes, besonders aber bei der Truppe, sei so groß, daß ich auf begeisterte Zustimmung rechnen könnte, wenn ich mit oder ohne Zustimmung des Kabinetts und der Nationalversammlung diktatorisch die Geschäfte des Reiches führen würde. Von ganz anderer Seite wurde drei Tage später bei einer Aussprache dasselbe Problem erörtert. Bei dieser und jeder folgenden Anregung, eine von mir auszuübende Diktatur betreffend, habe ich den Projektmachern stets nachgewiesen, daß jeder Versuch, gegen den Willen der breiten Volksmassen regieren zu wollen, todsicher zur Katastrophe führen müsse. Mit großer Vorsicht wurde damals ein Schriftchen verbreitet, das merkwürdigerweise bis heute noch nicht bekannt geworden ist. „Betrachtungen zur Diktatur" lautete der Titel, ein Kapitel trug die Überschrift „Die Person". Es folgt hier:

„Weder die außenpolitische Lage noch die innerpolitische Lage läßt es möglich erscheinen, eine mit militärischem Range bekleidete Person in den Vordergrund zu stellen. Bei aller Ehrfurcht vor der schier unfaßlichen Größe dessen, was in 4 Jahren einer Welt von Feinden gegenüber geleistet wurde, muß doch gesagt werden, daß das außenpolitische Schuldkonto derjenigen militärischen Persönlichkeiten, deren Name ein Programm bedeuten könnte, zu groß und die innerpolitische Verhetzung zu tiefgehend ist, als daß eine reine Militärdiktatur zur Zeit in Betracht kommen könnte. Ein Diktator, dessen Endzweck es nicht sein darf, sich an der Macht zu halten, dessen Aufgabe vielmehr nur darin bestehen kann, zu retten, was noch zu retten ist, muß eine Persönlichkeit sein, die in weiten Kreisen Volkstümlichkeit genießt. Nur auf solcher Grundlage wird es dem in schwerer Stunde Berufenen möglich sein, festen Fuß zu fassen und die nötige Bewegungsfreiheit zu finden, die das erste Erfordernis für sein Handeln sein wird. Jedem, der unter den hervorstechenden Persönlichkeiten des Landes Umschau hält, drängt sich unwillkürlich ein Name auf: Noske. Es kann keinem Zweifel unterliegen, daß der derzeitige Reichswehrminister, trotz oder gerade wegen der Anfeindungen, denen er ausgesetzt ist, zur Zeit volkstümlicher ist als irgendeine andere Person in Deutschland. Gerade die Hetze, die von radikaler Seite in Versammlungen, durch Flugblätter und in der Presse gegen ihn getrieben wird, hat dazu gedient, sein Ansehen nicht nur bei den ihm unterstellten Truppen, sondern auch bei allen ordnungsliebenden Elementen zu erhöhen. Er ist von allen

Perſönlichkeiten, die nicht der einſt ſo glorreichen und in Trümmer gegangenen Armee angehört haben, der einzige, der ſeit 4¹/₂ Jahren Taten gezeigt hat... Der geſunde Menſchenverſtand iſt vorhanden und der Wille zur Tat wird es ſein, wenn die geeignete Lage geſchaffen wird."

Mir wurde das Heft auf den Schreibtiſch gelegt. Das wird Ende April geweſen ſein. Die Schlußworte lauteten: „Es iſt keine Zeit zu verlieren!" Die Neigung zu Torheiten, die beſonders aus Anlaß der Unterzeichnung des Friedensvertrages nicht ganz gering war, iſt von mir dauernd gedämpft worden. Hätte ich von ſolchen Unterhaltungen damals Mitteilung gemacht, wären die Diktaturſchwärmer einem anderen mit ihren Plänen gekommen, der vielleicht weniger kühlen Kopf bewahrt hätte.

Deutſchnationale Parteigänger haben frühzeitig begonnen, ihre Agitation auf die Reichswehr auszudehnen. Die Unabhängigen und Kommuniſten hatten es ihnen vorgemacht. Außerdem hatten die Soldaten das Wahlrecht und konnten Verſammlungen beſuchen ſowie politiſchen Parteien angehören. An Agitationsſtoff fehlte es nicht.

Den Offizieren war das Ablegen der alten Gradabzeichen überaus ſchmerzlich. Sie ſahen darin eine Herabwürdigung. Als ſie aus dem Felde heimgekommen waren, hatten ſich nicht wenige von Rüpeln die Achſelſtücke und die Kokarde herunterreißen laſſen müſſen. Der Verzicht auf die Achſelſtücke erſchien ihnen wie eine Sanktionierung dieſer Ausſchreitungen. Die Landeskokarde wurde durch Verfügung des Zentralrats und der Volksbeauftragten wieder in Ehren geſetzt, bis die Nationalverſammlung Neues beſtimmen würde. Die Abzeichenfrage war dauernd ein Gegenſtand der Diskuſſion im Offizierkorps.

Viel böſes Blut hat der Wechſel in den Reichsfarben gemacht, gegen den ich mich nachdrücklich ausgeſprochen hatte. Im Januar und in den folgenden Monaten war man heilfroh, daß die Soldaten ſich als regierungstreue Truppen mit ſchwarz-weiß-roten Bändern kenntlich machten. Dann ſollte ich mit einem Male die alten Farben in den Bann tun!

Groß waren die wirtſchaftlichen Nöte der Offiziere und Mannſchaften. Aber es geſchah allmählich, was in Anbetracht der allgemeinen Notlage unſeres Volkes zu leiſten war. Die Beſſerung in der Bekleidung und Unterbringung machte Fortſchritte. Trotzdem wurde ſyſtematiſch von der deutſchnationalen Preſſe verſucht, Mißſtimmung in der Truppe hervorzurufen und ſie gegen die Regierung aufzuhetzen. Auch mein Verhältnis zu Offizieren und Mannſchaften ſollte getrübt werden. Beſonders ſkandalös war, daß General Ludendorff die Dreiſtigkeit aufbrachte, die Reichswehr aufzuputſchen.

Wenn ein Mann Anlaß hatte, bescheiden den Mund zu halten, dann dieser Verderber, für den es nur die eine Entschuldigung gibt, daß der alte deutsche Reichstag ihn nicht rechtzeitig unschädlich gemacht hat. Nachdem er glaubte, für seine persönliche Sicherheit nichts mehr fürchten zu müssen, spielte Ludendorff den politischen Intriganten und wiegelte die Soldaten auf, indem er mich öffentlich angriff, weil die Truppen zu schlecht gelöhnt, gekleidet und verpflegt seien. Der spätere Putschist Kapp aber ließ Broschüren herstellen und verbreiten, worin den Soldaten gesagt wurde, daß Deutschland in Wahrheit von Unabhängigen, Bolschewisten und Spartakisten beherrscht werde, und daß die Regierung den Soldaten in den Arm falle, dagegen ihre Mörder heimlich schütze. Es wurde den Soldaten vorgelogen, die Regierung tue nichts für ihre Zukunftssicherung, so daß sie keinen Anlaß hätten, einen Treueid zu leisten.

Strafrechtliche Verfolgung wegen dieser Sudelschrift habe ich gefordert, bis zu meinem Ausscheiden aus dem Amte aber nicht gehört, daß ein Verfahren vom Gericht eingeleitet worden war.

Eine Vertretung der wirtschaftlichen Wünsche der Reichswehrangehörigen fand leider durch die sozialdemokratische und den größten Teil der demokratischen Presse nicht statt. Sie hatten vollauf mit der Kritik an der Truppe zu tun. Einige Blätter machten sich einen förmlichen Sport daraus, keinen Tag vorübergehen zu lassen, ohne, Einzelfälle verallgemeinernd, die Reichswehroffiziere anzugreifen. Dadurch ist eine Menge guter Stimmung vernichtet worden. Die begründete Kritik im Einzelfalle war nicht nur gutes Recht, sondern demokratische Pflicht. Dem parlamentarischen Minister, der stets mit starken Widerständen seiner Fachleute rechnen muß, wird dadurch das Durchgreifen wesentlich erleichtert. Nur durfte es bei der Kritik nicht sein Bewenden haben, sondern es war für die Truppe auch einzutreten und zu versuchen, sie zu gewinnen. Das unterblieb. Der Offizier, der sich über Militärfragen unterrichten wollte, mußte eine der deutschnationalen Zeitungen in die Hand nehmen. Um junge Leute für die zwölfjährige Dienstzeit zu interessieren, machte ich bekannt, was den Soldaten während und nach der Dienstzeit geboten werden sollte. Kein größeres sozialdemokratisches Blatt druckte die Notiz ab. Als ich den damaligen Chefredakteur des sozialdemokratischen Zentralorgans auf diese Unterlassungssünde des von ihm geleiteten Blattes aufmerksam machte, versicherte er, die Bekanntmachung nicht gesehen zu haben. Aber, fügte er hinzu, auch wenn er sie gekannt hätte, würde er sie wahrscheinlich nicht abgedruckt haben, da doch nun einmal mit dem antimilitaristischen Gefühl vieler Parteigenossen zu rechnen sei. Mein Hinweis darauf, wie die demokratisch und sozialdemokratisch gesinnten Mannschaften für die Reichswehr bei solchem Verhalten zu erlangen seien, wurde mit einem Achselzucken beantwortet.

Bekannte demokratische Offiziere gab es in Deutschland nicht, als ich begann, die Reichswehr aufzustellen. Besonders die preußischen Offiziere waren nach einer starren Schablone erzogen worden. Politisch sollten sie sich nicht betätigen, doch wurde stramm monarchistisch-konservative Gesinnung als eine Selbstverständlichkeit bei ihnen vorausgesetzt. Wer sich von ihnen ehrlich auf die neuen Verhältnisse einstellen würde, mußte ausprobiert werden. Anzusehen war ein Gesinnungswechsel niemandem. Da mehr als 20 000 aktive Offiziere infolge der Verringerung der Armee ausscheiden mußten, konnte gewählt werden.

Ein republikanischer Führerbund, der gegründet worden war, hat mir bei der Besetzung von Offiziersstellen nichts nützen können. Es gehörten ihm keine brauchbaren Offiziere an. Drei der Hauptwortführer habe ich persönlich genau kennengelernt: Ein Steckenpferdreiter; zweitens ein Stellenjäger, der mich mit wüsten Schimpfereien verfolgte, seitdem er glaubte, ich hätte verschuldet, daß er ein erstrebtes Amt nicht erhielt, während der letzte sechs Monate lang ein nicht unbeträchtliches Gehalt bezog, ohne dafür eine Leistung aufzuweisen.

Es sind fortgesetzt Offiziere entlassen worden, die zur Beanstandung Anlaß boten. Daß trotzdem viele Heißsporne und Unzufriedene vorerst blieben, habe ich nie verkannt, sondern ausdrücklich darauf aufmerksam gemacht, als im Oktober 1919 Vertreter der Arbeiter Berliner Großbetriebe bei mir vorsprachen, und betont, daß mancher davon Neigung haben dürfte, eines Tages loszubrausen.

Mit der Entlassung von Offizieren war politisch nichts erreicht. Es sind bis zum März 1920 mindestens 15 000 aus dem Heere ausgeschieden. Wer gefährlich war, setzte dann seine Minierarbeit mit vermehrtem Eifer fort. Das hat sich am schlimmsten an dem Beispiel des Hauptmanns Pabst gezeigt. Er war seit dem Januar 1919 der eigentliche Schöpfer und Leiter der Garde-Kavallerie-Schützendivision, die erhebliche Mannschaftsstärke erlangte und den größten Teil der Truppen in und um Berlin umfaßte. Pabst ist viel gelobt und stark umworben worden. Dadurch hatte sein Selbstbewußtsein eine außerordentliche Steigerung erfahren. Daß im Edenhotel, wo sich der Stab der Division einquartiert hatte, manches getan und geplant wurde, was außerhalb des ihm gesteckten Rahmens lag, ist mir nicht unbekannt geblieben. Deshalb wurde die Division zerlegt und der Stab in seiner Bedeutung wesentlich herabgedrückt. Das war durchaus nicht so leicht getan, wie es auf einem Stück Zeitungspapier gefordert wurde. Mannschaften und Unteroffiziere der Division hatten wieder Korpsgeist bekommen. Deputationen von Regimentern, die nach Westfalen gehen sollten, wurden vorstellig, andere Truppenteile hatten ebenfalls Ausstellungen und Einwände zu erheben. Der Soldatenratsgeist war noch lange nicht wieder aus der Truppe heraus. So lange hatte man den Soldaten in die Ohren geschrien: Alle Macht den A.- u. S.-Räten, daß auch bei Freiwilligen ein starkes Machtbewußtsein entstand. Deshalb mußte recht häufig laviert werden, wo kurz und bündiges Befehlen mir sehr viel mehr zugesagt hätte. So hat es auch eine Weile gedauert, bis die Garde-Kavallerie-Schützendivision nicht mehr bestand.

Pabst hat sich schwer gekränkt gefühlt. Eine Belohnung für seine Verdienste konnte ich nicht gewähren, um ihm den Übergang in eine untergeordnete Stellung zu versüßen. Während meiner Amtszeit habe ich die bewährtesten Offiziere nicht um eine Stufe befördern können. Da sehr viele Offiziere zu entlassen waren, hatte das Kabinett auf Drängen des Finanzministeriums die Beförderungen verboten. Vom rein finanziellen Gesichtspunkt aus war das in der Ordnung. Wegen der Rückwirkung auf die Stimmung einer ganzen Anzahl brauchbarster Offiziere war der Beschluß aber verhängnisvoll. Auch Pabst habe ich nicht zum Major machen dürfen, obwohl er unter anderen Verhältnissen längst dazu herangestanden hätte.

Politische Phantastereien sind auf ihn nicht ohne Eindruck geblieben. Von der Notwendigkeit einer kraftvollen Politik hat er, ebenso wie andere Offiziere es taten, die leidenschaftlich politisierten, zu mir bei seinen Besuchen öfter gesprochen. Als er das eines Tages mit der ihm eigenen Lebhaftigkeit tat, antwortete ich ihm scherzhaft: Am liebsten möchte er wohl die Regierung, mich eingeschlossen, eines Tages einsperren. Darauf Pabst: „Sie, Herr Minister, unter keinen Umständen." Meine Entgegnung lautete: „Sehen Sie, Herr Hauptmann, da besteht zwischen uns beiden ein beträchtlicher Unterschied. Ich garantiere Ihnen gar nicht, daß ich Sie nicht eines Tages festnehmen lasse." Das war ein Scherz, dem ich aber warnend einen ernsten Unterton beimischte. Leider ist Pabst dem Oberst Bauer dann ins Netz gegangen. Er ist von mir innerhalb weniger Stunden aus dem Heere entfernt worden, sobald ich den Nachweis einer unzulässigen Betätigung hatte. Tief verbittert war er danach besonders, weil er weder die Uniform verliehen erhielt, noch zum Major charakterisiert wurde.

So wie Pabst wurde jeder Offizier aus der Truppe entfernt, dem etwas nachzuweisen war. Wer hinausgesetzt wurde, ging mit Groll und Wut im Herzen; nicht wenige dachten an Rache oder doch an Maßnahmen, die dazu führen konnte, daß ihnen die vernichtete Existenz wieder hergestellt wurde. Das konnten sie von der jetzigen Regierung nicht erhoffen. Also war der nächste Gedanke, unter einer anderen Regierung würde es wahrscheinlich viel besser werden. Pabst, Reinhard, Schwabacher und manche andere, deren Entlassung ich persönlich bewirkt hatte, haben den Kapp-Putsch vorbereiten helfen oder standen, nachdem er begonnen hatte, sofort zur Verfügung der Staatsverbrecher.

Daß Pabst nach seiner Entlassung in Berlin im Hause Schellingstr. 1 ein Bureau hatte, wußte ich. Er war von einer Organisation „Nationale Vereinigung" angestellt. Über deren Bestrebungen suchte ich mich zu informieren. Ein Apparat, um derartige Feststellungen zu treffen, stand mir nicht zur Verfügung, sondern ich war auf die Polizei und den preußischen Staatskommissar für die öffentliche Ordnung angewiesen. Die Auskünfte lauteten beruhigend. In Abrede gestellt wurde, daß ein enges Zusammenarbeiten zwischen Kapp und Pabst stattfinde. Pabst arbeite, wurde mir berichtet, in der Hauptsache auf die Anknüpfung deutschrussischer Beziehungen hin. Das Programm der „Nationalen Vereinigung", von dem ich später Kenntnis erhielt, hat sie wie folgt formuliert:

a) Politisch: Zusammenfassung der gesamten nationalen Bewegung unter Wahrung der völligen Selbständigkeit der zahlreichen bestehenden Verbände. Zu diesem Zwecke sollen die Vereine und nationale Presse dauernd über die Arbeit der Nationalen Vereinigung unterrichtet werden, während andererseits die Vereine gebeten werden sollen, ihre Arbeitsergebnisse der Nationalen Vereinigung ständig zu übermitteln, mit Hilfe eines von der Vereinigung eingerichteten Kurierdienstes. Das Endziel ist die Einheitsfront aller Nationalgesinnten ohne Rücksicht auf Parteizugehörigkeit.

b) Militärisch: Gegen die Bestrebung, die Truppe, die Einwohnerwehr und Zeitfreiwilligenorganisationen usw. in republikanisch-sozialistischem Sinne zu beeinflussen, soll als Gegengewicht eine nationale Aufklärung durch Mund- und Schriftpropaganda, Beeinflussung der Reichswehrpresse usw. betrieben und für die Durchführung berechtigter wirtschaftlicher Wünsche der Truppe auch in den Volksvertretungen eingetreten werden. Das Ziel ist, die militärische Macht des neuen Deutschland nicht hinter eine einzelne Partei oder eine einzelne Person zu stellen, sondern auf den Boden des deutschen Vaterlandes. Hierbei sollen im Gegensatz zu internationalen Bestrebungen, Nationalstolz, die Erinnerungen an die Heldentaten des Weltkrieges und an das alte Heer gepflegt werden. Es sollen ferner die verabschiedeten Offizier-, Unteroffizier- und Mannschaftsvereinigungen, soweit sie sich, obwohl an und für sich nur wirtschaftlicher Verband, doch in linksradikaler Richtung bewegen, in das nationale Fahrwasser geleitet und die Vertretung ihrer wirtschaftlichen Forderungen in den Parlamenten von nationaler Seite übernommen werden."

Als wieder nach einiger Zeit bekannt wurde, daß Pabst Propaganda betrieb und wenigstens in einem Fall üble Schriften verschickt hatte, beauftragte ich den Staatskommissar sofort, Haussuchung und evtl. Verhaftungen vorzunehmen. Nach einigen Tagen erhielt ich Bescheid, es sei nichts Verdächtiges gefunden worden; bei der verschickten Schrift habe es sich nur um ein Exemplar aus Privatbesitz gehandelt, das jemand überlassen wurde, der danach geschrieben hatte. Ein Gefühl von Unbehagen ist mir bei dem Bericht gekommen. Entweder ist überhaupt nicht Haussuchung vorgenommen worden oder doch erst nach voraufgegangener Warnung. Daß Fäden zwischen der Polizei und den Kappleuten gesponnen waren, hat sich bei dem März-Putsch gezeigt.

Eine tiefgehende Erregung bemächtigte sich der Offiziere, als im Anfang des Jahres 1920 die Auslieferung von Politikern und Offizieren seitens der Entente gefordert wurde. Wenn die Regierung Nachgiebigkeit gezeigt hätte, wäre eine Auflehnung von Truppenteilen zu erwarten gewesen. Deshalb habe ich damals in schroffster Form betont, daß dem Auslieferungsbegehren unter keinen Umständen entsprochen werden könne. An dieser Klippe kamen wir vorüber.

Nach dem Diktat der Alliierten durfte die Marine am 10. März nur noch 15 000 Köpfe zählen, die Reichswehr am 10. April 200 000 Mann. Noch waren nicht alle Baltikumer in Arbeitsstellen untergebracht und nun sollten vom Anfang März an innerhalb sechs Wochen weitere 50 000 bis 60 000 Mann zur Entlassung kommen. Mit den Mannschaften mußten Tausende von Offizieren gehen. Dann konnten noch 8000 Offiziere bleiben, von denen jedoch bis zum 10. Juli abermals die Hälfte auf die Straße gesetzt werden mußte, zusammen mit 96 000 Soldaten. Jeder Mann und jeder Offizier war in peinigender Ungewißheit, was aus ihm innerhalb der nächsten Monate werden würde. Das bewegte die Leute viel mehr als politische Fragen, wenn auch die deutschnationale Hetze gegen die Regierung nicht ohne Wirkung auf viele Offiziere geblieben ist.

Bei der Existenzfrage wurde von dem General v. Lüttwitz bei der Einwirkung auf Mannschaften und Offiziere eingehakt. Diesen alten General sah ich in den letzten Monaten nicht ohne Bedenken auf seinem Platz. Seine politischen Ansichten, die er mir öfter vortrug, waren von einer überraschenden Naivität. Seine Loyalität hat er unter Hinweis auf seinen Eid, was bei seiner Frömmigkeit nicht ohne Bedeutung war, wiederholt nachdrücklich betont. Es wurde nur auf einen schicklichen Anlaß gewartet, um ihn zu verabschieden. Der hätte mir mindestens zu Anfang des Jahres 1920 nachgewiesen werden können, denn in Ansprachen an Truppen ist er über die zulässigen Grenzen hinausgegangen, wie ich zu spät erfahren habe. Meldungen darüber sind mir jedoch nicht rechtzeitig zugegangen.

Mit dem Eigensinn des Alters hatte sich Lüttwitz in die Idee verbissen, im vaterländischen Interesse dürfe die Truppe nicht weiter verringert werden. Für ihn stand unumstößlich fest, daß die Russen im Frühjahr Polen angreifen und es überrennen würden. Dann sei bei fortschreitender Abrüstung Deutschland den bolschewistischen Armeen wehrlos ausgeliefert. Daß die Regierung weitere Truppenverbände gemäß dem Diktat der Alliierten auflösen wollte, erschien ihm als Preisgabe des Vaterlandes. In diese Ansicht verrannt, wurde er zum Sturmbock noch schlimmerer politischer Phantasten, des Kapp und seiner Verschworenen, der Rechtsbolschewisten.

Der Putsch

In einer Besprechung, die am Sonntag den 29. Februar stattfand, wurde über das Schicksal der beiden Marinebrigaden entschieden, die bisher unter dem Kommando des General von Lüttwitz gestanden hatten. Die Brigade Ehrhardt lag seit kurzem in dem Döberitzer Lager bei Berlin, während die Brigade Löwenfeld noch in Schlesien Dienst tat. In einer Note der interalliierten militärischen Kontrollkommission war kürzlich darauf hingewiesen worden, daß die beiden Verbände als Bestandteile der Marine in den Mannschaftsbestand von 15 000 Köpfen einzugliedern und daher aufzulösen seien. Die Admiralität trat dafür ein, daß ihr die Offiziere und Mannschaften zu überlassen seien, die für die Besatzung der in Dienst zu stellenden Schiffe gebraucht würden. Lüttwitz setzte sich lebhaft für den Fortbestand der Brigaden ein unter wiederholtem Hinweis auf die im Frühjahr oder Sommer zu gewärtigende Gefährdung Deutschlands bei einem Vormarsch der Russen. Hinweise auf Repressalien der Entente ließ er nicht gelten, sondern äußerte die naive Ansicht, in deren Reihe herrsche so große Uneinigkeit, daß ein ernster Druck von ihr nicht zu befürchten sei. Ich befahl, daß die Auflösung sofort zu beginnen und bis zum 10. März unter allen Umständen durchzuführen sei. Einige Tage später erfuhr ich, daß Lüttwitz am 2. März bei einer Besichtigung der Brigade Ehrhardt in Döberitz geäußert habe, er werde die Auflösung nicht vornehmen. Abends traf ich ihn beim Reichspräsidenten, stellte ihn kurz zur Rede und betonte, daß der Befehl auszuführen sei.

In diesen Tagen hatte der General Besprechungen mit Führern der Rechtsparteien, von denen die Reichsregierung erst nach dem Putsch Kenntnis erhielt. Behauptet worden ist, ich sei durch einen vertraulichen Bericht des Staatskommissars von Berger auf drohende Gefahren aufmerksam gemacht worden, hätte in meiner Vertrauensseligkeit jedoch die Warnung nicht beachtet. Der vom 8. März datierte Bericht ist erst am 10. März in meine Hände gelangt. Er lautet:

„Es kann kein Zweifel darüber bestehen, daß es in rechtsstehenden Kreisen, zumal in der Reichswehr und unter den Angehörigen der alten Armee, stark gärt. Die Bewegungen sind hier bekannt. Wenn in den N-Berichten von den hier bekannt gewordenen Tatsachen keine Notiz genommen worden ist und weiterhin keine Notiz genommen werden wird, so erklärt sich das daraus, daß die täglichen Nachrichtenblätter in letzter Zeit wiederholt unberufenen Stellen bekannt geworden sind und keine Gewähr geschaffen werden konnte, daß sie ausschließlich von den Empfängern gelesen werden. Der Ausgang des Prozesses gegen Helfferich hat das Ansehen der gegenwärtigen Regierung stark erschüttert. Der starke Zulauf, den die Unabhängigen erfahren haben, ist selbstverständlich allgemein bekannt und wird in den rechtsstehenden Parteien als eine große Schwächung der Stellung der Mehrheitssozialisten angesehen. Ebenso wird der Rückhalt, den die demokratische Partei noch im Volke hat, nicht mehr sehr hoch eingeschätzt, während der zeitweilige Rücktritt des Reichsfinanzministers aus dem politischen Leben dahin gewertet wird, daß im Zentrum die mehr rechtsgerichteten Kreise stärkeren Einfluß gewinnen. So erkennt man auf der einen Seite eine wesentliche Stärkung der Rechtsparteien, auf der anderen Seite eine erhebliche Schwächung der heutigen Regierungsmehrheit. Diese Erkenntnis liegt selbstverständlich auch dem Antrage der beiden Rechtsparteien auf Beschleunigung der Neuwahlen zugrunde. Seitens der Unabhängigen und zwar seitens führender Persönlichkeiten in der Unabhängigen Partei ist neuerdings Fühlung genommen worden zu den extremsten Vertretern der Rechtsparteien. Diese betrachten sich im Besitz ausreichender Garantien der Unabhängigen, daß von ihnen aus, d. h. von den Unabhängigen, nichts zur Stützung der Regierung unternommen wird, für den Fall, daß gegen die Regierung von rechts her ein Stoß erfolgt. Ob und in welchem Maße die Unabhängigen in der Lage sein werden, sich an die gegebenen Versprechungen zu halten, steht natürlich dahin. Hierzu kommt, daß in der Reichswehr eine tiefgehende Erregung besteht, eine Erregung, die begründet ist, einmal in der noch immer fortbestehenden Unsicherheit über die materiellen Existenzbedingungen, mit denen die Angehörigen der Reichswehr zu rechnen haben, andererseits in der Überzeugung, daß die Herabminderung des gegenwärtigen Armeebestandes von der Regierung ohne Not betrieben wird, während vornehmlich seitens der Engländer ein Druck nicht ausgeübt wird. Man glaubt fest, daß es in der Macht unserer auswärtigen politischen Leitung läge, in der Armeefrage weitere Konzessionen mit Hilfe der Engländer zu erreichen. Die Struktur der Reichswehr hat insofern gegenüber den ersten Revolutionsmonaten eine Änderung erfahren, als das Vertrauensverhältnis zwischen Offizieren und Mannschaften ein zweifellos intimeres geworden ist und in einer großen Anzahl von Truppenformationen, auch in politischen Fragen, Offiziere und Mannschaften durchaus als Einheit zu betrachten sind. Die früher bestehenden Aussichten, den Mann in der Truppe gegen den Offizier auszuspielen, haben heute nicht mehr eine ausreichende Unterlage. Daß die wirtschaftliche Lage starken Einfluß zur Kritik an der Regierung gibt, liegt auf der Hand. Offiziere und Mannschaften sind natürlich nicht in der Lage, aus der Erkenntnis der Zusammenhänge des wirtschaftlichen Lebens heraus zu beurteilen, in welchem Umfange die Regierung in der gegenwärtigen Notlage verantwortlich zu machen ist. In den politischen Rechtskreisen erkennt man diese Zusammenhänge natürlich besser, hat aber selbstverständlich ein starkes agitatorisches Interesse daran, für die Mißstände die Regierung haftbar zu machen und ihre Abstellung nur dann als möglich hinzustellen, wenn die von ihnen vertretenen wirtschaftlichen und politischen Maßnahmen getroffen werden. Es ist nun nicht zu verkennen, daß auf politischer wie auf militärischer Seite die eigentlich führenden Männer den Willen der Loyalität und zur Aufrechterhaltung der Ruhe und Ordnung haben und man muß anerkennen, daß die politischen und militärischen Führer, worunter nicht so sehr die Wortführer als die tatsächlichen Führer zu verstehen sind, viele Mühe aufwenden, um die radikalen und zu Taten treibenden Elemente im Zaum zu halten. Aber auch die treten in letzter Zeit mit der Ansicht hervor, daß es notwendig ist, daß die Regierung ohne Rücksicht auf die parteipolitische Lage Männer zur Regierungsarbeit heranzieht, die in genügender verwaltungsgemäßer und sonstiger praktischer Erfahrung die Gewähr für positive Leistung bieten. Einstweilen besteht wohl noch die Sicherheit, daß die führenden Männer die Rechtsbewegung im Zaume halten werden und sie werden in diesem Willen besonders bestärkt durch die gelegentlichen Exzesse, die in letzter Zeit vorgekommen sind und die selbstverständlich der allgemeinen Rechtsbewegung mehr geschadet als sie gefördert haben, dazu gehören die Ausschreitungen in der Philharmonie bei der Versammlung des Bundes Neues Vaterland und die letzten Vorkommnisse im Hotel Adlon.

Es muß noch bemerkt werden, daß in der Rechtsbewegung der Gedanke einer Wiederherstellung der Monarchie eine völlig untergeordnete Rolle spielt, daß, ganz wenige radikale Schreier ausgenommen, der Wille allgemein ist, es zu einem eigentlichen reaktionären Umsturz im Sinne der Wiederherstellung der früheren Verhältnisse nicht kommen zu lassen. Im monarchistischen Gedanken als solchem irgendwie eine treibende Kraft sehen zu wollen, wäre völlig verfehlt.

Die erhobenen Forderungen laufen letzten Endes darauf hinaus, daß in Zukunft an den Regierungsgeschäften in größerem Umfange als bisher auch rechtsgerichtete Elemente beteiligt werden, vor allem solche, deren Eignung nicht nur in ihrer Parteizugehörigkeit, sondern in ihren Kenntnissen begründet ist. Man hat also eine Änderung der bestehenden verfassungsmäßigen Verhältnisse insoweit im Auge, als man eine Durchbrechung des gegenwärtigen reinen Parlamentarismus zu erreichen bestrebt ist.

Dieses in großen Zügen der Stand der Rechtsbewegung. Die Bewegung selbst ist zur Zeit zweifellos sehr ernst zu nehmen, sie ist deshalb besonders ernst zu nehmen, als ihr mit gewaltsamen Mitteln nicht zu begegnen ist und im gegenwärtigen Zeitpunkt das Mittel der Erregung der öffentlichen Leidenschaften gegen die Rechte auch nicht ausreichenden Widerhall finden dürfte.

Auf die besondere Vertraulichkeit der vorstehenden Ausführungen darf noch ganz ausdrücklich hingewiesen werden. gez. von Berger.

Den Bericht hatte ich kaum gelesen, als mir die Mitteilung zuging, Lüttwitz werde an diesem Tage vom Reichspräsidenten empfangen. Sofort rief ich den Präsidenten an und bat zu der Aussprache zugezogen zu werden. Damit war Ebert einverstanden. Am Nachmittag hatte ich im Reichstage eine Besprechung mit dem Chef der Heeresleitung General Reinhard und dem Chef der Admiralität von Trotha wegen der Marinebrigaden. Mein Stabschef hatte an diesem Tage mit dem Kapitän Ehrhardt eine Aussprache gehabt, deren Ergebnis zusammengefaßt das war, daß der Führer der Marinebrigade versicherte, er führe jeden Befehl seines Generals aus, doch würde er keinen Befehl befolgen, wenn er wisse, daß er dem Willen der Regierung zuwiderlaufe. Es wurde beschlossen, trotzdem von Trotha Bedenken äußerte, die Marinebrigaden dem Kommando Lüttwitz zu entziehen und dem Chef der Admiralität zu unterstellen. Die

Brigade Loewenfeld sollte in den nächsten Tagen nach dem Lockstädter Lager gehen. Die entsprechenden Befehle wurden von mir sofort unterzeichnet. Den Reichspräsidenten informierte ich im Laufe des Nachmittags von der Sachlage.

Bei Ebert erschienen um 6 Uhr abends außer Lüttwitz sein Chef des Stabes, Generalmajor von Oldershausen und der Kommandeur des Wehrkreises 3, Generalleutnant von Oven. Lüttwitz trug mit stärkerer Betonung als sonst bei Aussprachen seine Ansichten vor. Soweit sie politische Fragen betrafen, bewegten sie sich im Rahmen der in letzter Zeit von den Deutschnationalen propagierten Forderungen: Baldige Reichstagswahlen, Wahl des Präsidenten durch das Volk, Fachminister. Wiederholt wurden von ihm ferner bekannte Truppenwünsche, deren Erfüllung im Gange war, und Bedenken gegen die Truppenverminderung. Ferner beklagte er sich über die von mir in den letzten Tagen verfügte Entlassung zweier Generale und beantragte die Ersetzung des Generals Reinhard als Chef der Heeresleitung durch den seit Monaten verabschiedeten General v. Wriesberg.

Der Reichspräsident besprach sehr ruhig die politische Lage und ging auf die erörterten Personenfragen ein. Von mir wurde scharf betont, Forderungen habe kein General der Reichswehr zu stellen. Ein Pronunziamiento der Offiziere werde schärfste Zurückweisung erfahren, wenn es versucht werden sollte. Befehle seien strikte zu befolgen. Daran knüpfte ich die Mitteilung, daß Lüttwitz die Verfügung über die Marinebrigaden entzogen sei. Auch die sonstige Truppenverminderung werde genau nach Vorschrift vorgenommen. Reinhard bleibe auf seinem Posten und wie bisher werde jeder General entfernt, gegen den Bedenken bestünden. Sehr nachdrücklich warnte ich vor dem Gedanken an einen Auflehnungsversuch, bei dem die Offiziere die Mannschaften keineswegs hinter sich hätten und der das Reich ruinieren würde.

Lüttwitz war sichtlich betreten, meinte besonders, gegen den Reichspräsidenten und mich bestehe keine Abneigung, und beklagte es schließlich, daß ich so scharf zu ihm gesprochen hätte. Die beiden anderen Generale äußerten sich mit keinem Wort zustimmend zu den Lüttwitzschen Darlegungen. Oldershausen hat mir später mitgeteilt, nachdem sie das Zimmer verlassen hätten, habe sein Chef ihm gesagt, er sei derartig mitgenommen, daß er sich sofort niederlegen müsse. Der Reichspräsident nahm an, Lüttwitz werde am nächsten Tage um seinen Abschied bitten.

Am 9. März war ich darauf aufmerksam gemacht worden, daß Generallandschaftsdirektor Kapp und der frühere Hauptmann Pabst sehr geschäftig seien. Bestimmte Angaben konnte ich nicht erlangen. Am 11. März früh ging mir eine erneute Warnung zu, wieder aber ohne Anführung von konkreten Tatsachen. Trotzdem entschloß ich mich, selbst auf die Gefahr hin, einen Mißgriff zu tun, die beiden Männer und zwei weitere, die mit ihnen in Verbindung standen, festnehmen zu lassen. Diesmal wandte ich mich an den Polizeipräsidenten selbst, der mit dem Regierungsrat Frobös zu mir kam, von dem die Schutzhaftsachen bearbeitet wurden. Der Polizeiapparat funktionierte nicht. Frobös machte Ausflüchte und schob die Sache an eine andere Abteilung. Die Folge war, daß die beiden Haupttreiber sich in Sicherheit bringen konnten. In den ersten Vormittagsstunden sprach ich mit General Reinhard und dem Chef des Personalamts, General von Braun, um die sofortige Enthebung des Generals von Lüttwitz vom Kommando zu bewirken. Mit dem General von Oven nahm ich Rücksprache, daß er vorerst das Gruppenkommando führe. Noch vor der Mittagszeit hatte Lüttwitz meine schriftliche Mitteilung, daß er abgesetzt sei, in Händen.

Freitag früh ordnete ich die Verhaftung des Obersten Bauer und des Polizeihauptmanns von Kessel an und alarmierte die Presse, obwohl ich noch immer kein schlüssiges Beweismaterial besaß. Tatsächlich bin ich auch noch auf viel Ungläubigkeit gestoßen. Die Verschwörer aber merkten, daß es um Kopf und Kragen ging. Wenn ich noch 24 Stunden Zeit gewann, konnte die Gefahr gebannt werden. In einer Kabinettssitzung am Abend des 12. März vermochte ich bestimmte Angaben über ein etwa geplantes Unternehmen immer noch nicht zu machen. Um festzustellen, ob in Döberitz Außergewöhnliches vorgehe, erhielt deshalb Admiral von Trotha, nachdem mir dringend abgeraten worden war, selbst mich von der Lage zu überzeugen, Anweisung, nach dem Lager hinauszufahren und sich umzusehen. Nach einigen Stunden meldete er mir, er habe das Lager ganz ruhig gefunden, die Leute seien zum Abendspaziergang unterwegs gewesen, Ehrhardt habe einen etwas bedrückten Eindruck gemacht, sei aber sonst ruhig gewesen. Eine Garantie, daß sich das Bild in einigen Stunden nicht ändere, könne er, Trotha, natürlich nicht übernehmen. Später habe ich gehört, daß er seinen Besuch im Lager vorher telephonisch angezeigt hat.

Für alle Fälle befahl ich weitgehende militärische und polizeiliche Sicherheitsmaßnahmen. Die zuständige Kommandostelle beschränkte sich jedoch auf den Schutz des sogenannten Regierungsviertels, wie ich zu meinem Erstaunen feststellte, als ich vor Mitternacht noch einmal zum Reichskanzler und zum Reichspräsidenten fuhr.

Auf die Meldung hin, daß die Brigade antrete, waren die Generale v. Olbershausen und v. Oven nach Döberitz gefahren. Sie brachten ein

Ultimatum Ehrhardts mit, das er aus dem Handgelenk heraus entworfen hatte und das sich mit den deutschnationalen Forderungen nach baldigen Wahlen, Präsidentenwahl, Berufung von Fachministern deckte. Die lärmende Agitation der rechtsstehenden Parteien und die Hetze der Blätter ihrer Parteirichtung hatte den Mann in den Wahn versetzt, daß er berufen sei, das Vaterland zu retten. Kategorisch erklärte ich, für mich käme irgendein Verhandeln mit dem Rebellen nicht in Frage. Auf meine spätere Frage an einen der Generale, weshalb er Ehrhardt nicht eine Kugel durch den Kopf geschossen habe, erfolgte ein Achselzucken.

In meinem Zimmer saßen und standen General Reinhard, mein Stabschef Major v. Gilsa, die Generale v. Seeckt, v. Oldershausen, v. Oven, Admiral v. Trotha, mehrere andere Offiziere und der Ministerialdirektor Rauscher. Die Folgen des Putsches setzte ich den Herren kurz auseinander: Die Marine gebe dem Reiche vielleicht den Rest, das Offizierskorps könne sich als erledigt betrachten. Doch dürfe man auch jetzt den Mut nicht sinken lassen. Meiner Aufforderung, zu den Truppen zu gehen und sie zum Kampfe zu führen, wollten jedoch nur General Reinhard und Major v. Gilsa entsprechen. Die übrigen Herren machten Einwände, Reichswehr werde nicht auf Reichswehr schießen, Polizeioffiziere habe man auf dem Wege nach Döberitz gesehen; der Kampf würde höchstens zu einem fürchterlichen Blutbad führen, mit einer unvermeidlichen Niederlage für die zu schwachen Berliner Truppen. Mit einem Gefühl tiefsten Ekels brach ich die Verhandlung ab, rief den Reichskanzler und den Reichspräsidenten an und schlug vor, das Kabinett zusammenzuberufen, das entscheiden möge, was zu tun sei.

Die Mitglieder des Reichskabinetts kamen nach und nach, ebenso einige preußische Minister. Jeder wollte informiert werden. Zu einer regelrechten Sitzung kam es nicht, so sehr Ebert mit unerschütterlicher Ruhe bemüht war, eine kühl überlegende Aussprache herbeizuführen. Erneut wurde als Überzeugung der Militärs festgestellt, die Aufnahme des Kampfes bedeute zweckloses Blutvergießen, da der Erfolg der Rebellen sicher sei. Darauf erhielt General Reinhard, der mit im Zimmer des Kanzlers weilte, während die übrigen Offiziere in der Bibliothek standen, den Befehl, die Truppen zu entlassen. Nach kurzer Aussprache kam man überein, daß es unzweckmäßig sei, wenn alle Minister in Berlin blieben, da sie durch Verhaftung aktionsunfähig gemacht werden würden. Den Vorschlag, sich vorerst nach Dresden zu begeben, begründete ich mit der Notwendigkeit, rasch auf die Truppen außerhalb Berlins Einfluß zu gewinnen. Ich war sicher, daß sie in ihrer großen Mehrheit treubleiben würden.

Meine Zuversicht ist nicht getäuscht worden. Der weitaus größte Teil der Reichswehr, Offiziere wie Mannschaften, hat loyal seine Pflicht getan. Manche Verwirrung und beklagenswerte Mißverständnisse gab es in einer Anzahl von Fällen, weil die Sachlage weder von den Soldaten noch von den Arbeitern klar erkannt wurde. In verschiedenen Garnisonstädten ist es zu Kämpfen gekommen, weil aus tiefstem Mißtrauen gegen die Soldaten absolut regierungstreue Truppen angegriffen wurden. Dort aber, wo Offiziere eidbrüchig wurden oder schwankten, haben sich Mannschaften und Unteroffiziere meist gegen sie erhoben.

Der Kapp-Lüttwitzsche Narrenstreich war nach 4 Tagen infolge der entschlossenen Abwehr der riesigen Mehrheit des Volkes vorüber. Nachwirkungen werden noch lange zu verspüren sein. Im rheinisch-westfälischen Industriegebiet erhoben sich nach der Kunde von dem Putsch wie auf ein erwartetes Signal die Kommunisten und traten in den Kampf für die Diktatur des Proletariats ein, der erst nach einem beträchtlichen Truppenaufgebot beigelegt wurde. In Sachsen konnte eine Räuberbande wochenlang einen ganzen Landesteil brandschatzen, weil kritik- und urteilslos gewordene Arbeiter die Regierung daran hinderten, Ordnung zu schaffen. In nervöser Überreiztheit wendet sich ein Teil des Proletariats radikalen Anschauungen zu, mit denen in der praktischen Politik nicht durchzukommen ist. Der Gesundungsprozeß, der im Januar einsetzte, hat eine jähe Unterbrechung erfahren. Fieberkrank wütet ein Teil des Volkes gegen seine eigenen Interessen. Die Macht der Regierung hat infolge der starken Erschütterung der Reichswehr eine beträchtliche Einbuße erlitten. Nicht abzusehen ist, ob mein Bemühen, Deutschland vor einer Überradikalisierung zu bewahren, die eine Reaktion zur Folge haben würde, erfolglos bleibt. Schließlich wird jedoch dem deutschen Volke als Ergebnis der Revolution soviel Freiheit und Macht bleiben, als es gemäß seiner politischen Einsicht und Tatkraft verdient.

* * *

Von der Fahrt nach Dresden und Stuttgart bin ich nicht als Minister nach Berlin zurückgekehrt. Der Wehrminister wurde Sündenbock für die Fehler anderer und Opfer vorerst unüberwindlicher Schwierigkeiten.

* *

Als wir am 13. März früh auf der Straße nach Dresden waren, äußerte der neben mir sitzende Gilsa, was ihn denn eigentlich an der Seite drücke. Er griff neben sich auf den Sitz und brachte eine Handgranate zum Vorschein. Am Abend vorher hatte Erzberger angerufen, vor seinem Hause ständen mehrere verdächtig aussehende Soldaten. Darauf war ihm in meinem Wagen eine Wache von vier Mann geschickt worden. Die Handgranate hatte sich wahrscheinlich vom Koppel losgehakt, und wir hatten uns darauf niedergelassen.

Wie auf einer Granate, die jeden Augenblick losgehen konnte, hatte ich während der ganzen letzten anderthalb Jahre fast täglich gesessen, auf der ganzen mühsamen Fahrt von Kiel bis Kapp!

www.ingramcontent.com/pod-product-compliance
Lightning Source LLC
Chambersburg PA
CBHW031833230426
43669CB00009B/1337